Hermann Gunkel

Das Märchen im
Alten Testament

Hermann Gunkel

Das Märchen im Alten Testament

athenäum

Die vorliegende Neuausgabe von Hermann Gunkel,
Das Märchen im Alten Testament ist eine dem Text nach unveränderte,
lediglich formal überarbeitete Fassung der ursprünglich bei J.C.B. Mohr
(Paul Siebeck) erschienenen Ausgabe von 1921, ergänzt um ein Nachwort von
Hans-Jürgen Hermisson sowie ein Verzeichnis ausgewählter Literatur
zum Thema. Sie folgt dieser Ausgabe auch in den Quellenangaben, die
den damaligen Stand der Forschung wiedergeben.
Für den Neusatz wurde, statt der früher üblichen Fraktur, die Antiqua-Schrift
verwendet.

CIP-Kurztitelaufnahme der Deutschen Bibliothek

Gunkel, Hermann:
Das Märchen im Alten Testament / Hermann Gunkel. –
Frankfurt am Main : Athenäum, 1987.
ISBN 3-610-09110-X

Umschlaggestaltung: Lochmann's Studio, Frankfurt
Satz: Fotosatz Engelhardt oHG, Bamberg
Druck und Bindung: Bercker, Graphischer Betrieb GmbH, Kevelaer
Printed in West-Germany
ISBN 3-610-09110-X

INHALT

Die poetischen Erzählungen im Alten Testament

Das „Märchen" gehört seiner Art nach mit dem Mythus, der Sage und der Legende zusammen; diese vier Gattungen sind im Altertum die Hauptteile des übergeordneten Begriffs der „poetischen Erzählung". Wir haben zunächst zu untersuchen, wie sich diese Erzählungsart zu der „Geschichtsschreibung" in strengem Sinne verhält. Die Geschichtsschreibung ist ihrer Art nach eine gelehrte Gattung. Denn der Geschichtsschreiber will die wirklichen Ereignisse darstellen: er will durch die landläufigen Vorurteile zu den Tatsachen der Vergangenheit hindurchdringen und zugleich ihre innere Verknüpfung zeigen; demnach ist Geschichtsschreibung stets in irgendeinem Maße mit geschichtlicher Kritik und Geschichtsphilosophie zusammen.

Solche Auffassung des Geschehenen aber ist keine angeborene Gabe des menschlichen Geistes, sondern sie erwächst auf einer bestimmten Höhe der allgemeinen geistigen Entwicklung. Der entschlossene Ernst des Historikers, der nicht danach fragt, wie man sich die Vorzeit wünschen mag, sondern allein danach, wie sie wirklich gewesen ist, und der dieser unbefangenen Erkenntnis einen hohen Wert beimißt, kann erst entstehen, wenn der Mensch aus dem Traum seiner ersten Tage erwacht ist. Und auch in späterer Zeit vermag es nur eine kleine Zahl von Geistern, sich zu dieser Höhe objektiver Betrachtung zu erheben. Die Mehrzahl der Menschen bleibt auf niederer Stufe zurück. Demnach wendet sich der Geschichtsschreiber, auch noch unter uns, nicht an jedermann im Volk, sondern nur an einen bestimmten Kreis, an diejenigen, die gleichen Sinnes sind wie er selber. Dasselbe ist in der Welt des Altertums schon daran deutlich, daß die Geschichtsschreibung nur geschrieben besteht, also für die in der Antike verhältnismäßig wenigen, die lesen können, bestimmt ist.

Solche Geschichtsschreibung ist nun auch in Israel vorhanden gewesen und hat dort eine ansehnliche, ja bewunderungswürdige

Blüte gezeitigt. Im ganzen alten Morgenlande hat sie nicht ihresgleichen. Sie ist es, welche „die israelitische Kultur, allein von allen anderen, in der Tat als geistig gleichberechtigt neben die griechische" stellt[1], von der sie dann freilich auf diesem Gebiete erreicht und übertroffen worden ist. Reste solcher altisraelitischen Geschichtswerke finden sich hin und her im Alten Testament zerstreut; das größte, in sich zusammenhängende Beispiel ist die Erzählung von Absaloms Aufstand im 2. Samuelisbuche, in dem nachkanonischen Schrifttum das 1. Makkabäerbuch. Nun ist aber solche Geschichtsschreibung nirgends und niemals die Regel gewesen. Diese wird vielmehr von den mehr poetischen Erzählungen dargestellt. Solche „poetischen Erzählungen" aber haben einen viel weniger nüchternen und strengen Zweck; sie wollen nicht sowohl über die Wirklichkeit belehren, sondern sie wollen erzählen, wie man es gerne hört; sie wollen erfreuen, rühren, begeistern, unterhalten. Auch sie beruhen irgendwie auf beobachteten Tatsachen, aber sie mischen diese unbefangen mit den Gebilden der Phantasie. Solche erdichteten Geschichten haben die Menschheit von ihren frühesten Zeiten an begleitet; sie sind gewöhnlich neben den Liedern das Älteste, was aus der geistigen Kultur der Völker auf die Nachwelt gekommen ist; und sie sind noch unter uns verbreitet und finden zu jeder Zeit einen bei weitem größeren Leserkreis als die Werke der Geschichtsschreibung: wie viel mehr Romane und Novellen werden auch unter unseren Gebildeten gelesen als streng geschichtliche Darstellungen!

Aber gerade, weil diese Gattung noch gegenwärtig blüht, ist es notwendig, gleich von Anfang an auf gewissen Verschiedenheiten der poetischen Erzählungen von heute zu denen älterer und urwüchsigerer Kulturen aufmerksam zu machen.

Bei den Völkern auf höherer Kulturstufe gibt es bewußte Dichtungen, die als solche von jedem gebildeten Leser verstanden werden; wer heutzutage auch nur einigermaßen Bescheid weiß, wird etwa einen Roman und den Bericht über eine wirklich geschehene Begebenheit ohne weiteres zu unterscheiden vermögen. Anders aber ist es bei älteren Völkern, die an ihre poetischen Erzählungen zu glauben pflegen. Hier ist also die Poesie ihrer selbst noch nicht bewußt geworden, wie denn auch unsere Kleinsten ihre schönen Märchen arglos als Wahrheit aufnehmen. Es ist ein Zeichen der beginnenden Aufklärung bei den heutigen Kindern im kleinen und bei den Völkern im großen, wenn sich die ersten Zweifel daran regen.

Ein anderer Unterschied zwischen der gegenwärtigen und den früheren Kulturen besteht darin, daß wir heutzutage Erzählungen besitzen, die anerkanntermaßen das Erzeugnis bestimmter Dichter sind, während die poetischen Erzählungen urwüchsigerer Zeiten als Überlieferung des Volkes oder gewisser Volkskreise bestehen. Wo ein Volk an das Licht der Geschichte tritt, besitzt es bereits eine Fülle solcher Traditionen. Wir sehen sie niemals entstehen, sondern immer schon vorhanden, fortgepflanzt von Mund zu Mund wie das Volkslied, das Volksrecht, die Sitte, die Religion und die Sprache. Selbstverständlich sind es einzelne Erzähler, die sie einst erfunden haben. Aber andere, oft Unzählige, haben an ihnen gemodelt. Manchmal sind sie von ganzen Erzählerschulen – man denke an die arabischen Märchenerzähler – gepflegt worden. Alle diese Arbeit aber ist mehr oder weniger unbewußt geschehen, wie uns denn auch niemals der Name dieser stillen Künstler, geschweige denn des ältesten Erfinders berichtet wird. Hier also handelt es sich um Volkskunst, nicht um die Kunst des einzelnen, bewußt schaffenden Künstlers. Aber gerade darum, weil viele Hände an diesen Erzählungen geformt haben, haben sie das Gepräge des ganzen Kreises angenommen und sind ein Gemeingut des Volkes geworden. Eben deshalb umfaßt sie das Volk, dem sie entstammen, mit besonderer Liebe: es erkennt an ihnen die eigene Art mit freudiger Rührung wieder. Auch uns erscheinen unsere deutschen Märchen und Sagen als einer der köstlichsten Schätze unseres Volkstums. Dem nachgeborenen Betrachter aber bietet diese Welt der poetischen Erzählungen eine wundervolle Gelegenheit, dem alten Geschlechte, das sich darin, ohne es selbst zu wissen, darstellt, in sein innerstes Herz zu schauen.

Zugleich aber mag er hier etwas von der geistigen Geschichte des Volkes erkennen. Denn derartige Erzählungen, die oft aus der ältesten Zeit stammen, sind häufig genug vom Hauche höchsten Altertums umwittert. Mit einer manchmal fast unglaublichen Treue sind sie fortgepflanzt worden, oft vielleicht von den späteren Geschlechtern nicht mehr ganz verstanden, und doch erhalten. Freilich hat mündliche Überlieferung ihrer Natur nach niemals diejenige Sicherheit, die allein der Schrift zukommt: litera scripta manet. Ganz dieselbe kann sie unmöglich bleiben. So nehmen auch die poetischen Erzählungen, je nach den Veränderungen der Kultur, der Religion, des künstlerischen Geschmacks, langsam und allmählich andere Gestalt an. Hier hat der Forscher also Gelegenheit, nicht nur in Zeiten einen Blick zu tun, die ihm sonst verschlossen bleiben, sondern auch die stillen Änderungen zu verfolgen, die sich, von keinem Auge beobachtet, in der Tiefe des Volkslebens vollzogen haben.

Und noch mehr erweitert sich sein Gesichtskreis. Menschliche Phantasie schafft viel weniger Neues und Eigentümliches, als der Laie anzunehmen geneigt ist. Wie das Leben der Menschen selbst immer wieder Ähnliches hervorbringt, so ist auch der Umfang der dichterischen Stoffe verhältnismäßig beschränkt. So sind die verschiedensten Völker, auch ohne jede Berührung miteinander, auf ganz ähnliche Motive verfallen. Zugleich aber sind solche Dichtungen häufig von einem Volke zum andern, oft in weite Entfernungen gewandert und haben dabei alle Grenzen des Volkstums, der Sprache, der Religion, der Kultur übersprungen. Noch unter uns ist die Literatur der Romane dasjenige geistige Gut, das die Völker am leichtesten und häufigsten untereinander austauschen. Ein wunderbares Schauspiel, daß gerade diese Schöpfungen, in deren Gestaltung das Volk sein Eigenstes aussprechen kann, trotzdem ihrem Stoff nach so oft für dieses Volk gar nicht charakteristisch und manchmal nicht einmal unter ihm entstanden sind. So erfordert gerade die poetische Erzählung urwüchsiger oder alter Völker einen Forscher, der über alle Unterschiede, die sonst die Nationen trennen, hinwegzusehen vermag.

Während die bisher besprochenen Vorgänge zur Voraussetzung haben, daß die poetischen Erzählungen ursprünglich in mündlicher Überlieferung bestehen, so gibt es nun noch andere Wandelungen, die an ihnen unter der Hand mehr oder weniger selbständiger Schriftsteller geschehen sind. Zu einer Zeit, da sich die ganze Kultur zur Schriftstellerei gewandt hat und da die mündlichen Traditionen vielleicht auszusterben drohen, haben ehrfürchtige Hände das noch Vorhandene durch schriftliche Aufzeichnung vor weiterer Verderbnis gerettet. Mannigfaltig ist die Form, in der das geschehen ist und in der also die poetischen Erzählungen auf die Späteren gekommen sind. Manchmal – und dies ist der uns erwünschteste Fall – sind sie, ohne weitere Veränderung genauso, wie sie mündlich erzählt wurden, niedergeschrieben. In anderen Fällen haben die Schriftsteller, indem sie die Einzelerzählungen zu größeren Gebilden zusammenschlossen, ganze Erzählungswerke gebildet und vielleicht mit dem Stempel ihres eigenen Geistes überprägt. Häufig sind uns die alten Stoffe nur in Anspielungen späterer Dichter oder Redner überliefert, die ihre eigenen Schöpfungen damit schmückten oder sie für ihre besonderen, andersartigen Zwecke verwandten. Demnach ist es die Aufgabe des Forschers, aus allen diesen späteren Gebilden die ursprünglichen Stoffe mit behutsamer Hand herauszunehmen und in ihrer ursprünglichen Gestalt, soweit es möglich ist, wiederherzustellen; man kann diese Arbeit mit einiger Hoffnung des Gelingens unternehmen, da die zu untersuchenden Stoffe eine große Gleichförmigkeit zeigen und uns nicht selten Gegenstücke aus demselben oder aus anderen Völkern, manchmal in reicher Fülle zu Gebote stehen. Zugleich aber soll der Forscher für diese späteren Umbildungen selbst und die Art, wie sie aufzutreten pflegen, ein offenes Auge haben.

Solche „poetischen Erzählungen" hat es nun auch im *alten Israel* gegeben. Man braucht sich nur an Simson, dessen Kraft in seinem Haare liegen soll, an Jona, der von einem großen Fisch verschlungen und nach dreien Tagen wieder lebendig ausgespien wird, oder an Bileams redende Eselin zu erinnern, um das einzusehen. Auch würde ja Israel, wenn es keine erdichteten Geschichten besessen hätte, eine ebenso wunderliche wie traurige Ausnahme unter den Völkern gebildet haben; und nach den sonstigen Proben, die wir von der hohen dichterischen Begabung dieses Volkes besitzen, würde es ganz unbegreiflich sein, wenn es gerade poetisch zu erzählen nicht vermocht hätte. Und auch die ängstliche Besorgnis, das Alte Testament werde durch die Annahme solcher Erzählungen verlieren, ist unbegründet. Vielmehr weist das Urteil, eine Geschichte sei erdichtet, sie einfach einer bestimmten poetischen Gattung zu. Und was für einer Gattung! Die poetischen Erzählungen des Alten Testaments gehören zu den schönsten, erhabensten und anmutigsten, die es überhaupt in der Weltliteratur gibt; sie sind das, was wir im Alten Testament schon in unserer Kindheit am meisten geliebt haben und niemals zu lieben aufhören können. Eine alttestamentliche Erzählung ist poetisch, das heißt also zugleich auch dies, daß sie mit besonderer Verehrung und Andacht behandelt werden muß. Und niemand fürchte, daß neben der Poesie die Religion zu kurz kommen werde! Religion und Dichtung haben ihrer Natur nach zueinander eine enge Beziehung: jene sucht gerade auf ihren Höhepunkten dichterische Form, und diese findet in der Religion ihre erhabensten Stoffe. So ist denn die poetische Erzählung auch viel besser als die nüchterne Historie imstande, die Trägerin religiöser Gedanken zu werden. Denjenigen Leser aber, der an diesen Sätzen Anstoß nimmt, möchten wir bitten, dieses Büchlein jetzt zuzuschlagen; denn warum will er sich ärgern? Wir anderen aber verharren in der Überzeugung, daß die Behauptung, eine Geschichte des Alten Testaments sei erdichtet, nicht für ein unehrerbietiges oder gar ungläubiges Urteil zu halten ist, sondern einfach für das einer eindringenderen Erkenntnis und eines besseren Geschmacks.

Die poetischen Erzählungen sind außerordentlich mannigfacher Art. Daher bedarf der Forscher, der in diese bunte Welt eintritt, um sich in ihr zurecht zu finden, einiger klarer Grundbegriffe. Dabei kommt es uns weniger auf scharf umrissene Definitionen als auf ganz einfache, bei der Einzelarbeit leicht zu handhabende Erklärungen an. Diese aber sind um so notwendiger, als über die Hauptbegriffe *Mythus, Sage, Legende, Märchen* keineswegs Einhelligkeit besteht. Demnach verstehen wir unter *Mythus* eine Erzählung, in der die hohen Gestalten der großen Götter die Hauptrolle spielen[2], unter *Sage* eine solche, in der geschichtliche oder für geschichtlich gehaltene Personen die eigentlich Handelnden sind, unter *Legende* eine Erzählung von eigentümlich geistlichem Ton – wir denken dabei etwa an die Heiligenlegenden der katholischen Kirche – und unter *Märchen* die Erzählungen urwüchsiger Völker und Kreise, auch unserer Kinder. Dabei geben wir freilich ohne weiteres zu, daß die Grenzen dieser Gattungen hie und da fließende sind und daß ihre Unterscheidung daher manchmal Schwierigkeiten begegnet. Auch haben wir, um die inneren, stofflichen Zusammenhänge nicht zu zerreißen, manchmal von der einen auf die andere Gattung hinübergreifen und z. B. im folgenden beim Märchen auch auf Sage und Mythus verweisen müssen. Trotzdem erscheint es uns auch für die Bibelforschung von Wert, daß man sich bemühe, die Erzählungen so nach großen Gruppen zusammenzufassen.

Das 19. Jahrhundert, das sich seit der Romantik mit der Erforschung dieser Stoffe besonders viel beschäftigt hat, hat auch über das Altersverhältnis der verschiedenen erzählenden Gattungen nachgedacht. Die grundlegende Betrachtung, die dabei lange Zeit geherrscht hat und noch immer nicht ganz verschollen ist, ist diese, daß die ursprünglichste Form der *Mythus* gewesen sei; als dann die Gestalten der Götter vergessen worden seien, seien die Erzählungen zu den Menschen herabgesunken und so sei die *Sage* entstanden; schließlich hätten nur noch die Kinder das Altererbte bewahrt, und so habe der Stoff die Form des *Märchens* empfangen. Nach dieser Theorie, die besonders von den um unser Volk so hoch verdienten Gebrüdern Grimm vertreten worden ist, würde es also die Aufgabe des Forschers sein, aus den überlieferten Sagen und Märchen die verklungenen Mythen zu erschließen. Seit einiger Zeit hat sich aber unter den Forschern verschiedenster Gebiete, neuerdings besonders auch unter dem Einfluß von Wilhelm Wundt, ein bedeutsamer Umschwung vollzogen. Man hat, ganz anders, als es früher möglich war, primitive Völker kennenlernen und gefunden, daß ihre Erzählungen in vielem unserm Märchen gleichen, in dem also im ganzen die älteste Erzählungsart fortdauert. Man nimmt demnach an, daß der *Mythus* (in dem von uns angegebenen Sinne des Wortes[3]) dem Märchen nicht etwa vorausgeht, sondern ihm vielmehr im ganzen folgt. Die Gattungen der Mythen und der Sagen aber sind – um es in aller Kürze zu sagen – in ihrer vorliegenden Gestalt so entstanden, daß sich die ursprünglich in Märchen niedergelgten Motive mit den von den Göttern der entwickelteren Religion erfundenen Erzählungen und mit den Erinnerungen an geschichtliche Helden gemischt haben. Genauere Bestimmungen über Mythus und Sage sollen in den demnächst über beide erscheinenden Religionsgeschichtlichen Volksbüchern gegeben werden. Für *unsere* Zwecke ist eine solche Anordnung natürlich nichts anderes als eine „Arbeitshypothese", der wir folgen, weil sie und solange sie imstande ist, den vorliegenden Stoff zu durchdringen, und die wir aufgeben, sobald sich ihr im Stoffe selber Schwierigkeiten entgegenstellen. Wir beginnen also unsere Darstellung mit dem Märchen.

Das Märchen im allgemeinen und im Alten Testament

Wir stellen zunächst einige anspruchslose Beobachtungen über die Art des Märchens zusammen, um dem Leser einen gewissen Begriff zu geben, was er sich unter dieser Gattung vorzustellen hat. Erst wenn ein solcher allgemeiner Begriff vorhanden ist, können wir an unsere eigentliche Frage gehen, ob und inwieweit auch im Alten Testament Märchen und Märchenstoffe vorhanden sind. Dabei liegt es freilich in der Natur dieser Schrift, daß wir uns auf die Ergebnisse und die noch zahlreicheren unerledigten Probleme der Märchenforschung nicht allzutief werden einlassen können. Für alles Weitere sei auf A. Thimme, *Das Märchen* (1909) und Fr. v. d. Leyen, *Das Märchen* (1911) verwiesen, zwei kleine Schriften, in denen der Leser eine gute Einführung in den Gegenstand und zugleich reichhaltige Literaturverzeichnisse findet[1].

Der in diese Forschung nicht eingeweihte Leser denkt, wenn er von „Märchen" hört, zunächst an die ihm aus Grimm bekannten deutschen und etwa noch an die arabischen von *Tausend und Einer Nacht* und ist geneigt, solche Erzählungen „Märchen" zu nennen, in denen er den treuherzigen Ton der deutschen oder die phantastische Art der arabischen wiederfindet. Wir aber gebrauchen das Wort in einem allgemeineren Sinne. Wir nennen *Märchen die poetischen Erzählungen der Naturvölker* und sind der Meinung, daß wesentlich dieselbe Erzählungsart *auch in den entwickelteren Kulturvölkern* als eine unterste Schicht der Erzählungskunst weiterbesteht. Bezeichnend für die Märchen im Unterschiede von den Mythen ist, daß die Gestalten der großen Götter darin noch nicht vorhanden sind; doch ist gleich hier zu bemerken, daß in die aus späterer Zeit überlieferten Märchen hie und da die Götter eingedrungen sind, ohne daß die sonstige Art der Erzählung dadurch verändert worden wäre, wie z. B. in den Märchen der gegenwärtigen christlichen Völker gelegentlich auch Heilige, Christus und selbst „der liebe Gott" an die Stelle der ursprünglichen niederen Wesen getreten sind. Ebenso hat auch die israelitische Religion dem Märchenstoff nicht selten die Gestalt Jahves hinzugefügt[2]. Im Unterschied von den Sagen ist für die Märchen eigentümlich, daß sie nicht wie diese an bestimmten geschichtlichen Zeiten und Personen und im allgemeinen auch nicht an gegebenen Orten haften, sondern, soweit sie überhaupt Namen nennen, erdichtete Personen an erfundenen Orten auftreten lassen: die Sage also – um es mit deutschen Beispielen, allerdings ziemlich schematisch zu sagen – handelt etwa von Rolands Tod in den Pyrenäen, das Märchen aber von Hänsel und Gretels Schicksalen bei der Hexe in einem Walde.

Solche Märchen sind Schöpfungen der dichtenden Phantasie. Aber es ist noch einigermaßen möglich, aufzudecken, wodurch diese angeregt worden ist. Das ist geschehen, wie man neuerdings annimmt, besonders durch die phantastischen Gebilde der *Träume oder Visionen,* die auf den Menschen der Vorzeit einen viel lebhafteren Eindruck als auf uns machen mußten[3]. Andere Erzählungen verkörpern irgendeinen Wunsch des primitiven Menschen; solche *Wunschmärchen* stellen als Wirklichkeit dar, was freilich im nüchternen Leben nur ein unerfüllbares Begehren bleibt. Dazu kommt *Glaube und Wahn der Vorzeit,* wonach die Wesen der Natur ringsumher, die Bäume und Pflanzen, Flüsse und Brunnen, Berge und Meere belebt gedacht oder als Sitze von allerlei Fabelwesen, Kobolden, Riesen, Drachen, Greifen, vorgestellt und wonach auch den Tieren menschliches Seelenleben und menschliche Sprache zugetraut wurde. Weiter äußert sich in den Märchen allerlei Glaube an *seltsame Zustände der Seele* des Menschen, die etwa an ungewöhnlicher Stelle, außerhalb oder innerhalb des Körpers, geborgen sein oder etwa den Leib zu Zeiten in mannigfachen Gestalten verlassen oder vielleicht aus der Unterwelt heraus auf der Erde wiederum erscheinen kann. Ferner wirkt allerlei urwüchsiger *Zauberglaube* mit ein: der Zauberer, so ist man überzeugt, vermag es, etwa ein Wesen in ein anderes, z. B. einen Menschen in ein Tier, zu verwandeln oder sonst, vielleicht mit seinem Zauberstabe, allerlei Wunder zu vollbringen. Oder man erzählt, wie gewisse Menschen in den hohen Himmel oder die tiefe Unterwelt gelangt sind und was sie daselbst gesehen haben. Andere Märchen sind durch *Erfahrungen des Alltagslebens* angeregt und verstehen es etwa, Hauptarten menschlicher Sinnesweisen oder Berufe in einer erfundenen Erzählung darzustellen, oder durch die Erinnerung an *Sitten der Vorzeit,* die den Anlaß zu einer besonders merkwürdigen Geschichte gegeben haben. Zuweilen regt sich auch das *Nachdenken in seinen ersten Anfängen* und versucht es z. B., die auffallende Gestalt eines Tieres aus einer ganz besonderen Begebenheit zu begreifen oder gar den Ursprung der Menschheit, ihre Künste und Fertigkeiten und schließlich die Entstehung der Welt zu erklären. Alles dies eine phantastische Welt, in der das Beobachtete und das kindlich Erdichtete seltsam ineinanderfließen. Beobachtet man, wie häufig sich solche Märchen und Märchenmotive mit geschichtlichen Überlieferungen gemischt haben und so zu *Sagen* geworden sind, so wird man nicht bezweifeln, daß diese primitiven Erzählungen, so unglaublich sie uns klingen, ursprünglich, wenigstens zumeist, Glauben beansprucht und gefunden haben, obwohl es auch „Lügenmärchen" gibt, in denen die Schalkhaftigkeit des launigen Erzählers offenkundig hervortritt, und obwohl sich in den Märchen gegenwärtiger Völker Zweifel oder Unglaube, etwa zu Beginn oder am Schluß der Erzählung, häufig genug aussprechen.

Solche Märchen gibt es beinahe überall auf Erden. Die früher aufgestellte Vermutung, daß sie aus einem bestimmten Lande, nämlich aus Indien, über die ganze Welt ergangen seien, hat sich als irrig erwiesen. Vielmehr hat die menschliche Phantasie in den verschiedensten Gegenden und Völkern unter gleichen Bedingungen immer wieder auf einigermaßen ähnliche Erzählungen oder wenigstens die gleichen Motive geführt[4], und nicht selten hat sich gerade in den Märchen die Eigenart der Völker deutlich ausgeprägt, was uns für unsere deutschen besonders klar entgegentritt. Anderseits aber hat gerade das Märchen eine auffallend internationale Natur. Denn nicht nur, daß das Fabulieren der Völker auf dieser untersten Stufe ebenso wie ihr Denken selber bei aller Verschiedenheit der Landschaften, der Rassen und Lebensarten sich in merkwürdiger Weise gleicht; auch die an einer Stelle der Welt erfundenen Motive oder ganze Erzählungen werden, gerade weil sie überall dieselben geistigen Bedingungen treffen und überall verstanden werden, außerordentlich leicht weit verbreitet und sind nicht selten, auch schon in mündlicher Überlieferung, über Länder und Meere zu den entferntesten Völkern gedrungen. Solche Wanderung ist gerade bei den Märchen um so verständlicher, als sie in einer verhältnismäßig ungeprägten Form zu bestehen pflegen und daher imstande sind, sich den Besonderheiten der Völker, zu denen sie gelangen, anzuschmiegen und neue Gestalten anzunehmen[5]. Beispiele von Wandermärchen werden uns im folgenden begegnen. Besonders hat die reich entwickelte indische Märchendichtung – und das ist das Richtige an der oben mitgeteilten Aufstellung – einen wahrhaft ungeheuren Einfluß entfaltet. Bei der Feststellung solcher internationalen Verhältnisse wird man freilich mit größter Vorsicht vorgehen müssen. Auf verhältnismäßig sicherem Boden stehen wir nur da, wo wir das Vorhandensein ganzer Märchen*erzählungen,* die mehrere Motive in besonderer Ausbildung und Zusammenordnung enthalten, bei verschiedenen Völkern beobachten; wo es sich aber nur um die Gleichheit von Einzelmotiven handelt, werden wir gut tun, mit dem Urteil zurückzuhalten, denn diese können bei den verschiedensten Völkern unabhängig voneinander entstanden sein.

Es ist die Zeit gekommen, da sich die Kulturvölker von den Märchen abwandten und diese oft so holden und tiefen, geistreichen und freundlichen, wenn auch freilich manchmal wilden und rohen Schöpfungen für blöde „Ammenmärchen" erklärten. Aber zu tief waren sie in dem Gemüt und der Phantasie der Menschen eingewurzelt, als daß sie so rasch hätten vergessen werden können. Und wenn sie die Erwachsenen, denen sie einst, vielleicht von umherziehenden Erzählern dargestellt worden waren, verschmähten, so haben sie sich zu den Kindern und zu denen, die von der höheren Entwicklung nicht erreicht wurden, geflüchtet. Und so haben sie in der Stille fortbestanden und in unverwüstlicher Lebenskraft das Volk oft durch seine ganze Geschichte hindurch begleitet, auch da, wo sich keine Hand fand, die sie zur rechten Zeit aufzeichnete. So treten Märchenstoffe oder Anspielungen an Märchenmotive doch auch in den höchst entwickelten Schrifttümern immer wieder ans Tageslicht. Dichter und Redner haben etwa in die altüberlieferten Tiermärchen lehrhafte Zwecke eingetragen und sie so, besonders durch Einfügung von Reden der Tiere untereinander, zu *Tierfabeln* umgestaltet, oder man hat die alten Stoffe benutzt, um eine bestimmte, im Leben auftauchende Frage durch eine im Grundgedanken ähnliche Geschichte zu beleuchten und so *Parabeln* gebildet. Kunstvoller und künstlicher zugleich ist es, wenn die Späteren sie zu *Allegorien* umgedeutet haben. Manchmal leben sie, halb vergessen, nur noch in volkstümlichen Redensarten nach. An anderen Stellen haben sie die Dichter späterer Zeiten zu neuen Schöpfungen angeregt. Märchenstoffe spielen noch in der hohen griechischen Tragödie, bei Shakespeare, Goethe und wieder in der neuesten Gegenwart eine bedeutsame

Rolle. Der Zauber der primitiven Vorstellungen und der uralten Erdichtungen hat die poetisch empfindenden Herzen aller Zeiten immer wieder zu den Märchen zurückgeführt. Aber – so hat der Leser gewiß längst gefragt – *was hat die Bibel mit Märchen zu tun?* Ist es nicht ein Angriff auf die Würde des heiligen Buches, in ihm Erzeugnisse der Phantasie zu suchen? Und wie kann die erhabene Religion Israels, von der neutestamentlichen ganz zu schweigen, Stoffe enthalten, die von einem vielleicht poetischen, aber eben doch durchaus untergeordneten Glauben erfüllt sind? Auf diese Fragen ist zunächst zu erwidern, daß *die Bibel allerdings kaum irgendwo ein Märchen enthält.* Der hohe und strenge Geist der biblischen Religion hat das Märchen *als solches* fast an keinem Punkte ertragen, und diese seine beinahe *vollständige Ausrottung* aus der heiligen Überlieferung *gehört mit zu den großen Taten der biblischen Religion.*

Aber eine ganz andere Frage ist, ob das Volk, von dem die Bibel erzählt, solche Erzählungen nicht dennoch besessen hat. Für die Bejahung dieser Frage spricht, daß ein altes Volk ohne Märchen uns kaum denkbar erscheint, wie sie denn auch von den Ägyptern, offenbar mit besonderer Liebe und Kunst, gepflegt worden sind[6] und wie sie auch im babylonischen Gilgamesch-Epos hervortreten[7]. Ein lehrreiches Gegenstück zu solchem Dasein des Märchens in der Verborgenheit bietet das Volk der Hellenen, das auf der Höhe seiner Kultur die Märchen verachtet und es daher niemals für eine angemessene Aufgabe gehalten hat, solche Fabeleien zu sammeln, und dessen tiefere Schichten – wie aus zahlreichen Spuren, besonders den Tiermärchen des Äsop und der bekannten Geschichte von Amor und Psyche hervorgeht – auch diese Gattung hervorgebracht, ja, in reicher Fülle besessen haben[8]. So erhebt sich also auch für das Alte Testament die Frage, ob es nicht trotzdem Märchen oder wenigstens märchenhafte Motive enthält, zwar nirgends rein erhalten, aber doch *in gewissen Abwandlungen* auftretend oder *an gewissen Spuren* sich verratend. Bereits ist den zünftigen Märchenforschern die Verwandtschaft einiger weniger biblischer Erzählungen mit Märchen aufgefallen[9], wenn auch freilich die Bibelkenntnis der Gebildeten unserer Tage nicht umfassend genug ist, als daß sie das ganze Gebiet hätten übersehen können. Daß aber solche Ähnlichkeiten nicht ohne weiteres abgewiesen werden dürfen, kann man daran erkennen, daß es moderne Märchensammlungen gibt, die unter anderen Volksmärchen die Josephgeschichte, der Bibel frei nacherzählt, in aller Unschuld enthalten[10]. Nun hat sich zwar die neuere alttestamentliche Forschung im ganzen bisher um diese Welt der Märchen recht wenig bekümmert, wenn es auch einzelne Ausnahmen, die besondere Ehre verdienen, immer gegeben hat: so hat z. B. Karl Marti auf die dem Buche Jona verwandten Erzählungen hingewiesen[11]. Seit einiger Zeit aber hat ein jüngeres Geschlecht von Forschern, in die allgemeine Märchenforschung allmählich einwachsend und durch keine Schranke zünftiger Wissenschaft gehemmt, begonnen, die biblischen Erzählungen in diesen Zusammenhang zu stellen. Mitgewirkt hat dabei unter anderem die Anregung Eduard Meyers, der z. B. bei der Aussetzungserzählung des Mose und bei der Geschichte von *Potiphars Weib* an das Märchen erinnert[12]. Besonders haben Eduard Stucken[13] und in zahlreichen Veröffentlichungen Hugo Winckler und seine Schule, vor allem Alfred Jeremias[14], eine Fülle von Stoff an Mythen, Sagen und Märchen über das Alte Testament ergossen, freilich zum Erweise eines fabelhaften mythologischen Systems, so daß gegen solche Phantastereien ein starker Gegenschlag notwendig gewesen ist[15]. Daneben hat es auch an weniger anspruchsvollen, aber methodisch zuverlässigeren Untersuchungen nicht gefehlt. So hat Hans Schmidt die Jonaerzählung[16] als Märchen behandelt; Margarethe Plath hat bei der Tobialegende[17], Walter Baumgartner bei der Jephthageschichte[18] auf Märchen verwiesen. Namentlich hat Hugo Greßmann, seinerseits durch Wilhelm Wundt in die Wissenschaft von den Märchen eingeführt, die dadurch für die biblische Forschung neu auftretende Betrachtung und das so gestellte Problem deutlich erkannt[19].

In dieser Schrift soll nun der Versuch gemacht werden[20], den Stoff, der für den Märchenforscher im Alten Testament in Betracht kommt, zusammenzustellen. Der Verfasser wünscht, so der Märchenforschung ebenso wie der alttestamentlichen Wissenschaft einen Dienst zu erweisen, wie er sich auch der Hoffnung hingibt, der Laie werde der entstehenden Forschungsart seine Teilnahme zuwenden. Vollständigkeit des Stoffes war durch dessen außerordentlichen Reichtum und durch den Umfang dieses Büchleins ausgeschlossen. Oft werden wir nur zerstreute Einzelmotive bringen können, da, wo uns ganze Erzählungen nicht überliefert sind. Auch hat sich der Verfasser im ganzen auf das Alte Testament beschränkt und die späteren, jüdischen[21] oder neutestamentlichen, Schriften nur in besonderen Fällen berührt. Um das Schriftchen nicht allzusehr mit Literatur zu beschweren, hat er sich begnügt, für gewöhnlich nur auf die schon genannten Schriften von Thimme und v. d. Leyen zu verweisen. Der Leser aber wird gut tun, nicht zu vergessen, daß es sich im folgenden nicht um die Ergebnisse einer blühenden, sondern um die ersten tastenden Schritte einer im Entstehen begriffenen Forschung handeln kann.

Der Beweis dafür, daß ein alttestamentlicher Stoff in die Welt des Märchens gehört, ist in doppelter Art zu erbringen: entweder werden aus anderen Literaturen Gegenstücke dazu, die selber unzweifelhaft märchenhaft sind, genannt, oder es leuchtet aus der Natur des Stoffes selbst seine Märchenart ohne weiteres hervor. Wenn wir also im folgenden Parallelen aus anderen Völkern anführen, so beabsichtigen wir keineswegs, damit Abhängigkeitsverhältnisse zu behaupten, sondern wollen nur, wo nicht etwas Besonderes vermerkt ist, auf Ähnlichkeiten hinweisen. Daß sich aber solche Ähnlichkeiten in weiter und weitester Ferne finden, wird der Leser aus dem, was wir oben über die Internationalität der Märchenstoffe gesagt haben[22], verstehen.

Naturfabeln und Naturmärchen

Wir beginnen am besten mit *Naturfabeln*, einer Gattung, deren Vorhandensein in der Bibel unbestreitbar und für jedermann völlig unanstößig ist.

Als der König von Juda einmal den israelitischen keck zum Kampfe herausforderte, soll ihm dieser zur Warnung vor solchem Beginnen die *Geschichte von der Werbung des Dornstrauchs* als Botschaft besandt haben. „Der Dornstrauch (...)[1] sandte zur Zeder auf dem Libanon also: Gib deine Tochter meinem Sohne zum Weibe! Aber das Wild auf dem Libanon lief über den Dornstrauch und zertrat ihn"[2]. Die Geschichte ist außerordentlich knapp erzählt; ihre Voraussetzung ist, daß die Zeder als das edelste, der Dornstrauch als das armseligste der Gewächse gilt; in der Mitte der Erzählung ist zu ergänzen, daß die Zeder, durch den Antrag des Dornstrauchs beleidigt, ihr Kriegsheer, das ist „das Wild auf dem Libanon", gegen ihn aufbietet. Das Ganze ist eine Fabel, da es deutlich eine Lehre enthält: der Gemeine soll nicht wagen, seine Augen zu dem Hohen zu erheben, sonst wird er gedemütigt und geht zugrunde. Bedeutsam aber ist, daß die Fabel in der alten Zeit eine so vornehme Gattung ist, daß sie selbst Könige bei Reichssachen in den Mund nehmen könnten. Da nun diese Erzählung nicht von einer Herausforderung zum Kriege, sondern von einem Eheantrag handelt, also sich mit dem mitgeteilten geschichtlichen Anlaß nicht durchaus deckt, so wird anzunehmen sein, daß sie nicht für diese Gelegenheit erfunden worden ist. Demnach muß sie schon vorher im Volksmunde bestanden haben; vielleicht ist sie bei anderem Anlaß, nämlich bei einem Heiratsantrag, zuerst ausgesprochen worden.

Berühmt ist die *Fabel des Jotham*, die er den Bürgern von Sichem erzählt haben soll, als diese seinen Bruder Abimelech zum Könige gesalbt und alle übrigen Brüder getötet hatten[3].

Einst gingen die Bäume hin,
über sich einen König zu salben.
Sie sprachen zum Ölbaum: sei unser König!
Doch der Ölbaum sprach zu ihnen:
soll mein Fett ich lassen,
‚womit‘ sie ehren
Götter und Menschen,
und hingehn, umherzuziehn[4] als Fürst der Bäume? –
Da sprachen die Bäume zur Feige:
wohlan, sei du unser König!
Doch die Feige sprach zu ihnen:
soll meine Süße ‚ich‘[5] lassen
und meine köstliche Frucht
und hingehn, umherzuziehn als Fürst der Bäume? –
Da sprachen die Bäume zum Weinstock:
wohlan, sei du unser König!
Doch der Weinstock sprach zu ihnen:
soll meinen Most ‚ich‘[6] lassen,
der Götter und Menschen erfreut,
und hingehn, umherzuziehn als Fürst der Bäume? –
Da sprachen alle Bäume zum Stechdorn:
wohlan, sei du unser König!
Doch der Stechdorn sprach zu ihnen:
wenn ihr denn im Ernste
zu eurem König
mich salben wollt,
so kommet, bergt euch in meinem Schatten!
Wo nicht, so ergehe Feuer vom Stechdorn,
das fresse des Libanons Zedern!

Auch dies eine Pflanzenfabel, eine Gattung, die auch in Babylonien, später im Achikar-Roman und bei den Griechen auftritt[7] und diesen aus dem Morgenlande zugekommen sein wird[8]; und auch hier wird wiederum vom Dornstrauch geredet, der in der Fabeldichtung des Altertums auch sonst eine große Rolle gespielt hat. Diese Fabel ist, wie Sievers[9] gezeigt hat, in Versen geschrieben, während die vorhergehende in schlichter Prosa einhergeht; zugleich ist diese bei weitem ausgeführter, während jene ganz knapp gehalten ist. Man sieht also an solchem Beispiele, wie sich Dichter dieser Erzählungsart bemächtigt, sie bereichert und in Verse gegossen haben. Es hat demnach im alten Israel eine eigentliche Fabeldichtung gegeben; ebenso wie auch in anderen Völkern die Märchen hie und da von Dichtern gepflegt worden sind[10]. Der Zweck dieser Fabel ist ebenso wie bei der ersteren ein politischer; wir denken dabei etwa an die bekannte Fabel des Menenius Agrippa von der Empörung der Glieder gegen den Bauch, durch die er die römische Plebs zur Rückkehr bewogen haben soll[11]. Unsere Erzählung hat, wie die hinzugefügte Nutzanwendung angibt, den Zweck, die Bürger von Sichem vor ihrem neuen Könige zu warnen; nur wenn sie es ernstlich und treulich mit ihm meinten, würden beide Teile Freude aneinander haben; sonst werde Feuer von ihnen beiden ausgehen und sie miteinander verzehren[12]. Sieht man sich aber die Fabel genauer an, so erkennt man, daß sie ursprünglich einen viel allgemeineren Sinn besessen hat: auch sie muß schon vorher vorhanden gewesen sein und ist dann nachträglich vom Erzähler in die Abimelechgeschichte aufgenommen und für seine Zwecke verwandt worden. Die ursprünglich selbständige Fabel handelt vom Königtum überhaupt. Wer wird König unter den Bäumen? Nicht die köstlichen Gewächse, die mit ihren herrlichen Früchten „Götter und Menschen" erfreuen und denen das Recht, über die andern zu herrschen, sicherlich zukäme! Und warum verschmähen sie das Königtum? Weil sie alsdann diese Früchte aufgeben müßten. Aber der ganz unnütze, bösartige Stechdorn, der nur schaden kann, der ist sofort bereit, diese Würde zu übernehmen. Und er beginnt seine Herrschaft mit einer frechen Forderung und furchtbaren Drohung: unter den armseligen Schatten seines niedrigen und sperrigen Gestrüpps sollen sich die großen, schönen Bäume ducken, sonst wird Feuer von ihm ausgehen und sie fressen: ja, das ist das einzige, was er vermag! Die Fabel will zeigen, daß die wahrhaft fruchtbringenden Menschen und Kreise sich nicht zum Königtum hergeben; denn wer König sein will, kann nicht auf der Scholle sitzen bleiben und nützlich arbeiten, sondern muß wie ein Landstreicher überall umherziehen[13]. Aber wer sonst zu nichts nütze ist, ja, nur Schaden bringt, der Räuberhauptmann mit seinem Gesinde, erlangt die Krone und richtet unter denen, die viel besser sind als er, nur Verderben an. Eine ebenso boshafte wie geistreiche Verspottung des Königtums, die sich gewiß absichtlich in die Form der Fabel flüchtet, weil man nicht ohne Gefahr deutlicher reden darf, und die vielleicht ursprünglich auf einen bestimmten König gemünzt ist. Das hohe Alter des Stücks ist aus seinem ganzen Inhalt und besonders aus der unbefangenen Erwähnung der „Götter" zu erkennen; auch die mehrfache Wiederholung bestimmter Formeln ist primitiver Stil. Dem Inhalt nach ist dieser Fabel am nächsten eine armenische verwandt, die gleichfalls davon handelt, welchem unter den Bäumen das Königtum gebühre[14].

Wir sehen also an zwei Beispielen, daß das alte Israel die Fabel gekannt und gepflegt hat; solche Naturfabel aber ist überall, wo wir sie beobachten, aus dem Natur*märchen*, d. h. aus dem Tier- und Pflanzenmärchen, erwachsen[15]. Auch solche muß es also dort gegeben haben. Auch ist die Art, wie in diesen Fabeln von den Naturwesen gesprochen wird, ganz dieselbe, die sonst das Märchen bezeichnet. Die Pflanzen und Tiere werden mit menschlichen Eigenschaften ausgestattet, und menschliche Beziehungen und Handlungen werden ihnen zugeschrieben: sie reden miteinander in menschlicher Sprache, sie „gehen hin", sie haben ein Königtum, und wer von ihnen Herrscher wird, muß seine Tätigkeit verlassen und sich im Lande umhertreiben. Vom Königreich der Tiere, in dem bekanntlich der Löwe König ist, redet auch das deutsche Tiermärchen; der hebräische Dichter nennt Leviathan „den König über alle Ungeheuer"[16], und Behemoth den ‚Herrn seiner Genossen'[17]; auch das Königreich der Pflanzen ist dem alten Morgenlande bekannt[18].

Daß aber auch dem ältesten Israel die solchen Anschauungen zugrunde liegende *primitive Naturbetrachtung* vertraut gewesen ist, läßt sich besonders aus den hebräischen Gedichten erkennen, welche diese Beseelung der Naturwesen um ihrer poetischen Schönheit willen niemals ganz aufgegeben haben. Da hören wir, wie die Zedern des Libanon jauchzen, wenn ihr Verderber dahin ist[19], wie die Eichen Basans beim Sturz der übrigen Waldesriesen jammern[20], wie Himmel und Erde erzittern, wenn Jahves Stimme erschallt[21], wie das Meer vor seinem Anblick flieht und die Berge hüpfen[22], wie die Bäume bei Israels Erlösung in die Hände klatschen[23], und ferner wie die Löwen in der Nacht von Jahve ihren Raub fordern[24], wie die jungen Raben nach Fraß zu ihm schreien[25] und wie der Löwe, „der Held unter den Tieren", so stattlich einherschreitet[26]. Wie nahe sich aber auch der alte Israelit den Tieren gefühlt hat, geht aus der Paradiesesgeschichte hervor, die es im Ernst erwägt, ob sie nicht imstande seien, den Menschen eine passende Gesellschaft zu bieten[27]. Auch die altehrwürdigen Tore des Heiligtums redet der Dichter an: sie müssen sich aufrecken, um der hohen Gestalt des einziehenden Gottes Einlaß zu gewähren, und er läßt sie selber Antwort geben und zurückfragen, wer dieser gewaltige Gott sei[28]: auch dies Sprechen des Tores ist eine primitive Vorstellung, die anderswo im Märchen wiederkehrt[29]. So mischt sich auch die Phantasie in die Weltauffassung ein und stellt sich etwa die Morgenröte als ein Wesen mit riesigen Schwingen vor[30], den Sturm als ein geflügeltes Roß[31] und die vier Winde als vier Rosse mit den vier Farben der Himmelsrichtungen, Gottes Kundschafter in der Welt[32], oder als vier Wagenkämpfer, die seine Kriegsurteile an den Völkern vollziehen[33]. Die Unterwelt denkt man sich etwa als eine Festung mit unzerbrechlichen Riegeln und Toren[34] oder als ein grimmiges Ungeheuer, das mit aufgesperrtem Rachen alles niederschlingt[35]. Den Himmel vergleicht man mit einem Baum mit goldenen Früchten[36] oder einer gewaltigen Papyrusrolle mit geheimnisvoller Schrift[37] oder einem weit ausgespannten Zeltdach[38]. Die Sterne sind ein unermeßlich großes Heer, aus lauter gewaltigen Helden bestehend[39], das „Heer des Himmels"[40], über das Jahve den Oberbefehl führt[41]; der Sonnenball ist ein junger Held, der in fröhlicher Jugendkraft seine Bahn wandelt und der fern im westlichen Meere sein Zelt hat, wo die Geliebte auf ihn wartet[42]. U. a. m. Immer wieder sehen wir dabei, wie die Naturmächte beseelt gedacht werden: für die Dichter der geschichtlichen Zeiten nur ein schönes Bild, das für eine Urzeit aber ein Glaube gewesen ist. Eine Erinnerung an solche Beseelung von Naturmächten ist es auch, wenn die hebräischen Worte Tehōm = Urmeer, im babylonischen Tiamat, Scheol = Unterwelt, Hades, und Tēbēl = Fruchtland im Gegensatz zur Wüste = midbar, immer ohne Artikel, also wie Eigennamen gebraucht werden; wie die Sprache noch festhält, sind es also ursprünglich drei gewaltige lebendige Wesen. Man sieht aus diesen Beispielen, daß auch das hebräische Altertum in der Weise der Primitiven über die Natur gedacht hat, und wird sich also um so weniger wundern, wenn man von den Naturwesen und Mächten allerlei Geschichten, d. h. eben Märchen, erzählt hat, die den Späteren dann den Stoff und die Anregung zu allerlei Naturfabeln geben konnten.

Einen solchen Märchenstoff setzt Hesekiel in dem großartigen Leichenliede voraus, das er auf den Fall des ägyptischen Königs gesungen hat[43].

Jahves Wort erging an mich also: Menschensohn, sprich
zu Pharao, dem Könige von Ägypten, und seinem Gepränge:
Wem warst du gleich in deiner Hoheit?
‚Eine Edeltanne' stand ‚stolz'[44] auf dem Libanon,

schön von Geäst (…), ragend an Wuchs,
die zwischen ‚die Wolken‘ den Wipfel streckte. –
Wasser hatte sie hoch, der Ozean groß gebracht,
seine Ströme ‚lenkte er‘ um ‚ihren‘ Stand,
seine Rinnen entsandte er auf das ganze (…) Gefilde.
(…) Ihr Wuchs ward hoch (…)[45], ihrer Äste viel,
ihre Zweige lang von dem reichlichen Wasser. –
In ihren Schößlingen (…)[46] nisteten alle Vögel des Himmels,
unter ihren Zweigen gebar alles Getier des Gefildes,
in ihrem Schatten ‚wohnten‘ viele Völker.
Sie war schön in ihrer Hoheit durch die Länge ihrer Sprossen,
denn ihre Wurzel war an reichlichem Wasser. –
Zedern erreichten sie nicht (…), Zypressen kamen ihr nicht gleich (…),
Platanen hatten nicht ‚so viel‘[47] Äste wie sie.
Alle Bäume (…) kamen ihr an Schönheit nicht gleich.
Schön hatt’ ich sie gemacht in der Menge ihrer Sprossen,
es neideten sie (…) Edens Bäume (…) im Garten Gottes.
Darum spricht der Herr Jahve also:
Dieweil ‚sie‘ einst so hoch ‚an Wuchs‘
und ihren Wipfel streckte zwischen ‚die Wolken‘
und ihr Sinn hoffärtig in ihrer Größe,
‚gab‘ ich sie preis einem Völkergebieter,
‚der tat ihr Frevel an‘[48], ‚ob‘ ihres Frevels[49] ‚vertilgte er sie‘[50]. –
Da fällten sie Fremde (…), warfen sie hin ‚auf‘ die Berge
daß in alle Täler ihre Sprossen fielen
und ihre Äste zerschmettert in allen Schluchten (…) lagen.
Aus ihrem Schatten wurden ‚verscheucht‘ alle Völker der Erde (…),
auf ihrem Stamm ließen sich nieder alle Vögel des Himmels,
an ihre Zweige kam alles Getier des Gefildes. –
Damit (…) sich ihres Wuchses ‚alle Bäume‘[51] nicht erhöben
und ihren Wipfel nicht zwischen ‚die Wolken‘ streckten,
und stolz (…)[52] dastünden alle, die Wasser trinken;
sie sind ja alle geweiht (…) für die Tiefe drunten
inmitten der Menschenkinder zu den zur Grube Gefahrenen.
So spricht der Herr Jahve:
Am Tag, da sie stürzte (…), verhüllte sich[53] (…) der Ozean,
daß ‚er‘[54] die Ströme anhielt, das reichliche Wasser versiegte,
kleidete ich schwarz (…) den Libanon (…), das Gefilde (…) trauerte[55]. –
Vom Dröhnen ihres Falls macht’ ich Völker erbeben,
da ich sie stürzte (…) zu den zur Grube Gefahrenen.
Da trösteten sich alle ‚Bäume‘(…) in der Tiefe drunten[56],

die erlesenen (...) des Libanon, alle, die Wasser trinken.
Auch sie mußten wie sie zur Unterwelt nieder (...),
(...) ‚die‘ in ihrem Schatten einst ‚gewohnt‘, inmitten der Völker. –
Wem warst du (...) gleich an Hoheit und Pracht (...)
und mußtest wie ‚die Bäume‘ (...) in die Tiefe drunten,
inmitten Unbeschnittener (...), zu den Schwert-Entweihten! –
So geht es Pharao und all seinem Gepränge!
Spricht der Herr Jahve.

Dies majestätische Leichenlied ist vom Propheten selber als eine
Beschreibung des Pharao, seiner Herrlichkeit und Hoffart, seines
Frevels und kommenden Sturzes gedacht; allegorisch versteht er
auch die Völker, die im Schatten des Baumes gewohnt haben, das
sind die Verbündeten der ägyptischen Weltmacht[57]; ferner die Bäume
in der Unterwelt, die sich beim Sturze der Edeltanne über ihr eigenes
Schicksal trösten, das sind die vor Ägypten gefallenen, einst mit ihm
verbündeten Staaten, besonders Israel und Juda, denen Pharao jetzt
zugesellt wird „inmitten Unbeschnittener zu den Schwert-Entweihten", und vor allem „der Völkergebieter", der den Baum durch
„Fremde" fällen läßt. Aber neben diesen wenigen allegorischen
Zügen stehen so viele andere, daß man nicht zweifeln kann, Hesekiel
habe hier eine schon vorhandene Erzählung benutzt. Diese
Geschichte handelte von einem großen Baum, der, von den Wasser-
tiefen genährt – ursprünglich vielleicht gar ein Sohn der Mutter
Tehōm selber –, so hoch emporwuchs, daß er bis zum Himmel
reichte: alle Vögel nisteten in seinen Zweigen, alles Getier und die
Völker wohnten unter seinem Schatten. Selbst die Bäume des Paradieses mußten ihn beneiden. Aber da er sich seiner Schönheit wegen
überhob, fiel er in furchtbarem Falle: über alle Berge und Täler stürz-
ten seine Zweige. Da trauerte Tehōm, die ihn großgezogen hatte, und
bekleidete sich mit dem Trauergewande, und mit ihr der Libanon
und das Gefilde, die ihn einst in seiner Herrlichkeit gesehen. Und die
vor Zeiten gefallenen Bäume trösteten sich in der Tiefe drunten, daß
es ihm nicht anders als ihnen selbst ergangen sei. – Versenkt man sich
in die Art dieser Erzählung, in ihre grotesken Überschwenglichkei-
ten und ihre ebenso deutlichen Vermenschlichungen, so wird man
erkennen, daß hier ein Märchenstoff vorliegt. Von solchen ungeheuren Bäumen redet das Märchen auch sonst[58]. Insbesondere liegt hier
zugrunde die Vorstellung von einem „in der Tiefe der Erde wurzeln-

den und mit seiner Krone den Himmel tragenden *Weltbaum*"[59], von dem wir aus dem Indischen, Germanischen und sonst wissen, eine Vorstellung, die zum Schlusse zu einer Darstellung des Weltalls als eines allumfassenden Baumes ausgewachsen zu sein scheint[60]. Diese Erzählung vom Weltbaum steht in der hier vorauszusetzenden Gestalt auf der Schwelle zum Mythus, tritt doch ein Gott darin auf; ursprünglich freilich mag es ein Sturm oder irgendein Dämon[61] gewesen sein, der den ungeheuren Baum stürzte; doch kann der Gott schon in vorisraelitischer Überlieferung hier eingesetzt worden sein; da aber nicht dieser, sondern vielmehr der Baum selber in der Erzählung die Hauptrolle spielt, dürfen wir sie noch zum Märchen rechnen. Da in dem Ganzen ein Grundgedanke, nämlich der vom Gericht über den Hochmut, aufs deutlichste hervortritt, werden wir es eine *Fabel mit Märchenmotiven* nennen. Der Stoff hat eben um dieses Grundgedankens willen Hesekiel angezogen, zugleich aber, weil die phantastische Form sein gleichgestimmtes Gemüt fesselte. Er hat das einzelne pomphaft ausgeführt und auf eine politische Weissagung bezogen. Hinzugefügt hat er besonders das Eingreifen Jahves, mit dem die Erzählung ursprünglich sicherlich nichts zu tun hat[62].

Dieselbe Überlieferung kehrt im Buche Daniel wieder[63], hier in der Form einer *Traumoffenbarung König Nebukadnezars*, die sich, wie ihm Daniel erklärt, auf seine eigene Größe und Erniedrigung bezieht.

Siehe, ein Baum
stand inmitten der Erde,
dessen Höhe war groß.
Der Baum wuchs und ward gewaltig:
seine Höhe reichte an den Himmel,
er war bis ans Ende der ganzen Erde zu schaun.
Sein Laub war schön,
seine Früchte reich,
er trug Nahrung für alle.
Unter ihm suchte Schatten das Getier des Feldes,
in seinen Zweigen wohnten die Vögel des Himmels,
von ihm nährte sich alles, was lebt.

Also ein Bild, ganz dem vorhergehenden ähnlich: ein Märchenbaum von ungeheurer Ausdehnung, eine Lebens- und Nahrungsstätte für alles Lebendige, hoch und breit wie der Himmel, also wie bei Hesekiel der „Weltbaum". Auch hier ist der Stoff als Sinnbild *politischen* Geschehens genommen: die Propheten und ihre apokalyptischen Nachfolger mit ihrem Interesse für das Politische haben die überlieferten Märchenbilder in diesem Sinne umgedeutet. Auch bei Daniel folgt dann als zweiter Teil des Gesichtes der Sturz des Baumes; und dieser Sturz geschieht ebenso wie bei Hesekiel durch das Eingreifen der Gottheit: ein „heiliger Wächter" steigt vom Himmel hernieder und verkündet den Befehl der himmlischen Ratsversammlung:

Haut den Baum um, schlagt seine Zweige nieder,
streift das Laub ihm ab, zerstreut seine Früchte!
Das Getier fliehe unter ihm fort,
und die Vögel von seinen Zweigen!

Es ist für die Geistesart der israelitischen Propheten und ihrer Nachfolger bezeichnend, daß sie in einen ursprünglich ganz allgemein gehaltenen Stoff ihre religiöse Betrachtung der Weltgeschichte eintragen: alles dies soll geschehen,

damit die Lebenden erkennen,
daß der Höchste Herr ist über das Reich der Menschen,
und, wem er will, es verleiht
und den Niedrigsten ,der Menschen' darüber einsetzt.

Im Texte des Daniel ist dieser Fall des großen Baumes auf den Wahnsinn Nebukadnezars bezogen: gleichfalls ein Märchenmotiv, das uns im folgenden noch beschäftigen wird[64].

Andersartig in Ursprung und Verwendung ist die *Parabel des Jesaia vom Prozeß seines Freundes mit seinem Weinberg*[65]. Solches Prozessieren von Naturwesen mit Menschen kommt im Märchen häufig vor; die Erfindung dieses Motivs erklärt sich aus der primitiven Anschauungsweise, wonach etwa Tiere den Menschen nicht allzufern stehen und ganz wohl mit ihnen über Recht und Unrecht streiten können. Man erinnert sich des ursprünglich indischen Märchens vom Streit des Menschen mit der Schlange, die er am Busen gewärmt hatte[66]; im finnischen Märchen der Gegenwart gehen Bär und Bauer hin, einen Richter zu suchen[67]. Derartige Märchen von Tier- oder Pflanzenprozessen muß Jesaia gekannt haben; als er eine Parabel bilden wollte, in der er den Undank des Hauses Israel gegen

Jahve darstellen konnte, ist ihm im Anschluß an solche Stoffe eine Geschichte eingefallen, wonach der Besitzer eines köstlichen Weinbergs, der alle Mühe auf seine Bebauung verwandt hat, diesen vor Gericht verklagt. Auch hier also die Verwendung eines Märchenstoffes zur Darstellung eines sittlichen Gedankens.

Ich will von meinem Freunde singen,
das Lied ‚von seinem Streit'[68] mit seinem Weinberg. –
Einen Weinberg hatte mein Freund
auf fruchtbarer Bergesspitze.
Den reinigte er und entsteinigte er
und bepflanzte ihn mit Edelrebe.
Einen Turm baute er mitten hinein,
auch eine Kufe hieb er darin aus.
Und er wartete, daß er Trauben brächte,
da brachte er – Herlinge! –
Und nun, ihr Bürger Jerusalems
und Männer von Juda,
richtet doch zwischen mir
und meinem Weinberg!
Was konnte ich noch meinem Weinberg tun,
was ich nicht an ihm getan?
Warum wartete ich,
daß er Trauben brächte,
und er brachte Herlinge! –
Nun, so will ich euch kundtun,
was ich meinem Weinberg tun will:
seine Hecke entfernen, dann wird er abgeweidet,
seinen Zaun einreißen, dann wird er zertreten!
(…) Er wird nicht beschnitten und nicht behackt,
daß Dorn und Distel drin wuchern.
Und den Wolken will ich gebieten,
daß sie nicht Regen auf ihn regnen! –
Denn Jahves (…) Weinberg ist Israels Haus,
und der Mann von Juda die Pflanzung seiner Lust.
Er wartete auf Guttat, doch es kam Bluttat,
auf Gerechtigkeit, doch es kam Schlechtigkeit.

Eine klassische Parabel, mit bestrickender Naturwahrheit erzählt, von gewaltiger sittlicher Leidenschaft erfüllt, und – auf alte Märchenstoffe gegründet.

Dazu noch zwei Stücke aus späterer Zeit, die gleichfalls primitive Stoffe fortführen. Die spätjüdische Apokalypse des Esra[69] erzählt als Beispiel „eitelen Rates" folgende beiden Geschichten.

Er (der Engel) antwortete mir und sprach: ‚Einst ging der Wald‘ der Bäume des Feldes hin und ‚hielt Rat‘: wohlan, wir wollen hin und gegen das Meer Krieg führen, daß es vor uns zurücktrete und wir uns ‚einen neuen Wald‘ schaffen! Ebenso hielten die Wogen des Meeres Rat: wir wollen hinauf und den Wald des Feldes bekriegen, damit wir uns auch dort ein neues Gebiet erobern! Aber des Waldes Plan ward vereitelt, denn das Feuer kam und verzehrte ihn. Ebenso auch der Plan der Wogen des Meeres, denn der Sand trat hin und hielt sie zurück. Wenn du ‚nun‘ ihr Richter wärest, wem würdest du Recht geben und wem Unrecht? Ich antwortete und sprach: Beide haben eitelen Rat gehalten; denn das Land ist dem Walde gegeben, und so auch ‚dem Meere‘ ein Raum, seine Wogen zu tragen.

Diese beiden gleichgebildeten Parabeln haben den Zweck, dem Menschen deutlich zu machen, daß er nicht über seine Natur hinausgehen und himmlisches Wissen begehren dürfe; der darin enthaltene Gedanke gehört durchaus dem Verfasser der schönen Schrift an. Nicht aber der Stoff, den er aufnimmt und der ganz wie ein Märchen klingt: die Bäume und das Meer sind beseelt und fassen Pläne; sie führen wie die Menschen Kriege gegeneinander und streiten sich darüber, wer recht hat. Besonders ist der Angriff des Meeres auf das Land, durch das Dazwischentreten des Sandes zurückgehalten, ein altes Motiv hebräischer Dichtung[70]; der Krieg der Bäume gegen das Meer, den das Feuer gewaltsam entscheidet, ist nicht durch die Naturanschauung gegeben und wird vom Verfasser des Buches als Gegenstück hinzugedichtet sein.

Gleichfalls von einem Streit, aber diesmal von einem Wortstreit der Glieder des menschlichen Körpers untereinander, redet der Apostel Paulus an berühmter Stelle[71]:

Auch der Leib besteht nicht aus einem Gliede, sondern enthält viele. Wollte der Fuß sagen: „weil ich nicht Hand bin, gehöre ich nicht zum Leibe", – er gehört dennoch zum Leibe! Wollte das Auge sagen: „weil ich nicht Auge bin, gehöre ich nicht zum Leibe", – es gehört dennoch zum Leibe! Wäre der ganze Leib nur Auge, wo bliebe das Gehör? wäre er ganz Gehör, wo bliebe der Geruchssinn? Nun aber hat Gott die Glieder geordnet, ein jedes von ihnen an seine Stelle am Leibe so, wie er es gewollt hat. Wäre das Ganze nur ein Glied, so wäre es ja kein Leib. Nun aber sind es wohl viele Glieder, aber *ein* Leib. Das Auge darf nicht zur Hand sagen: „ich bedarf deiner nicht", oder etwa das Haupt zu den Füßen: „ich bedarf euer nicht". Vielmehr gerade die scheinbar schwächeren Glieder des Körpers sind (besonders) notwendig; denjenigen, die wir am Leibe für die unedleren halten, erweisen wir ganz besondere Ehre; und die weniger anständigen an uns werden um so mehr mit Anstand behütet, die anständigen an uns bedürfen dessen nicht. Gott aber hat den Leib so zusammengefügt, daß er dem zurückgesetzten (Gliede) doppelte Ehre verlieh, damit es keine Spaltung im Leibe gebe, sondern die Glieder einträchtig füreinander sorgten. Wenn ein Glied leidet, leiden alle (andern) Glieder mit; wenn ein Glied Ehre empfängt, freuen sich alle (andern) Glieder mit.

Der geistesgewaltige Apostel, der mit diesem ausgeführten Bilde die Einigkeit in der Gemeinde, dem „Leibe Christi", und besonders unter den Geistesträgern einschärfen will, steht natürlich in seiner ganzen Denkweise viel zu hoch, als daß er Märchen erzählen könnte. Auch handelt es sich ja in diesem Abschnitt nicht um eine Erzählung, sondern um eine Erörterung. Aber eine gewisse Anspielung an Märchenmotive bringt Paulus doch; er setzt es rhetorisch als Möglichkeit, daß die Glieder des Leibes denken und Sprache haben, daß sie sich zanken, sich vom Leibe trennen und nichts voneinander wissen wollen: das Auge könnte etwa zur Hand sagen: „ich bedarf deiner nicht". Was aber dem Apostel nur ein Bild ist, das ist einst für den Glauben der Menschheit mehr gewesen. Man wird also anzunehmen haben, daß es ein Fabelmärchen vom Streit der Glieder untereinander gegeben hat, das ihm auf irgendeinem Wege, durch mündliche oder schriftliche Überlieferung, zugekommen ist und dessen Erinnerung hier, bewußt oder unbewußt, nachwirkt. Dieser Schluß ist um so sicherer, als uns die bekannte Fabel des Menenius Agrippa vom Streit der Glieder gegen den Bauch erhalten ist[72]. „Der Wettstreit zwischen verschiedenen Gegenständen über den Vorrang bildet in der antiken und mittelalterlichen Literatur einen beliebten poetisch-rhetorischen Typus"[73]. Daß es gerade die Glieder des Leibes sind, die sich so zanken, kommt uns besonders seltsam vor; wir könnten dergleichen nur für eine in keiner Weise der Wirklichkeit entsprechende Erfindung halten. Aber der Glaube der Primitiven stattet auch die Teile des menschlichen Körpers mit einer Art seelischen Lebens aus, so daß auf dieser Stufe ein Gespräch zwischen ihnen vorstellbar erscheint[74].

MÄRCHENMOTIVE VON NATURWESEN

Außer diesen umfangreicheren Stücken gibt es nun noch eine reiche Fülle von Einzelmotiven, die aus primitiver Betrachtung der Naturwesen hervorgegangen sind und *Märchenzüge* genannt werden dürfen. Derartige Motive finden wir besonders in den *Sagen,* oder sie kommen in den *Legenden* wieder ans Tageslicht.

Die älteste Zeit hat auch *Tieren die Sprache* und einigen unter ihnen große Klugheit zugetraut. So ist die *Schlange im Paradiese* ein unheimlich schlaues Tier, aufgeklärter als der damals noch dumpfe Mensch: sie weiß, was es mit dem Baum der Erkenntnis auf sich hat, und bösartig, wie sie ist, sucht sie die Menschen wider Gott aufzuhetzen[1]. Aber auch die *Eselin des Bileam* sieht den Engel, der ihren Herrn mit gezücktem Schwert bedroht, eher als dieser, obwohl er ein Gottesmann ist. Sie, die zur rechten Zeit aus dem Wege weicht, handelt verständig, er, der sie deshalb schlägt, töricht. Dann aber verteidigt sie sich, indem sie spricht; dies Reden der Eselin gilt dem Erzähler als etwas ganz Besonderes: „Jahve hatte ihr den Mund geöffnet." Bileam aber antwortet ihr, ohne ein Zeichen der Verwunderung zu geben, und läßt sich mit ihr ganz harmlos in ein Gespräch ein[2], ebenso wie sich auch die Menschen im Paradiese über das Reden der Schlange nicht entsetzen. Dieses Hinnehmen des Sprechens der Tiere[3] als eines natürlichen Vorgangs zeigt am deutlichsten Märchengeist: ebensowenig erstaunt Rotkäppchen, als der Wolf sie anredet, oder Achilleus, als sein Roß Xanthus den Mund auftut und ihm die Nähe des Todestages verkündet[4], oder der altägyptische Märchenheld Bata, als ihm seine Kühe kundtun, daß sein eifersüchtiger Bruder hinter der Türe steht und mit dem Messer auf ihn lauert[5]. Auch daß die Tiere so den Menschen warnen, ist ein häufiges Märchenmotiv[6]; besonders ähnlich der Bileam-Sage ist hierin die moderne mittelasiatische Erzählung von Täktäbäi-Märgän, dessen Pferd jäh zurückspringt, als es den Teufel Ker Jupta erblickt. Der Jüngling fragt das Pferd, da er selbst nichts gewahrt, zweimal, was es gesehen habe; dieses antwortet schließlich: „sieh nach oben, sieh nach unten"! Und nun endlich schaut auch der Mensch, was das Tier schon längst bemerkt hat[7]. Im bosnischen Märchen von den „Goldkindern" gibt der Held, der, um ein Mädchen zu freien, in ein Schloß reiten will, seinem edlen Rosse Avgar, das plötzlich stehen bleibt, einen Hieb mit der Gerte. Aber das Pferd spricht: „ich kann nicht weiter". Und als er nun die Peitsche zieht, bittet es: „schlage mich nicht; ich darf nicht weiter. Wenn das Mädchen uns früher erblickt als wir sie, so werden wir zu Stein"[8]. Auch hier erkennt das Reittier eher die Gefahr als sein Reiter und muß sich ganz wie Bileams Eselin, für sein Ausweichen zur rechten Zeit noch Schläge fallen lassen. Bedeutsam aber ist, daß eine Variante der Bileamerzählung an Stelle des allzu kindlichen Redens der Eselin ein Wort des Engels Gottes gesetzt hat[9].

Daß *Tiere* für die übersinnliche Welt manchmal empfänglicher als der Mensch sind und insbesondere *die Eingebung der Gottheit* erfahren können, setzt auch die sehr alte Geschichte von der Gefangenschaft der Lade im Philisterlande voraus: Die Philister, die das geraubte Heiligtum Jahves eigenem Willen zurückgeben wollen, stellen es auf einen Wagen, an den sie zwei säugende Kühe spannen; nun mögen es die Tiere ziehen, wohin sie wollen! Und wirklich gehen die Kühe, brüllend, auf geradem Wege in israelitisches Gebiet, obwohl ihre Kälber zu Hause geblieben sind: ein deutliches Zeichen, so meint der alte Erzähler, daß die Gottheit ihren Weg leitet[10]. Ein ähnlicher Gedanke steht auch in der Erzählung von Mose im Hintergrunde, der beim Hüten der Schafe das Heiligtum auf dem Horeb entdeckte[11], und von Ana, der bei ähnlicher Gelegenheit die heißen Quellen in der Steppe fand[12]. Und im Hohen Liede wird das sehnende Mädchen darauf verwiesen, den Spuren der Herde zu folgen: die Tiere werden sie zu dem Geliebten leiten[13]. Solche Rechtleitung durch Tiere kennt schon das Märchen[14] und ist in der Sage und Legende ein außerordentlich häufiges Motiv: wie viele Heiligtümer sollen in alter und neuer Zeit so aufgefunden und gegründet worden sein[15]!

Unter göttlichem Einfluß steht auch der *Löwe*, von dem *die Legende vom Propheten zu Bethel* erzählt: der Gottesmann hat Jahves Befehl übertreten und daher die Ankündigung erhalten, daß sein Leichnam nicht in seiner Väter Grab kommen solle. Und diese Weissagung geht wörtlich in Erfüllung: denn auf dem Rückwege wird er, auf einem Esel reitend, von einem Löwen überfallen. Und so findet man „seine Leiche am Wege liegen, den Esel neben ihr, und den Löwen neben der Leiche stehend"; der wirklich brave Löwe – ein echter Märchenlöwe! – hatte, dem göttlichen Gebot getreuer als der Gottesmann, wider seine tierische Natur handelnd, „den Leichnam nicht gefressen und den Esel nicht niedergerissen"[16]. Und so ward der Prophet begraben, aber nicht in seiner Väter Grab! Dies also eine Legende mit märchenhaftem Einschlag[17]. – Ebenso gehorcht dem göttlichen Befehl der bekannte *Fisch des Jona,* der den Propheten verschlingen und nach drei Tagen wieder ans Land ausspeien muß[18]. Man denke auch an die *Löwen in Daniels Löwengrube,* denen der Engel Gottes den Rachen verschließt, so daß sie dem Frommen kein Leid tun dürfen, die aber dann über seine Feinde um so wütender einherfallen[19]. Bei solchem Gehorsam der Tiere gegen göttliche Befehle ist es denn auch begreiflich, daß in einer spätjüdischen Apokalypse der Gottesmann den *Adler* herbeiruft und ihm befiehlt, einen Brief an die fortgeführten neuneinhalb Stämme jenseits des Euphrats zu überbringen, wie denn auch der König Salomo, in der späteren Literatur der Märchenkönig, seine Botschaften durch einen Vogel versandt haben soll[20]. An solche fabelhaften Könige scheint eine Stelle des apokryphen Buches Baruch anzuspielen[21]:

Wo sind die Gebieter der Völker,
die Herrscher über die Tiere auf Erden,
die mit den Vögeln des Himmels spielten?

Salomo – so heißt es gelegentlich in *Tausend und Einer Nacht*[22] – „gebot über Menschen und Genien, über Vögel und vierfüßige Tiere". Ferner erscheint in der Offenbarung Johannes'[23] ein *Adler, am Mitthimmel schwebend,* und ruft mit lauter Stimme ein dreimaliges Wehe über die Bewohner der Welt. Und schon die alte Eliasage enthält den bekannten Zug, daß der Prophet von *Raben* ernährt wird, die ihm – gleichfalls wider ihre Natur – Brot und Fleisch zubringen: auch dies ein geläufiges Märchenmotiv, das Motiv von den „hilfreichen Tieren"[24].

Und so darf es uns nicht wundern, wenn in der Jonaerzählung bei dem großen Fasten, das in Niniveh ausgerufen wird, nicht nur die Menschen, sondern neben ihnen auch die Tiere mitbeteiligt sind: „auch sie, Schafe und Rinder, dürfen nichts genießen; sie dürfen weder weiden noch Wasser trinken"[25]. Und auf der Stufe eines gemütvollen Märchens steht es auch, daß sich Gott der gewaltigen Stadt erbarmt – um ihrer Kinder und Tiere willen! „Und mich sollte es Ninivehs nicht erbarmen, der großen Stadt, in der mehr als 120 000 Menschen sind, die nicht zwischen rechts und links zu unterscheiden wissen (d. h. noch unmündig sind), und so viele Tiere[26]"!

Ebenso liebenswürdig, aber zugleich erschütternd ist die bekannte *Parabel des Nathan[27]*, die der Prophet dem Könige David, als dieser Bathseba, das Weib des Hettiters Uria, verführt und ihn selber hatte umkommen lassen, in Jahves Namen erzählt haben soll.

Zwei Männer lebten in einer Stadt,
der eine reich, der andere arm.
‚Der‘ Reiche besaß Schafe und Rinder;
und der Arme nichts als nur ein Schäfchen[28],
ein einziges, kleines, das er sich erworben.
Er zog es sich groß (...) mit seinen Kindern zusammen;
von seinem Bissen aß es, von seinem Becher trank es;
an seinem Busen schlief es; er hielts wie eine Tochter. –
Nun kam einst Besuch zu ‚dem‘ reichen Manne,
da tats ihm leid, von seinen Schafen und Rindern zu nehmen
und es dem Wandrer zu bereiten, der zu ihm gekommen.
Und er nahm das Schäfchen des armen Mannes
und bereitete es dem Manne, der zu ihm gekommen.

Nach dem gegenwärtigen Zusammenhange trägt Nathan dem David diese Erzählung als einen Rechtsfall vor, der seiner Entscheidung unterliegt: das ist eine für solche Parabel auch sonst beliebte Form[29]. Und die Fortsetzung ist dann diese: als David von dieser Sache hört, ergrimmt er sehr und spricht: „Der Mann, der dieses getan hat, ist des Todes schuldig"! Aber Nathan entgegnet ihm mit schneidender Schärfe: „Du bist der Mann"! Auch David besaß ja so viele Weiber, und dennoch hat er Uria sein einziges genommen! – Nun hat man bereits erkannt, daß die schöne Erzählung von Nathans Sendung an David[30] den Zusammenhang der älteren Geschichte von Bathsebas Verführung unterbricht und offenbar ein späterer Zusatz ist[31]. Sieht man sich aber die Parabel selber genauer an, so erkennt man noch, daß auch diese nicht für den erzählten Fall erdichtet sein kann: David hat ja so viel mehr getan als jener Reiche! Er hat nicht nur Urias Weib genommen, sondern er hat auch diesen heimtückisch umgebracht. Und anderseits ist von einem engen Herzensbunde zwischen Uria und Bathseba gar keine Rede: hierin schießt also die Parabel, die in so rührender Weise die Liebe des Armen zu seinem Schäfchen schildert, über die Anwendung auf Uria und sein Weib hinaus. Wir schließen also mit großer Sicherheit, daß die Geschichte einst diesen Zusammenhang nicht besessen hat; vielmehr hat sie diejenige Hand, die den ganzen Einsatz gemacht hat, irgendwoher genommen und zu dem neuen Zweck verwandt. – Was mag sie ursprünglich gewesen sein? Sicherlich liegt ein Märchenstoff zugrunde. Das erkennt man an der Namenlosigkeit der Personen, an der Gegenüberstellung eines Reichen und Armen – solche Entgegenstellung ist gerade im Märchen beliebt[32] – und besonders in der gemütvollen Übertreibung, daß der Arme sein Schäflein „wie eine Tochter hält": das wäre auch im alten Israel, wo Menschen und Tiere im selben Raume zusammenwohnen, für die Wirklichkeit zu viel. Von dem gewöhnlichen Märchen unterscheidet sich die Erzählung durch ihre kunstmäßig-metrische Form und dem Inhalt nach dadurch, daß sie nicht eine vollständige Geschichte bietet, sondern nur einen Zug enthält. Ursprünglich mag auch sie eine Fabel gewesen sein, erdichtet zur Darstellung der empörenden Gewalttätigkeit der unbarmherzigen Reichen gegen die Armen. In dieser ganzen Art sowie auch darin, daß sie später in einen geschichtlichen Zusammenhang eingefügt und uns so erhalten geblieben ist, ist sie zu der Jothamfabel zu stellen. Beide zusammen sind ausdrucksvolle Beispiele der Kunst, mit der hebräische Dichter die überlieferten Märchenstoffe zu gestalten verstanden haben.

Auch von bestimmten *märchenhaften Tieren*, die man gewöhnlich in weiter Ferne, in unbekannten Ländern sucht[33], hat man sich erzählt; so vom *Vogel Chol*, der sich mit seinem Neste zusammen verbrennt und aus der Asche in frischer Jugend emporsteigt. Daran scheint Hiob anzuspielen[34].

Ich dachte: mit meinem Neste würde ich verscheiden
und wie der Chol meine Tage mehren.

Hier haben schon die alten jüdischen Erklärer an das römisch-griechische Märchen vom Vogel Phönix erinnert[35].

Zu solchen Märchentieren gehören die im Buche Hiob[36] beschriebenen gewaltigen Geschöpfe, *Behemoth* und *Leviathan*, nicht ohne weiteres; vielmehr versteht der Dichter darunter die ungeheuren ägyptischen Tiere, Nilpferd und Krokodil. Aber seine Schilderung ist wenig realistisch, sondern mischt der Wirklichkeit in hohem Pathos allerlei Phantastisches und Märchenhaftes bei. Das zeigt sich schon an den Namen, die er diesen Wesen gibt: „Leviathan" heißt eigentlich das Ungeheur des Meeres, von dem Märchen und Mythen erzählen[37], und ähnlich ist vielleicht auch der Name „Behemoth", „das Getier", zu verstehen[38], Leviathan, niemals besiegt und unbesiegbar[39], hat auf Erden nicht seinesgleichen[40].

Alles Hoffärtige ,fürchtet ihn',
er ist König über alle Ungeheuer[41].

Also auch hier die schon erwähnte[42], aus dem Märchen stammende Vorstellung vom Königreiche der Tiere.
Und von Behemoth heißt es:

Er ist der Erstling der Wege (Schöpfungen) Gottes,
geschaffen ,zum Herrn seiner Genossen'[43].

Das vorzüglichste und daher auch ersterschaffene Tier ist durch Gott selber zum Gebieter über die ihm ähnlichen Tiere eingesetzt. Das klingt ganz phantastisch; und besonders märchenhaft ist es, wenn Leviathan als ein feuerspeiendes Tier geschildert wird:

Seinem Rachen entfahren Fackeln,
entgleiten Feuerfunken;
aus seinen Nüstern geht Rauch hervor,
wie aus heißem, ,siedendem' Topf;
sein Odem zündet ,wie' Feuerkohlen,
Flamme geht aus seinem Rachen hervor[44].

Und ebenso erinnert an das Märchen der rhetorische Erguß, in dem die Überlegenheit Leviathans über den Menschen dargestellt wird: kann etwa dieser – Hiob selbst wird dabei von Gott angeredet – das furchtbare Ungeheuer wie einen Fisch mit der Angel herausziehen?

Wird es dir viel Flehens machen
und dir gute Worte geben?
Wird es einen Bund mit dir eingehen,
daß du es für immer zum Knechte bekommst?
Wirst du mit ihm spielen wie mit einem Sperling,
bindest es an ,wie ein Täubchen für einen Knaben'[45]?

Mutet diese Schilderung von dem schrecklichen Untier, das in seiner Todesnot ganz zärtlich und freundlich wird und sich gerne zu jedem Dienste verstehen will und das dann, angebunden, zur Belustigung seines mit ihm spielenden Herrn dienen muß, nicht ganz wie ein groteskes Märchen an? Aus der Beobachtung eines wirklichen Krokodils sind solche Worte doch sicherlich nicht hervorgegangen[46].

Das Nachdenken der Völker hat sich sehr häufig mit den besonders auffallenden Eigenschaften der Tiere beschäftigt und versucht, sie durch eine kleine Geschichte zu erklären. Da wird erzählt, „warum die Taube klagt und der Kuckuck seinen Kuckuckruf ruft und die Krähe krächzt und die Elster so neugierig ist", und vieles andere mehr[47]. „Die Erklärungen sind etwa, daß die Schildkröte vom Adler in den Himmel genommen wurde und herunterfiel", darum hat sie ihren geplatzen Rücken, „daß der Rabe wegen seiner Schwatzhaftigkeit verflucht ward", darum ist er jetzt schwarz, usw.[48]. Ein solches „ätiologisches", d. h. grundangebendes, Märchenmotiv bietet im Alten Testament die *Verfluchung der Schlange* am Ende der Paradieseserzählung:

Verflucht seist du vor allem Vieh,
vor allem Getier des Feldes!
Auf dem Bauche sollst du kriechen,
Staub sollst du fressen
alle Tage deines Lebens!
Feindschaft setz' ich zwischen dir und dem Weibe,
zwischen deinem und ihrem Samen:
er trete[49] dir nach dem Haupt,
du schnappe[49] ihm nach der Ferse!

Die Erwägungen, die zu diesem Fluche geführt haben, sind etwa folgende gewesen. Man hat die unheimliche Art beobachtet, die der Schlange vor allen anderen Tieren des Feldes eigentümlich ist: sie alle gehen auf den Füßen, sie allein kriecht auf dem Bauche. Und seltsam ist auch ihre jämmerliche Nahrung: sie muß sich – das glaubt man zu beobachten – vom Staube nähren. Besonders aber richtet sich das Nachdenken der alten Zeit auf den grauenvollen Kampf, der zwischen dem Geschlecht der Schlangen und der Menschen für ewige Zeiten besteht: kein Tier ist dem Menschen so verhaßt wie dieses; wo er sie schaut, versucht er, ihr durch einen Tritt den Kopf zu zermalmen; sie aber rächt sich auf ihre Weise: wo sie ihn erblickt, züngelt sie nach seiner Ferse. Woher – so überlegt sich das alte Volk – mag dies grausige Geschick gerade der Schlange herrühren? Und es antwortet, daß Gott selber das Tier in der alten Zeit dazu verflucht hat. Also – so schloß man weiter – muß sie einst eine Sünde getan haben; und diese fand man, indem man das Motiv in die Paradieserzählung einsetzte: weil das dämonische Tier einst den damals noch arglosen Menschen verführt hat, darum hat es dieser schauerliche Gottesfluch betroffen. Bekannt ist, daß man in dieser kindlichen Stelle vor Zeiten viel tiefere Erkenntnisse gefunden und sie auf den Kampf Christi gegen den Teufel bezogen hat; und noch heute wird es manchem Bibelforscher schwer, die geschichtliche Erklärung nicht für „trivial" zu halten[50].

So hat man auch von der *Geschichte der Tierwelt* im ganzen erzählt. Man stellt sich vor, daß die Tiere einst in tiefem *Frieden miteinander* gelebt haben: eine Anschauung, die sich vielfach auch bei andern Völkern findet[51]. Diesen schönen Gedanken setzt die späteste Erzählungsschrift des Pentateuchs, der „Priesterkodex", voraus, indem er berichtet, wie die Gottheit den Tieren bei ihrer Schöpfung Pflanzennahrung zugewiesen habe: „Und allem Wild des Feldes und allem Gevögel des Himmels und allem, was auf Erden kriecht und lebendigen Odem in sich hat, ,gebe ich' das Grün des Krautes zur Nahrung"[52]. Der nüchterne, gelehrte Erzähler hat dabei das Poetische der ganzen Vorstellung dahinten gelassen und nach seiner priesterlichen Art ein Speisegebot daraus gezogen. Auch darüber, wie dieser selige Zustand des Uranfangs ein Ende genommen habe, hat er nachgedacht und eine Art wissenschaftlicher Theorie vorgetragen: in der Zeit zwischen Schöpfung und Sintflut haben Tiere und Menschen – denn auch diesen galt ein ähnliches Gebot – Gottes Satzung übertreten: „die Erde ward voller Gewalttat; alles Fleisch auf der ganzen Erde – Menschen und Tiere – war auf böse Wege geraten"[53]: alles fiel übereinander in wildem Morden her. Zur Strafe hat Gott in der Sintflut das ganze schlimme Geschlecht umgebracht, dann aber dem wider seinen Willen eingerissenen Bösen einen gewissen Raum gegeben und nur das Leben des Menschen gegen den Mord geschützt und ihm den Genuß des Blutes verboten[54]. Man sieht an solchem Beispiele, wie eine spätere Zeit aus altüberlieferten primitiven Motiven eine ganze Weltgeschichte erbaut, die man mit Hesiods Erzählung von den vier Geschlechtern vergleichen mag[55].

Bedeutsam ist, daß die märchenhafte Vorstellung vom Frieden der Tierwelt noch an ganz anderer Stelle auftritt. Der Prophet weissagt dasselbe von der letzten Zeit: wenn einst aus Isais Wurzel das junge Reis emporschießt, der neue David, der in Kraft göttlichen Geistes die Elenden gerecht richtet,

dann gastet der Wolf bei dem Lamme,
der Pardel lagert neben dem Böckchen.
Kalb und Löwe ‚weiden‘ zusammen,
und ein kleiner Knabe treibt sie.
Kuh und Bärin ‚befreunden sich‘,
zusammen lagern ihre Jungen.
Der Löwe frißt Stroh wie ein Rind.
Der Säugling spielt an der Otter Loch;
und zur ‚Höhle‘ der Natter
streckt der Entwöhnte die Hand.
Sie tun nichts Böses und Schlimmes
auf meinem ganzen heiligen Berge;
denn voll ist das Land von Jahve-Erkenntnis,
wie Wasser das Meer bedecken[56].

Dies schöne Bild vom seligen Frieden der Endzeit, das sich auch sonst hin und her unter den Völkern findet[57], ist dem Stoffe nach dasselbe, das auch der Priesterkodex voraussetzt, nur von der uranfänglichen auf die letzte Zeit übertragen. Solche Gleichsetzung von Urzeit und Endzeit aber findet sich auch sonst bei den Propheten sehr häufig[58]. Gerade hier aber ist besonders deutlich zu erkennen, wie es zu dieser Übertragung gekommen ist. Ebenso wie der Uranfang, so ist auch das letzte Ende der Welt dem Blick des gewöhnlichen Auges verschlossen; an diesen beiden Stellen hat also die Phantasie des Dichters und des Propheten eine Stätte, da sie sich ergehen darf. Daß die Gegenwart von Krieg und Mord voll ist, wer möchte es verkennen? Aber in längstvergangener Ferne mag es Wirklichkeit gewesen sein oder in weitentlegener Zukunft mag es wieder erscheinen, wonach sich alle stillen und sanften Herzen sehnen.

Zu diesen Erzählungen von Tieren kommen noch allerlei *Pflanzenmärchen,* von denen wir schon die zu Fabeln umgestalteten betrachtet haben. Da hören wir in der *Jonalegende* von einem *wunderbaren Baum,* einem Rizinus, den Jahve für den Propheten über seinem Haupte aufwachsen ließ, damit er ihm Schatten gebe; am andern Tage aber entbot er beim Ausgang der Morgenröte einen Wurm, der den Baum stechen mußte, daß er verdorrte; so war er

als Sohn einer Nacht geworden,
als Sohn einer Nacht verdorben.

In der gemütvollen Legende soll dies dem Propheten eine kindlich-tiefe Lehre sein; ursprünglich aber gehört die Vorstellung von einem so schnellen Wachstum und Verdorren dem Märchen an[59].

Märchenbäume scheinen auch die *beiden Ölbäume* zu sein, die in einem der seltsamen und von phantastischem Stoffe erfüllten Nachtgesichte des *Propheten Sacharia* zu beiden Seiten eines siebenarmigen goldenen Leuchters stehen[60]. Der ursprüngliche Gedanke dieses Bildes ist wohl, daß diese Ölbäume den Lampen des Leuchters das Öl darreichen; in der Welt der Wirklichkeit muß der Mensch das Öl bereiten und die Ölbehälter damit füllen; in der Welt des Märchens rinnt es von den Bäumen unmittelbar dahin[61]. Der Prophet hat dies Nebeneinander von Bäumen und Leuchter dann in seinem Sinne gedeutet.

Ein echtes Märchenmotiv ist auch, daß die *Bäume im Zauberwalde bluten*[62], sind sie doch beseelte Wesen wie der Mensch; die spätjüdische Apokalypse wiederholt den Zug und betrachtet ihn als eines der widernatürlichen Vorzeichen des Endes:

von Bäumen wird Blut träufeln,
Steine werden schreien[63].

Auch das letztere kommt im Märchen nicht selten vor – man denke an Tausend und Eine Nacht[64]. Und wenn Jesus von seinen Jüngern spricht: wenn diese schweigen, so werden die Steine schreien[65], so nimmt er in hohem Pathos ein primitives Motiv auf, wenngleich nicht verkannt werden soll, daß sich ein solcher Zug immer wieder von selbst erzeugen kann.

Ein *Stein*, so heißt es in einem Gesicht des Buches Daniel[66], reißt sich plötzlich ,von einem Berge' ohne Menschenhand los und zertrümmert eine gewaltig-große Bildsäule; dann aber wird er zu einem großen Berge und erfüllt die ganze Erde. Das Bild wird in der hinzugefügten allegorischen Ausdeutung auf das Reich Gottes bezogen, das dem Reiche der Erde ein Ende macht. Solche plötzliche Wandelung des kleinen Steines zum gewaltigen Felsblock ist eine Traumerfahrung[67]; dergleichen Erlebnisse können dann zum Märchen werden[68]. So darf man auch bei dieser Danielstelle fragen, ob die Überlieferung der Nachklang solcher Erfahrung oder vielleicht eines Märchenmotives ist.

Während man also bei diesen Zügen zu keiner festen Entscheidung kommen kann, ist der märchenhafte Ursprung ganz deutlich für den *Lebensbaum,* von dem die Paradieseserzählung[69] und die hebräische Spruchdichtung[70] redet; was dieser Baum sei, wird deutlich gesagt: wer davon ißt, lebt in Ewigkeit[71]. Dieselbe Kraft wohnt dem *Lebensborn* inne, dessen Wasser unsterblich macht[72]. Solche wunderbaren Dinge kommen in den Märchen und Mythen der Völker sehr häufig vor[73], daß sich die Phantasie gerade mit ihnen so gern beschäftigt, erklärt sich aus der Sehnsucht des dem Tode geweihten Menschen nach einem Entrinnen aus diesem schweren Schicksal. So zieht der babylonische Held Gilgamesch durch furchtbare Gefahren über Länder und Meere, um das Lebenskraut zu erlangen; schon hat er's in seiner Hand, als es ihm von einer Schlange entrissen wird[74]. Auch die hebräische Überlieferung weiß von einer Zeit, da die Menschen dem Lebensbaum einmal ganz nahe gewesen sind, und fügt noch den *Baum des Wissens von Gut und Böse* hinzu, der eine eigentümliche israelitische Erfindung zu sein scheint. In viel späterer Zeit Israels sind solche zauberische schöne Bilder noch immer nicht vergessen. Die Spruchdichter erklären, daß die Weisheit der wahre Lebensbaum ist, denn sie allein vermag langes Leben und alle Güter zu verleihen[75]; und auch

die Jahve-Furcht ist ein Born des Lebens,
daß man die Fallstricke des Todes meide[76].

Oder sie nennen so alles, was erquicklich und beseelend ist: des Weisen Mund mit seinen trefflichen Worten[77], den erfüllten Wunsch mit der Herzensfreude, die er verleiht[78], eine sanfte, gelassene Rede, die wohl eingeht und Gutes stiftet[79], die Klugheit, die ‚ihrem Besitzer' überall Nutzen bringt[80]. Für den frommen Psalmisten aber fließt der Lebensborn bei Gott selber, der seine Getreuen mit allen Gütern segnet:

denn bei dir ist der Lebens-Born,
in deinem Lichte schauen wir Licht[81].

Besonders sind diese Märchenvorstellungen in späterer und spätester Zeit wieder lebendig geworden. Der Weltenwanderer Henoch hat nach jüdischen Legenden auf seinen wunderbaren Reisen auch den Lebens- und Erkenntnisbaum gesehen und beschrieben[82]; oder diese erzählen, wie Seth für den sterbenden Adam Öl vom Lebensbaume umsonst zu holen geht[83]. Besonders aber hat sich um die Zeit der Religionswende der Auferstehungsglaube dieser uralten und das Herz bezaubernden Bilder bedient; da hören wir in immer neuen Wendungen, daß die verklärten Frommen einst die Früchte des Lebensbaumes essen und von den Strömen des Lebenswassers trinken dürfen[84].

Dazu die *wunderbaren Länder,* von denen das Märchen zu erzählen weiß. Darunter steht in der Bibel an erster Stelle das *Paradies,* der Garten Eden, den die Überlieferung der Genesis als einen wundervollen Hain von herrlichen Bäumen mit köstlichen Früchten schildert; da war vieles, vieles Wasser; da war gut leben und leicht arbeiten. Solche Vorstellung von einem wunderschönen Lande, in dem der Mensch alle seine Wünsche erfüllt sieht, wiederholt die Märchenüberlieferung vieler Völker: die Ägypter reden von den Inseln der Seligen, die Hellenen von dem Garten der Hesperiden und von der goldenen Zeit, die Perser erzählen von der seligen Herrschaft König Jimas, die germanische Überlieferung weiß von Walhall, und noch die Völker der Gegenwart behandeln dasselbe Motiv in dem Märchen vom „Schlaraffenlande"[85]. Überall hat die Sehnsucht des von den Übeln des Lebens geplagten Menschen nach einem schöneren Dasein zu ähnlichen Bildern geführt. Nur freilich, daß sich zugleich die Verschiedenheit der Völker und Kulturen in den verschiedenen Abwandlungen widerspiegelt, die dies Motiv gefunden hat: die Vorstellung von Walhall z. B. zeigt derb-heroischen Geist, das Märchen vom „Schlaraffenlande" wendet das Motiv ins Scherzhafte, die altisraelitische Vorstellung vom Paradiese aber ist kindlicher, einfacher Art: der erste Mensch war Gärtner in einem herrlichen Baumgarten. Fast regelmäßig aber wird dem lockenden Bilde hinzugefügt, daß es nicht in unserem Lande und zu unserer Zeit, sondern nur in weiter Ferne vorhanden ist; auch diesem Gedanken liegt eine allgemein-menschliche Stimmung zugrunde: „Da, wo du nicht bist, da ist das Glück." So hat das hebräische Altertum das Paradies im fernen Osten gesucht[86] hinter der ungeheuren, gefahrvollen Steppe, oder, wie es scheint, auch im weiten Westen[87], hinter dem furchtbaren Weltmeere. Derselbe Gedanke von der Unerreichbarkeit des Paradieses wird dadurch ausgesprochen, daß man es durch schaurige Keruben oder durch „die Flamme des zuckenden Schwertes" bewacht denkt[88] – über diese Wesen im folgenden[89]. Eine dritte Ansetzung überträgt den Gottesgarten auf den hohen Berg des Nordens, von dem Euphrat, Tigris und zwei andere östliche, märchenhafte Ströme herunterfließen[90]: hier also eine Art kindlicher Wissenschaft, welche die Märchenvorstellung mit Hilfe geographischer Größen auf Erden festlegen will. Diese Zusammenstellung des Gottesgartens mit einem Weltberge, die wir auch aus dem Iranischen kennen[91], finden wir noch in spätjüdischer Zeit[92]; und auch in einem von Hesekiel vorausgesetzten Mythus werden „Eden", „Gottesgarten" und der „heilige Berg" zusammen genannt[93]. – Ebenso aber wie in weiter irdischer Ferne, so ist das Paradies auch zeitlich von allem Geschichtlichen durch eine große Kluft getrennt: einst, in der Urzeit haben es die Menschen besessen, dann aber sind sie um einer Sünde willen daraus vertrieben worden: auch das ein echtes, schwermütiges Märchenmotiv[94]. Und zugleich hat man den Gottesgarten mit seinen herrlichen Bäumen und Wassern als die schönste Weissagung der Zukunft betrachtet: die Sehnsucht des Menschen sucht den wundervollen Traum am Anfang oder am Ende der Geschichte. Das letztere ist besonders deutlich in der spätjüdischen[95] und neutestamentlichen Literatur[96]: dort wird die Vorstellung z. T. phantastisch weitergebildet, z. T. in den Himmel erhoben und ins Überirdische und Geistige gesteigert. Aber auch schon im Alten Testament tritt diese Wandelung der Vorstellung in eine Hoffnung in mancherlei Anspielungen hervor. So beschreibt der schwungvolle und phantasiereiche Deuterojesaia, wie Jahve, wenn er sein in Babylonien gefangenes Volk durch die Wüste in die Heimat zurückführt, in der dürren, nackten Steppe wunderbare Wasser hervorbrechen und herrliche Bäume aufsprießen läßt:

Auf kahlen Höhen tu ich Ströme auf,
Quellen mitten in Ebenen;
wandle die Wüste zum Wasserteich,
dürres Land zu Quellen (…)[97].
Ich spende in der Wüste Zedern,
Akazien, Myrten und Ölbäume;
setze in die Steppe Zypressen,

Ulmen und Fichten zugleich,
auf daß sie sehen und erkennen,
merken und inne werden zugleich,
daß Jahves Hand dies getan hat
und Israels Heiliger es geschaffen[98].

So wandelt sich die Wüste unter Jahves Gnadenhand zu dem Märchenlande des Paradieses. An anderen Stellen hat die Begeisterung der Juden für die heilige Stadt das Idealbild des Paradieses auf Jerusalem übertragen: dort, in Jahves Nähe, bei den wundervollen Gottesdiensten strömt der wahre Lebensborn[99], und dort fließt „der Strom deiner Wonnen": eine Anspielung auf den Garten „der Wonne" (Eden).

Sie laben sich am Fett deines Hauses,
mit dem Strom deiner Wonnen tränkst du sie;
denn bei dir fließt der Lebensquell,
in deinem Lichte schauen sie Licht[100].

Besonders aber wird dies Idealbild Jerusalems von Propheten und Psalmisten in der Zukunft erschaut. Wenn einst der Tag des Bösen erscheint und die wilden Gewalten gegen Zion heranbrausen, dann wird die heilige Stadt in einem mächtigen Strome ihren Schutz finden, dessen Arme sie umgeben und vor allem Angriff behüten.

Denn (...) daselbst beschützt uns Jahves ,Strom'[101],
ein ,Born' von Flüssen (...), breiten und weiten!
Kein Ruderschiff fährt darauf,
keine stolze Barke herüber!
Denn Jahve ist unser Richter, Jahve unser Herrscher,
Jahve unser König, er wird uns helfen[102]!

Wir denken dabei an Schillers Verse:

„O schlinge dich, du sanfte Quelle,
Ein breiter Strom, um uns herum,
Und drohend mit empörter Welle
Verteidige dies Heiligtum[103]."

Und denselben Sinn wie jenes Prophetenwort gibt eine dunkelweissagende Psalmstelle wieder:

Eines Stromes Arme erfreuen die Gottesstadt,
der Höchste ‚hat seine Wohnung geheiligt'[104].

Hier ist also die Vorstellung vom Paradiesesstrom, der ursprünglich dazu da ist, dem herrlichen Lande seine Fruchtbarkeit zu verleihen, so umgebogen, daß die gewaltigen Wasser, weil für jeden Angriff unüberschreitbar, mächtigen Schutz verleihen[105]. – An anderer Stelle ist der ursprüngliche Sinn dieses Stromes besser erhalten, und zugleich tritt die Lage des Paradieses auf dem Weltberge, von der wir schon gesprochen haben[106], wiederum hervor. Einst – so weissagt Hesekiel – wird Jerusalem auf hohem Berge liegen[107], und Wasser werden sich daher ergießen, die, aus geringer Quelle fließend, zu tiefem Strome anschwellen und die das Salzmeer, in das sie einmünden, gesund machen; an ihren Ufern aber stehen Bäume mit nie verschwindenden Früchten und nie verwelkendem Laube, deren Blätter als Heilmittel dienen[108]. Diese Schilderung, die es versucht, die Wirklichkeit und die Phantasie zu vermählen, und die daher wie eine wunderliche Utopie klingt, ist gewiß nüchtern genug; aber deutlich ist auch hier, daß es sich ursprünglich um Lebenswasser und Lebensbäume handelt.

Reiner aber tritt das Märchenhafte der alten Vorstellung in der entsprechenden Darstellung der Offenbarung Johannes'[109] hervor:

Und er zeigte mir einen Strom von Lebenswasser, glänzend wie Kristall, der von dem Throne Gottes und des Lammes hervorging, inmitten ihrer Gasse (d. h. der Gasse des verklärten Jerusalems); und hüben und drüben von dem Strome Lebensbäume, die zwölf Früchte bringen, jeden Monat ihre Frucht geben, und die Blätter der Bäume dienen zur Heilung der Völker.

In der armseligen Welt der Wirklichkeit gibt es nur Bäche, die mit Wasser fließen, und auch diese sind in dem heißen Morgenlande schon köstlich genug. Aber in der Welt der Phantasie gibt es weit herrlichere Flüsse, die Milch und Wein enthalten, oder Honig- und Ölquellen springen aus dem Felsen hervor. Wer möchte nicht da leben und schlürfen! Eine Vorstellung also, die deutlich aus dem Wunsche entstanden ist, also in das Märchen gehört[110]. Und so lesen wir im ungarischen Volksmärchen, daß im Feenlande in den Bächen überall nichts wie Milch und Honig floß, und sogar das Gras war hier aus Seide[111]. Die uns bezeugte Überlieferung Israels vom Paradiese enthält solche allzu phantastischen Züge nicht, aber die Späteren wissen davon zu erzählen. Die vier Paradiesesflüsse enthalten, so hören wir einmal, Honig, Milch, Öl und Wein[112]. Ähnliches findet sich in griechischen Schilderungen vom goldenen Zeitalter[113]. Nach dem Vorhergehenden wird man sich nicht wundern, daß auch dies Motiv von den Propheten auf die Zukunft übertragen worden ist:

An jenem Tage geschieht's,
da triefen die Berge von Most
und die Hügel fließen von Milch[114].

Eine Weissagung, die dann spätere Apokalyptiker, zugleich auch griechischen Vorbildern folgend[115], wiederholen[116]. Der Unheilsprophet Jesaia aber verkehrt in absichtlicher Grausamkeit diesen Zug der Verheißung dahin, daß Kanaan einst so verwüstet wird, daß Acker- und Weinbau darin völlig verschwindet und nur noch Viehzucht und wilder Honig den Rest der Bewohner nährt; so wird dann das wunderschöne Bild grausige Wirklichkeit werden:

Milch und Honig wird essen,
wer immer übrig bleibt im Lande[117].

Anderseits haben israelitische Dichter mit diesem phantastischen Zuge die Wunder des Wüstenzuges bereichert: damals ließ Jahve Israel

Honig aus Felsen schlürfen
und Öl aus Kieselgestein[118].

Vor allem aber hat die Begeisterung des Volkes seine, nach unseren nüchternen Begriffen ziemlich arme Heimat als ein wahres Märchenland verherrlicht, als „ein Land, das von Milch und Honig fließt"[119], d. h. davon überströmt. Also ein Märchenzug, der in Israel an den verschiedensten Stellen: in der Urgeschichte, der Eschatologie, der Volkssage und zugleich als volkstümliche Redensart erhalten ist.

So hat die Märchenvorstellung vom Paradiese in Israel alle Zeiten überdauert. Hie und da war, wie wir gesehen haben, Gottesgarten und *Weltberg* miteinander verbunden. Die letztere Vorstellung tritt manchmal auch selbständig auf. Hoch im Norden, so stellte sich eine wohl durch die großen Bergzüge nördlich von Syrien und Mesopotamien angeregte Phantasie vor, befindet sich ein gewaltiger Berg, der höchste Berg der Welt. Auf solchem Gebirge, so erzählte man sich, ist einst Noahs Arche gestrandet; man hat es in der Landschaft Ararat gesucht[120]. Diesen Berg, „an den Enden des Nordens"[121] gelegen, dessen Gipfel hoch über die Wolken, ja, selbst über die Gottessterne emporragt[122], dachte sich eine Zeit, die Göttermythen erdichtet hat, als den Thronsitz des Eljon, des höchsten Gottes, und als die Versammlungsstätte der Götter, also dem griechischen Olymp vergleichbar[123]. Auch diese Vorstellung ist auf Jerusalem von seinen begeisterten Verehrern übertragen worden, und so wird die Heilige Stadt gepriesen:

Der Zion-Berg ist des Nordens Ende,
des großen Königs Stadt[124].

Die Propheten in ihrer leidenschaftlich entzündeten Phantasie versteigen sich selbst zu dem Glauben, daß einst der Zion-Berg, der Sitz des wahren Gottes, der höchste Berg der Welt werden soll:

Es geschieht an der Tage Ende,
da wird der Berg des Jahve-Tempels
stehn auf dem Gipfel der Berge,
hocherhaben über die Höhen.
Da strömen ‚zu ihm' die Völker,
und dorthin wandeln viele Nationen[125].

Eine seltsam-barocke Einkleidung des erhabenen Gedankens, daß Zions Religion einst die Herzen der Heiden überwindet.

Während an diesen Stellen das ursprünglich Märchenhafte durch die späteren, mythologisierenden und vergeistigenden Umbildungen des Stoffes zurückgedrängt wird, tritt es in der neutestamentlichen *Versuchungsgeschichte* bei Matthäus um so reiner auf: „Wiederum nimmt ihn (Jesum) der Teufel mit sich auf einen sehr hohen Berg und zeigt ihm alle Königreiche der Welt und ihre Herrlichkeit"[126]. Hier tritt uns also die ganz einfache, kindliche Vorstellung entgegen, daß es einen Berg gibt, der so hoch ist, daß man von ihm alle Reiche der Welt übersehen kann. Solche primitiven Vorstellungen mögen am

Anfange der ganzen Geschichte der Vorstellung vom Weltberge gestanden haben.

Auch sonst hören wir zuweilen von *Märchenbergen:* der göttliche Palast, von dem Gottes Kriegswagen ausgehen, liegt – so hören wir einmal – „zwischen den beiden Bergen, und die Berge waren Erzberge"[127]; auch diese Berge, die ganz aus Erz bestehen, gehören dem Märchen an; wir denken dabei etwa an den Magnetberg in „Tausend und Einer Nacht"[128], oder an die sieben Berge aus Edelsteinen im Henoch[129]. Auch andere Märchenberge von allerlei Art werden in diesem spätjüdischen Buche genannt[130] und auch sonstige märchenhaften Gegenden beschrieben: der Ort des Sturmwinds, die Vorratskammern der Blitze, das Feuer des Westens, die Behälter der Winde, der Eckstein der Erde usw., von denen einige, wie die beiden letztgenannten, schon im Alten Testamente bei Dichtern auftreten[131].

Bei Henoch ist die Einkleidung dieser Beschreibungen diese, daß der wunderbare Mann auf seinen Reisen durch die ganze Welt diese Märchenorte und -dinge gesehen hat[132]. Solche *Märchenwanderungen* kennen wir, um nur wenige Beispiele zu nennen, schon aus dem alten Ägypten[133] und dem babylonischen *Gilgamesch-Epos[134]*, dann aus dem *Alexanderroman[135]* und aus den Reisen Sindbads, *des Seefahrers* in *Tausend und Einer Nacht.* Der weiteste und schwierigste Weg aber führt die Märchenhelden zum hohen Himmel hinauf oder in die Unterwelt hinab[136]. Im Babylonischen wird die Himmelfahrt von Adapa[137] und Etana[138] erzählt, im Hebräischen bekanntlich von Elia, der von feurigen Wagen und Rossen dahin entrafft ward[139]. Den Gang zur Hölle berichtet das babylonische Epos von der Göttin Ischtar[140], der ägyptische Mythus von dem Sonnengott Re[141], Homer von Odysseus und das griechische Märchen von Psyche[142]. Wegen ihrer besonderen, altertümlichen Schönheit haben sich diese Bilder auch im alten Israel mit unverwüstlicher Kraft erhalten, und noch die späteren und spätesten israelitischen Dichter nehmen sie wieder auf, um in gewaltig-begeisterter Schilderung Gottes Allgegenwart darzustellen[143].

Wohin könnte ich gehen vor deinem Geiste,
wohin fliehen vor deinem Angesicht?
Stiege ich zum Himmel, so bist du da!
macht ich die Hölle zum Bett, du bist auch hier!

Und schon bei dem Propheten Amos heißt es[144]:

Brechen sie in den Hades durch, (...) so faßt sie meine Hand;
steigen sie zum Himmel empor, (...) ich stürze sie hinab!
Verbergen sie sich auf des Karmels Haupt:
dort spür ich sie auf und fasse sie!
Verstecken sie sich (...) auf des Meeres Grund:
(...) entbiete ich die Schlange, die beißt sie!

In diesen beiden Stellen ist die Voraussetzung, daß die Flucht den
Menschen an die weit entlegensten Orte führen könnte. Gewöhnlich
aber berichten die Märchen, daß jemand in solche Ferne hat wandern
müssen, um dort ein hohes, heiß ersehntes Gut zu finden[145]. Der
babylonische Etana fährt zum Himmel empor, um hier am Throne
der Göttin Ischtar für seine schwangere Frau das „Kraut des Gebä-
rens" zu holen[146]; Gilgamesch geht über das weite Meer, weil dort
das „Kraut des Lebens" wächst[147]. Auch die jüdische Legende kennt
das Motiv: Seth wandert zum Paradiese zurück, weil sein sterbender
Vater Öl vom Lebensbaum begehrt[148]. Noch in den neueren Märchen
ist dergleichen wohlbekannt: da zieht der Prinz aus, um das „Wasser
des Lebens" zu suchen[149]; in *Tausend und Einer Nacht* ist es der
„sprechende Vogel", der „singende Baum" und das „goldgelbe Wasser", was die Begierde der Menschen reizt[150]. An solche Märchen
spielt einmal das alttestamentliche Gesetz[151] an:

Dieses Gebot, das ich dir heute gebiete, ist für dich nicht zu hoch und
weit. Es ist nicht im Himmel, daß du sprechen müßtest: wer steigt uns
zum Himmel empor, holt es uns herab und verkündigt es uns, daß wir es
erfüllen! Es ist nicht jenseits des Meeres, daß du sprechen müßtest: wer
fährt uns über das Meer, holt es uns herüber und verkündet es uns, daß
wir es erfüllen! Nein, die Offenbarung liegt dir ganz nahe, in deinem
Munde und Herzen, sie zu erfüllen.

Das göttliche Gesetz, das der Gesetzgeber seinem Volke verkündet,
ist – so will er an dieser, bisher im allgemeinen nicht verstandenen
Stelle[152] sagen – kein Gut, das man aus weitester Märchenferne erst
herbeiholen müßte, so wie es die alten Geschichten von anderen
köstlichen Schätzen erzählen, sondern es ist durch die Offenbarung
dem Volke nahegebracht: sein „Herz" hat es verstanden, sein
„Mund" weiß es herzusagen; so fehlt nur noch das eine, daß es

danach handele, und keine Entschuldigung hat es, wenn es es nicht erfüllt!

Besonders häufig ist das Bild von der Fahrt zur Unterwelt in den *Klage- und Dankpsalmen* des biblischen Psalters. Es entspricht der glühenden Leidenschaft dieser Orientalen, daß sie, wenn ihr Leben dem Totenreich nahe ist, den starken Ausdruck wählen, daß sie schon in der Unterwelt angekommen seien. So schildert der Klageliedsänger, der in schwerer Todesnot Gott um Hilfe anruft, wie er schon in die „Grube der Unterwelt", in die „finsteren Räume" dort unten gedrungen sei[153], oder er bittet, daß ihn die „Tiefe" nicht verschlinge, die „Wasserflut" nicht überströme[154]; die Dichter der Dankpsalmen aber loben Gott, daß er ihre Seele aus der Unterwelt heraufgeführt[155] und ihr Leben aus „großen Wassern" gerettet[156] hat[157]. Die „Wasserflut" oder die „großen Wasser", von denen in diesem Zusammenhange so oft gesprochen wird, sind eigentlich die Wasser unter der Erde, welche die Welt der Lebenden von derjenigen der Toten trennen. Als Beispiel geben wir den Anfang des schönen Jonapsalms, in dem die Fahrt zur Unterwelt ausführlich beschrieben wird[158].

In meiner Angst habe ich gerufen
zu Jahve, und er erhörte mich.
Aus der Unterwelt Schoße schrie ich,
du hast mein Rufen vernommen. –
Du hattest mich in die Tiefe geworfen (…),
der Strom umschloß mich;
all deine Wogen und Wellen
waren über mich ergangen. –
Schon dacht ich, ich sei verstoßen
aus deinen Augen;
‚wie' könnt ich wieder schauen
deinen heiligen Tempel? –
Die Wasser gingen mir rings ans Leben,
die Flut umschloß mich.
Tang bekränzte mein Haupt
an der Berge Wurzeln. –
In die Tiefe war ich gesunken, ihre Riegel
fielen auf ewig hinter mir zu.
Da zogst du mein Leben aus der Grube empor,
Jahve, mein Gott!

Auch *Sternmärchen* hat es im alten Israel gegeben, an die Hiob[159] einmal anspielt:

Kannst du ‚die Bande' der Plejaden[160] knüpfen
oder die Seile des Orion lösen?
Führest du den Tierkreis[160] zu seiner Zeit herauf
und leitest(?) den Bären[160] samt seinen Jungen?

Da wird also von Sternbildern geredet, die man für gefesselt hielt –
die Bande und Seile wird man am Himmel selber gefunden haben;
unter ihnen befindet sich der Kesil, d. h. der Tor, der Trotzige, d. i.
wahrscheinlich der Orion, der auch sonst im Altertum als ein an dem
Himmel versetzter Riese betrachtet wird[161]; einem andern Sternbilde
werden „Junge" zugeschrieben: verklungene Töne einer einst vielleicht reichen Melodie.

Märchen von Werkzeugen und sonstigen Gegenständen

Auch Gegenständen, die der Mensch hergestellt hat, traut das primitive Denken in manchen Fällen eine Art Leben zu. Wie etwa der Wilde der Gegenwart das Feuergewehr bewundert oder voller Erstaunen das Telephon betrachtet, so hat der Mensch der Urzeit den Waffen gegenübergestanden. „Sie waren nicht totes, willenloses Werkzeug, sie schienen belebt, von dämonischen Kräften beseelt"[1]; sie erhalten Namen wie lebende Wesen. „Göttliche Verehrung des Schwertes ist von manchen barbarischen Völkern, unter den Deutschen namentlich von den Quaden berichtet"[2]. Nach Herodot[3] haben die Skythen einem uralten heiligen Schwerte jährliche Feste begangen. In Knosos auf Kreta war die Doppelaxt das heilige Zeichen, dessen Kultus sich, wahrscheinlich von Kleinasien aus, außerordentlich weit verbreitet hat[4]. Der Chaldäer „schlachtet" nach Habakuk[5] „seinem Garn und opfert seinem Netze", wodurch er die ganze Welt gefangen hat. Auch die israelitischen Propheten reden von einem dämonischen Schwerte, das sie Jahves „Schwert" nennen, das sie sich aber zuweilen wie ein selbständiges Wesen vorstellen[6]. Im Märchen klingen solche Vorstellungen nach. So steht vor dem Paradiese als Wache *die Flamme des zuckenden Schwertes*, welche die Maler zwar dem mit demselben Amt beauftragten Kerub in die Hand geben, die aber im Texte als ein Wesen für sich gedacht wird[7]. Ein griechisches Gegenstück zu solchem beseelten Werkzeug ist der Hammer des Hephaistos.

Jesaia bringt in einer seiner hoheitsvollsten Stellen, wo er jede Auflehnung Assurs gegen Jahve als eine närrische Anmaßung zurückweist, ein Gleichnis, das wie eine Anspielung an eine Fabel klingt[8].

Darf sich die Axt rühmen gegen den, der damit haut?
Oder die Säge großtun gegen den, der sie schwingt?
Als ob der Stab den ‚schwänge‘, ‚der‘ ihn erhebt,
als ob der Stab erhöbe den, der nicht Holz ist!

Wir dürfen uns demnach vorstellen, daß es zur Zeit des Propheten nachdenkliche Fabeln gegeben hat, welche die Frage, ob der Mensch oder sein Werkzeug mehr zum Werke beitrage, in Form eines Streitgespräches zwischen beiden Teilen behandelt und diese Frage dahin entschieden haben, daß sich die Axt, Säge und Stab gegen ihren Herrn nicht rühmen dürfen[9]. Und wenn wir kühn sein dürften, würden wir hinzufügen: ein solches Streitgespräch sei schon zu Jesaias Zeit uralt gewesen und stamme noch aus den Tagen, da die erste Aufklärung entstand und sich das Selbstgefühl des Menschen gegen seine einst von ihm so hoch verehrten Werkzeuge erhob. Jesaia wendet also ein überliefertes Wort voller Majestät auf Jahve und Assur an: das Weltreich ist nur die Axt in Gottes Hand! Die Wiederholung zeigt, wieviel dem Propheten auf diesen Gedanken ankommt[10].

Eine ähnliche Fabel, diesmal vom Hader des Tongefäßes mit dem Töpfer, liegt bei einer wahrscheinlich nicht von Jesaia herrührenden Stelle im Hintergrunde, welche diejenigen tadelt, die in schwerer Zeit über Jahves Schickungen murren[11]:

Eure Verkehrtheit! Oder ist wie Ton der Töpfer zu achten?
Wenn spräche das Geschöpf zum Schöpfer: er hat mich nicht geschaffen!
Und das Gebilde spräche zum Bildner: er hat keinen Verstand!

Auch dies Gespräch ließe sich aus gleicher geistiger Lage verstehen, wie das obige: der Mensch, im Bewußtsein, selber der Schöpfer zu sein, erkennt seinen Vorrang vor dem Gebilde seiner Hände. Die Anwendung auf Israel, das sich gegen Jahves Tun nicht auflehnen darf, lag hier um so näher, als das Bild vom Töpfer und Ton auch sonst auf das Verhältnis von Gott und Volk gebraucht wird[12]. – Dieselbe Fabel scheint an anderer Stelle hindurchzuklingen, die aus ähnlicher Zeit stammt und ähnlichen Zweck verfolgt[13]:

Weh dem, der mit seinem Bildner hadert,
eine Scherbe unter irdenen Scherben!
Darf der Ton zum Töpfer sagen: was schaffst du?
und ‚sein Geschöpf‘: ‚du‘ hast ja keine Hände!
Weh dem, der zum Vater spricht: was zeugst du?
und zum Weibe: was kreißest du[14]?

Die Prophetenworte sind dann von Paulus übernommen und ausgeführt worden[15].

O Mensch, wer bist du, um mit Gott zu rechten? Darf das Gebilde zum Bildner sprechen: warum hast du mich gerade so gemacht? Oder hat nicht der Töpfer Macht über seinen Ton, aus demselben Teig ein kostbares Gefäß zu bilden oder auch ein armseliges?

Allen diesen Stellen scheinen also Fabelstoffe zugrunde zu liegen; das Streitgespräch innerhalb der Fabel, das auch sonst in der Weltliteratur sehr häufig ist, ist uns schon im vorhergehenden begegnet[16]. Doch ist auch mit der vielleicht ferner liegenden Möglichkeit zu rechnen, daß die hebräischen Schriftsteller, unbewußt primitiver Redeweise folgend, das Motiv von sich aus ohne weitere Vorlage erfunden haben.

Auch mit dem lieben *Brote* hat sich die Phantasie beschäftigt und ebenso wie vom Lebensbaum und Lebenswasser auch vom „Lebensbrote" gesprochen, das ebenso wie jene die Unsterblichkeit verleiht. Auch diese Vorstellung ist dann auf der höchsten Stufe ein Symbol der fortgeschrittensten Religion geworden: wie es einst hieß, die Weisheit sei der Lebensborn oder der Lebensbaum, so sagt Christus im Johannesevangelium:

Ich bin das (wahre) Lebensbrot[17]; wer von diesem Brot ißt, lebt in Ewigkeit[18].

Von den mancherlei Dingen, deren sich die Zauberer für ihre Wunder bedienen, soll noch im folgenden[19] gehandelt werden.

Auch im alten Israel war der Glaube an „*Wunschdinge*" bekannt: da sprach man von einem Mehl, das im Topfe niemals zu Ende geht, und von einem Ölkrug, dessen Inhalt nie alle wird[20]; so kann ein wenig Öl zu einer wahren Ölquelle werden und viele Töpfe füllen[21]. Verwandt ist damit, daß Elisa mit wenigen Broten eine große Schar Menschen satt machen kann, so daß davon sogar noch übrigbleibt[22]: ein Wunder, das sich – wie bekannt – in der neutestamentlichen Erzählung von der „*Brotspeisung*" wiederholt[23]. So erhält auch Elia von Engels Hand ein Brot, in dessen Kraft er eine vierzigtägige Reise auszuführen vermag[24]. Auch solche Motive, die deutlich den sehr verständlichen Wünschen der Menschen entstammen und daher in der Märchenforschung mit Recht „Wunschmotive" heißen[25], sind außerhalb Israels Grenzen überaus häufig; man denke etwa an die nie versiegenden Krüge beim Getreuen Eckart, an Fortunatus' Glücksseckel, an das Märchen *Tischlein deck' dich* usw.[26].

Und in diesen Zusammenhang gehört auch ursprünglich – eine Behauptung, die den theologischen Leser auf den ersten Blick befremden wird – *der Wagen des Hesekiel.* Hesekiel hat in seinem berühmten „Wagengesicht" mit barocker Phantastik die Erscheinung Jahves beschrieben[27]. Natürlich hat er diese Schilderung, an die er selbst glaubt, nicht einfach aus sich selber geschöpft, sondern sich dabei an altererbte Vorstellungen angeschlossen. Das ganze Bild aber ist nicht einheitlich, sondern aus vielen und sehr verschiedenartigen Zügen zusammengetragen. Da hören wir als dem Hauptstück des Gesichts von vier wunderbaren Tierwesen, die mit ihren Flügeln dahinschweben und auf ihren Häuptern den göttlichen Thron tragen: über diese *Keruben* im folgenden[28]. Daß die Plattform des Thrones wie Kristall glänzt und sein Postament[29] wie Saphir aussieht[30], zeigt, daß zugleich die Vorstellung vom *Himmelsgott* mitgewirkt hat; ebendarauf führt auch, daß sich rings um den Gott ein Schein, dem Regenbogen ähnlich, befindet: ein himmlisches Gesicht ist dem Propheten, so weiß er selbst, zuteil geworden[31]. Andere Züge aber gehen auf die *Vulkanwolke* zurück, in der sich „Jahves Herrlichkeit" nach ältestem Glauben Israels am Sinai offenbart hat[32]: daher der Sturm und die Wolke, worin das Ganze einherkommt, und besonders das flackernde Feuer und strahlende Licht, das die gesamte Erscheinung umgibt. Auch die Gestalt des Gottes ist feurig gedacht; und zwischen den Tieren befindet sich ein Vulkanherd: er sieht aus wie brennende Feuerkohlen, wie hin und her wandelnde Fackeln[33], und von diesem glänzenden Feuer gehen Blitze aus. So gebraucht Hesekiel zum Schluß des Gesichtes[34] auch den Ausdruck „Herrlichkeit Jahves", der eben für diese Vulkanwolke seit alters gebräuchlich war. An anderer Stelle wirkt der Glaube an den *Götterberg im Norden*[35] nach: von Norden her führt der Sturm die Wolke herbei. In dieser so vielgestalteten Vision wird nun neben den Tierwesen auch von *Rädern* gesprochen[36]:

Und ich sah (...), siehe, es waren ‚Räder' auf der Erde neben den ‚vier' Wesen, ‚und' die Räder (...) waren anzuschaun wie der Schein von Chrysolith (?); die viere hatten ‚einerlei' Gestalt; (...) ihre Beschaffenheit war so, als ob ein Rad inmitten des andern wäre; sie gingen ‚nach' ihren vier

Seiten und wandten sich nicht beim Gehen. ‚Und ich sah, siehe da, sie hatten Felgen‘, und ihre Felgen waren voll von Augen, ringsum bei den vieren. Wenn die Tiere gingen, gingen die Räder neben ihnen mit; wenn sich die Wesen von der Erde erhoben, erhoben sich auch die Räder; ‚wohin‘ der Geist jene zu gehen trieb, gingen auch (...) die Räder ‚und‘ erhoben sich zugleich mit ihnen, denn der Geist der Wesen war in den Rädern[37].

Was sind das für sonderbare „Räder“? In der Schilderung des Propheten sind sie mit den Wesen verbunden: sie stehen zwischen ihnen und bewegen sich mit ihnen zugleich, denn der „Geist“ jener lenkt auch sie: übrigens beruht auch dies letztere auf primitiver Psychologie. Aber diese Verbindung gibt kein einheitliches Gesamtbild: von dem Wagenkasten, den die Räder tragen, ist gar keine Rede, und er hat auch gar keine Stätte, da es die Wesen sind, auf deren Häuptern der Gott thront. Vielmehr sind die Räder und die Wesen eigentlich eine Dublette: *entweder* fährt der Gott auf den geflügelten Wesen *oder* auf dem Räderwerk. So ergibt sich, *daß diese Räder eine ursprünglich selbständige Vorstellung sind,* eine der vielen, die der Prophet – wie wir gesehen haben – in seinem Gesicht zusammengetragen hat. Man muß also bereits vor Hesekiel von einem wunderbaren Wagen gesprochen haben, auf dem Jahve über die Länder und durch die Lüfte fährt. Dieses Gefährt aber wird man sich beseelt vorgestellt haben: ein Nachhall davon in Hesekiels Worten, daß der Geist der Wesen in den Rädern gewesen sei; dieser Wagen wird von keinem Tiere gezogen; auch schreibt der Prophet den Rädern Augen zu, offenbar, damit sie mit sehenden Augen den Weg nicht verfehlen[38]; wie sie denn von den Späteren als Engelwesen betrachtet worden sind[39]. Die Räder denkt sich der Prophet als Doppelräder, eines im rechten Winkel das andere durchschneidend, eine freilich technisch unmögliche Konstruktion, durch die bewirkt werden soll, daß sie bei der Bewegung keine Wendungen zu machen brauchen: vor Gott ist alles vorne; eine Vorstellung, dieser ähnlich, bei den Wesen selbst[40], so daß also auch diese vom Propheten selber herrühren wird. Ebenso mag von ihm der Stoff der Räder stammen: sie glänzen so überirdisch wie ein kostbarer Edelstein. Das ungeheure Getöse der Räder dagegen, das sie bei ihrer Bewegung hervorbringen[41], kann dem älteren Stoff angehören.

Wie ist diese Vorstellung eines göttlichen Wagens entstanden? Es ist ein jedem Menschen verständlicher Wunsch, gleich den Vögeln des Himmels schweben zu können, ein Wunsch, den eine bekannte Erfahrung im Traum und in der Ekstase zu erfüllen scheint. So hat das Märchen von allerlei Dingen gefabelt, auf denen man zu fliegen vermag: sei es ein Zauberroß, das durch die Lüfte fährt[42], sei es ein Zaubermantel, auf den man sich wie Faust setzen muß, sei es ein fliegender Koffer wie in Andersens Märchen[43]. Auch die Vorstellung von einem fliegenden Wagen kommt im Märchen vor[44]; auf solchem Wagen fahren Elia[45] und Henoch[46] zum Himmel und schwebt der Gnostiker in der Verzückung[47]. Die Mythologie schreibt den Göttern solche Flugzeuge zu, denn natürlich besitzen diese die „Wunschdinge", nach denen sich der Mensch sehnt: Hermes hat Flügelschuhe, Jahve fliegt auf dem Kerub[48], bei Hesekiel auf den Häuptern von vier beschwingten Keruben und – auf einem beseelten Zauberwagen. Zu der Beseelung der Räder vergleiche man das schon erwähnte zuckende Flammenschwert, das vor dem Paradiese Wache hält[49], oder etwa die Zauberkugel in *Tausend und Einer Nacht,* die dem Wanderer vorausläuft und ihm den richtigen Weg weist[50].

Das Bild einer rechten *Märchenstadt* erkennen wir aus gewissen anderen Stellen. In einigen, einander nahe verwandten Stücken wird *das verklärte Jerusalem* der Zukunft geschildert, wie es *aus Edelsteinen gebaut* ist. So wird im Buche des Deuterojesaia[51] Jerusalem folgendermaßen angeredet:

Du Elende, Verstürmte, Ungetröstete,
fürwahr, ich selber lege
mit ‚Malachit' ‚deine Grundfesten'
und ‚deine Grundlagen' mit Saphiren;
ich mache Rubinen zu deinen Zinnen
und deine Tore zu Karfunkelsteinen,
und all deine Einfriedigung zu Edelsteinen.

Und am Schlusse des Buches Tobia heißt es in einem Hymnus auf Jerusalem[52]:

Meine Seele preise Gott,
den großen König;
denn einst wird Jerusalem gebaut
aus Smaragd und Saphir;
deine Mauern aus Edelsteinen,

deine Türme und Bollwerke aus lauterem Gold.
Jerusalems Straßen werden mit Beryll und Karfunkel
und mit Ophirsteinen gepflastert.

Ebenso wird die Stelle des Deuterojesaia in dem berühmten
Abschnitt der Offenbarung Johannes über das vom Himmel dereinst
herniederfahrende Jerusalem aufgenommen und fortgeführt[53]:

Der Baustoff ihrer Mauer war Jaspis, und die Stadt von reinem Golde wie
reines Glas. Die Grundfesten der Mauern der Stadt waren mit allerlei
Edelsteinen verziert – – –[54]. Und die zwölf Tore waren zwölf Perlen;
jedes von den Toren bestand aus einer einzigen Perle; und die Straße der
Stadt war reines Gold, wie spiegelklares Glas.

Es kann keinem Zweifel unterliegen, daß diesen überschwenglichen
Schilderungen eine ältere Vorstellung zugrunde liegt: es ist ursprünglich eine *Märchenstadt,* die so phantastisch ausgemalt wird. Die
Stadt, aus Gold, Perlen und Edelsteinen erbaut, erinnert an die „mes-
singene Stadt" in *Tausend und Einer Nacht*[55], an das goldene[56],
silberne[57] oder diamantene[58] Märchenschloß, an den Turm, der mit
Dukaten gedeckt ist[59], usw. Oder man lese die Beschreibung eines
Feenschlosses im ungarischen Märchen: „die Wände waren von Sil-
ber, die Fenster darin Diamanten, das Dach eitel Gold, das Tor aber
und die übrigen Türen waren ausgelegt mit den herrlichsten Juwelen,
daß es nur so strotzte"[60]. Mit solchem Bilde einer Märchenstadt hat
sich dann das Bild einer *himmlischen* Stadt verbunden, des „oberen
Jerusalems", das vom Himmel herniederkommt und mit seinen
zwölf Toren[61] und zwölf Grundsteinen, d. i. den zwölf Tierkreisbil-
dern, und besonders in seiner seltsamen Kubusform dem Himmel
gleicht[62]: der Himmel ist für den Blick des Altertums gleich lang,
breit und hoch.
 Märchenhaft klingt auch das Wort des Sacharia[63], daß das künftige
Jerusalem keine Mauer brauche, sondern „ich will ihm zur feurigen
Mauer sein, spricht Jahve, ringsumher". Die Feuermauer, die jedem
den Zutritt verwehrt, ist auch uns aus dem Märchen wohlbekannt;
man denke an Brunhildens Waberlohe.
 Ein ähnliches Motiv wird in einem anderen spätprophetischen
Stücke abgewandelt[64]:

Und es schafft Jahve
über der ganzen Stätte des Zion-Bergs
und ‚dessen Bezirk‘
Gewölk am Tage und Rauch
und flammenden Feuers Glanz in der Nacht,
denn über ‚allem‘ (schwebt) die Herrlichkeit als Decke und Dach;
‚die bringt‘[65] Schatten am Tage vor der Hitze
und Schutz und Schirm vor Wetter und Regen.

In dieser seltsamen Schilderung ist mancherlei zusammengeflossen: die aus dem Märchen stammende Vorstellung vom Feuerschutze der heiligen Stätte, zugleich die zur Auszugssage gehörige Anschauung von „Jahves Herrlichkeit", das ist ursprünglich die Vulkanwolke, die sich bei Nacht als Feuer, bei Tage als Rauch offenbart[66] und die hier in phantastischer, der Wirklichkeit wunderlich widersprechender Umwandelung dazu dienen muß, wie ein großes Schirmdach vor Hitze und Regen zu schützen.

Die Lage einer Märchenstadt beschreibt auch eines der Gleichnisse des „Propheten Esra"[67]:

Es gibt eine erbaute Stadt, in einer Ebene gelegen und alles Guten voll; aber der Eingang dazu ist eng und führt an Abgründen hin, wo zur Rechten Feuer, zur Linken tiefes Wasser droht; und nur einen einzigen Pfad gibt es zwischen beiden, zwischen Feuer und Wasser, und dieser Pfad ist so schmal, daß er nur eines Menschen Fußspur zu fassen vermag.

Einen solchen Pfad gibt es nicht in Wirklichkeit, sondern nur in der Welt der Phantasie. Dem Helden des Märchens wird etwa die Aufgabe gestellt, diesen gefährlichen Weg zu gehen, um sich dieser reichen Stadt zu bemächtigen. Und so schließt auch das Gleichnis:

Wenn nun jene Stadt einem Menschen zum Erbteil gegeben wird, wie kann der Erbe sein Erbteil erhalten, wenn er nicht vorher den gefährlichen Weg dahin durchschritten hat[68]?

Von einem Stege, so schmal, daß ihn nur ein Mensch auf einmal überschreiten kann, redet auch das Märchen der Gegenwart[69]. Die Märchenreise führt etwa über das tiefe Meer, z. B. in der Erzählung von Gilgamesch[70], oder durch ein furchtbares Feuer[71]. Und so versichert der Märchenheld: „ich würde ja ohne Zögern durch Feuer und Wasser gehen, wenn dadurch deine Rettung möglich würde"[72]. Dem Glücklichen aber hilft ein Zauber, daß sich das Feuer vor ihm auseinanderteilt[73]. Dies Märchenbild aufnehmend, versichert der Gott Israels sein auserwähltes Volk:

Mußt du durchs Wasser hindurch: ich bin bei dir,
und durch Ströme: sie schwemmen dich nicht hinweg;
mußt du ins Feuer hinein, du versehrst dich nicht,
die Flamme verbrennt dich nicht![74]

Märchen von Geistern, Dämonen und Gespenstern

Wir kommen nun zu der eigentlichen *Religion des Märchens*. Jeder, der diese Erzählungen auch nur oberflächlich kennt, weiß, daß darin die hohen Götter fehlen oder mindestens zurücktreten, aber daß darin allerlei *Geister, Dämonen, Kobolde, dämonische Tiere, Gespenster und Riesen* eine um so größere Rolle spielen. Nun ist zwar die Jahvereligion auf ihrer höchsten Stufe streng monotheistisch gewesen und hat alle diese niederen Wesen ausgeschlossen. So sind auch die Erzählungen von ihnen nur in allerlei Überresten und Umdeutungen erhalten; trotzdem tritt uns noch in unseren Texten eine reiche Fülle dieser Gestalten entgegen, ein Beweis dafür, wie sehr sie einst die Phantasie des ältesten Israel beherrscht haben. Auch ist ein Teil dieser Figuren immer wieder aus der Fremde eingedrungen.

Ein ganz deutliches Beispiel der Nachwirkung eines alten Koboldmärchens in der israelitischen Überlieferung ist die Erzählung von *Jakobs Kampf mit dem göttlichen Wesen zu Penuel*[1]. Die Geschichte, in knappstem, vieles verschweigendem Erzählungsstil gehalten, ist uns beim Jahvisten und Elohisten, den beiden älteren Quellen der Erzählungen des Pentateuch, zugleich überliefert; die beiden Varianten, gegenwärtig ineinander gearbeitet, lassen sich noch mit einiger Sicherheit voneinander trennen. Zunächst die wohl nicht ganz vollständige Erzählung des Jahvisten, die wir etwa folgendermaßen herstellen können:

Noch in jener Nacht stand er auf, nahm seine beiden Frauen, seine Mägde und seine elf Kinder; und er überschritt die Furt des Jabbok. Da rang jemand mit ihm, bis die Morgenröte heraufzog. Jakob aber verrenkte sich die Hüftpfanne, als er mit ihm rang. Dann fragte Jakob und sprach: nenne mir deinen Namen; er sprach: warum fragst du mich nach meinem Namen? — Und er segnete ihn daselbst. Jakob aber nannte jene Stätte Peniel (Gottes Angesicht); „denn ich habe einen Gott ('elohim) von Angesicht zu Angesicht geschaut und kam mit dem Leben davon. Er hinkte aber auf der Hüfte.

Auf seiner Reise in die Heimat ist Jakob bis an den Jabbok gekommen. Noch in der Nacht ist er mit den Seinen über die Furt gegangen. Da wird er im Dunkeln von einem Unbekannten überfallen, der Leib gegen Leib mit ihm ringt. Der furchtbare Kampf, offenbar auf Leben und Tod, geht die ganze Nacht hindurch unentschieden hin und her. Endlich setzt sich Jakob die Hüftpfanne aus: eine schwere Verletzung, die – so haben wir uns zu denken – den tapferen Mann dennoch nicht niederzwingt. Jetzt steigt die Morgenröte empor, aber Jakob hält noch immer fest. Endlich erkennt er, wen er vor sich hat, und ist sofort entschlossen, die günstige Stunde, da er ein göttliches Wesen in seinen starken Fäusten hält, zu seinem Vorteil zu benutzen. Er fordert von ihm seinen Namen. Der aber verweigert die Antwort. Da begnügt sich – das muß im Texte ausgefallen sein – Jakob mit der geringeren Forderung: Segne mich! Darauf geht der Dämon ein und „segnet ihn", d.h. er spricht ein wirkungskräftiges Wort über ihn aus, wie es nur aus übermenschlichem Munde kommen kann. Den Inhalt dieses Segens teilt der Erzähler nicht mit. Mit diesen Worten ist der Geist verschwunden; Jakob aber, froh darüber, daß er das grausige Abenteuer so gut überstanden hatte, gab dem Ort den Namen „Gottes Angesicht".

Ganz ähnlich erzählt der Elohist:

Er nahm sie (Frauen und Kinder), brachte sie über den Fluß und brachte ‚alles', was ihm gehörte, hinüber. Jakob selbst blieb allein zurück. – Und als er sah, daß er ihn nicht bezwingen könne, schlug er ihn auf die Hüftpfanne. Da sprach er: laß mich los, die Morgenröte ist schon heraufgezogen! Er aber sprach: ich lasse dich nicht, du segnest mich denn! Er sprach zu ihm: wie heißt du? Er sprach: Jakob. Er sprach: Du sollst nicht mehr Jakob heißen, sondern Israel (Gottesstreiter); denn du hast mit Göttern ('elohim) und Menschen gestritten und sie bezwungen. Sobald er aber an Penuel vorüber war, ging die Sonne auf. Darum essen die Söhne Israels bis heute den Hüftnerv nicht, der auf der Hüftpfanne liegt, weil er (...)[2] auf den Hüftnerv geschlagen hat.

Als Jakob die Seinen über den Fluß gebracht hat und auf der nördlichen Seite allein zurückgeblieben ist, wird er in der nächtlichen Einsamkeit plötzlich von einem ihm unbekannten Gegner angegriffen.

Als er sich nun überzeugt, daß er dem andern nicht gewachsen ist, hilft sich der listige Mann durch einen Ringerkniff und schlägt den andern auf die Hüftpfanne. Dadurch ist dieser zu weiterer Gegenwehr unfähig geworden und verlegt sich aufs Bitten: laß mich los! die Morgenröte steht schon am Himmel! Voraussetzung ist, daß er das Licht des Tages nicht ertragen kann. Daran erkennt Jakob, daß ein übermenschliches Wesen mit ihm kämpft. Geistesgegenwärtig verlangt er von ihm einen „Segen", und jener muß sich wohl oder übel zu einem derartigen Worte verstehen. Er fragt, ihm huldigend, nach seinem Namen und spricht den „Segen" aus, indem er ihm jetzt einen neuen Namen verleiht: Israel, Gottesstreiter, soll er von nun an heißen; kein Feind wird ihn mehr überwinden können! Kaum aber, daß er diese Worte gesprochen und der Mensch ihn losgelassen hat, ist er verschwunden, und Jakob hat den Fluß überschritten; da geht die Sonne auf: es war höchste Zeit gewesen, sonst hätte der Strahl des Lichtes den Dämon getroffen. – Die primitive Erzählung liebt es, die Erklärung irgendeines Brauches oder dergleichen mit einzuflechten[3]: so heißt es hier zum Schlusse, daß die Israeliten, weil ihr Ahnherr die Hüftpfanne des Gottes getroffen hat, den Hüftnerv nicht zu essen pflegen.

Eine dritte Abwandelung derselben Erzählung kennen wir aus einer prophetischen Anspielung[4] daran:

Er kämpfte mit dem Engel und überwand ihn;
der weinte und bat um Gnade.

Das Wesen, das mit Jakob kämpft, wird, auch beim Jahvisten, mit Absicht nicht „Jahve" genannt; auch ist jene Gestalt von diesem weit unterschieden: Jahve ist der Gott, der Jakob liebt und schützt; jene aber ist feindlicher Art: sie überfällt den arglos Vorüberziehenden und will ihn morden. Diese Unterscheidung aber ist sicherlich älter als die Jahvisierungen in der mitgeteilten Prophetenstelle, wonach das erscheinende Wesen zwar nicht Jahve selber, aber doch sein Bote ist. Die Erzählung schildert es als dem Menschen zwar dadurch überlegen, daß es wirkende Segensworte sprechen kann, aber an Kraft nicht unerreichbar über ihm stehend: nach dem Propheten hat es sogar, von dem starken Jakob bezwungen, unter Tränen um Gnade flehen müssen. *Es ist ein Dämon*, ein Gottwesen ('elohim) geringerer Art. Dazu paßt auch seine lichtscheue Natur: es ist an die Nacht gebunden und muß mit dieser verschwinden, und zugleich sein Charakter: es lauert an der Furt des Jabbok „wie ein Panther am Wege"[5] und stürzt sich auf den vorüberkommenden Wanderer. Wir dürfen es als den Dämon des Flusses denken.

Für unsere Auffassung der Jahvereligion Israels aber ist dieses Verständnis des Textes von großer Bedeutung; denn wir erkennen so, daß solche Vorstellung von Nachtdämonen mit der Jahvereligion überhaupt nichts zu tun hat; für die älteste Geschichte dieser Religion sind diese Märchengestalten nicht zu verwerten[6]. Erst nachträglich ist diese Dämonenfigur beim Propheten mit Jahve in Beziehung gesetzt worden.

Daß aber die Erzählung in dieser Weise richtig verstanden worden ist, beweisen eine Fülle von Gegenstücken, die wir zu dem Ganzen und den Einzelheiten haben. Das Grundmotiv, der nächtliche Kampf mit Dämonen, Ungeheuern, Gespenstern, ist sehr häufig im Märchen belegt und wird, wohl mit Recht, aus den Erfahrungen des Alptraums erklärt[7]. Auch das andere Motiv ist häufig genug, daß der Mensch ein solches Wesen zwingt, ihm irgend etwas Übermenschliches, etwa ein geheimes Wissen, zu überlassen: so hat Menelaos den Meergreis Proteus so lange festgehalten, bis er ihm sein Wissen offenbarte[8], und Midas hat Silenos gefangen und ihm sein Wissen entlockt[9]. Besonders beliebt aber ist im Märchen der Gedanke, daß die erscheinenden Geister oder Gespenster nur zur Nachtzeit auftreten und bei Aufgang der Sonne oder beim ersten Hahnenkrah verschwinden müssen[10]: ein Gedanke, der sich gleichfalls aus dem Traumleben erklärt: „wenn die Nacht vorbei ist und die Morgensonne scheint, hört auch der Traum auf, und die Geister des Traumes verlieren ihre Macht"[11]. Auch sonst finden wir diesen Gedanken hie und da im Alten Testamente: die geheimnisvollen Männer, die Lot bei der Zerstörung Sodoms retten, können nur in der Nacht wirken und führen diesen, als er beim Aufgang der Morgenröte noch immer zögert, mit Gewalt vor die Stadt[12]: auch das eine ursprünglich nicht-jahvistische Sage[13]. Aber auch Jahves Wirken hat man sich gelegentlich so als ein nächtliches vorgestellt: am Roten Meer ist er in der letzten Morgenwache gegen die Ägypter eingeschritten[14]; der Engel Jahves hat in der Nacht das assyrische Heer mit der Pest geschlagen[15]; und noch bei dem Propheten heißt es von Assur:

In der Abendzeit war noch Schrecken;
ehe der Morgen kommt, ist es nicht mehr[16].

82

Und beim Psalmisten von Jerusalem:

‚Jahve' hilft ihr, ehe der Morgen naht[17].

Ein anderes, in die Penuelerzählung einspielendes Motiv ist der *Namenglaube:* der Dämon weigert sich, seinen Namen zu nennen, und er hinterläßt in der anderen Rezension dem Jakob als wirkendes Wort einen neuen Namen. Beides geht auf einen Glauben an die Macht des Namens zurück, der in primitiven Völkern weit verbreitet ist und im Alten Testament an vielerlei Spuren hervortritt[18]: der Name ist eine Art Doppelgänger der Person, die ihn führt; wer ihn kennt, hat Macht über seinen Träger, auch wenn das ein Dämon oder Gott ist; daher die Scheu, den Namen zu verraten, man denke an das deutsche Märchen *Rumpelstilzchen*[19]. Aber auch der zum Weltgericht herniederkommende Christus hat auf seinem Haupte „einen Namen geschrieben", d. h. wohl eintätowiert, „den niemand kennt"[20]. Und schon im alten Israel wird von einem geistreichen Schriftsteller der Name „Jahve" als „Ich bin, der ich bin", d. h. der Namenlose, der Unnennbare, erklärt[21]; dies wohl aus frommer Scheu: das Wort „Jahve" darf, so meint er, kein eigentlicher Name sein, sonst würde ja der Mensch, der dieses Wort weiß, Macht über den Gott erhalten. Umgekehrt bezeichnet sich die Jahvegemeinde stolz als „diejenigen, die Jahves Namen kennen"[22]: weil sie wissen, wie er heißt, können sie ihn herbeirufen und seine Wundermacht beschwören. Da im Namen geheime Kräfte enthalten sind, ist es ferner verständlich, daß man einen andern Namen verleiht oder annimmt, wenn man das Geschick des Menschen verändern will: so nennt der Dämon hier den Jakob mit neuem Namen „Israel", den Unüberwundenen; solche Umnennung kehrt bei Abram-Abraham wieder[23] und ist eine auf der ganzen Erde weitverbreitete und noch heute nicht verschollene Sitte[24].

In ihrer gegenwärtigen Gestalt hat die Penuelerzählung einiges eigentümlich-Israelitische; aber dieses geht über die Namen, die darin vorkommen – Jakob, Penuel, Jabbok – kaum hinaus; auch mit Jakob hat sie ursprünglich schwerlich etwas zu tun, denn der Jakob der übrigen Erzählungen, der sich vor Esau und Laban fürchtet, hat mit dem unerschrockenen „Gottesbezwinger" keine Gemeinschaft. Zudem wird Jahves Name in der Erzählung nicht genannt. So kommen wir zu dem Schlusse, daß diese Erzählung auf Jakob erst nachträglich übertragen worden ist und einst ohne Namen oder mit anderen Namen umgelaufen sein muß. Hier haben wir also ein Musterbeispiel dafür, wie ein uraltes Märchen leise israelitisiert worden ist[25].

Ebenso lose ist die Verbindung mit Israelitischem in einer anderen Erzählung, die freilich noch altertümlicher und wilder klingt und deren Verständnis uns erst vor kurzem klargeworden ist. Es ist die Geschichte von *Jahves Überfall über Mose* im Nachtlager[26].

Es geschah auf diesem Wege (vom Horeb nach Ägypten) im Nachtlager, daß Jahve ihn (den Mose) überfiel und zu töten versuchte. Da nahm Zippora einen Feuerstein und beschnitt damit die Vorhaut ihres ‚Mannes‘[27], berührte damit seine Beine und sprach: du bist mir ein Blutbräutigam! Da ließ er von ‚ihm‘[28] ab. Damals nannte ‚man‘[29] ‚die Beschnittenen‘[30] Blutbräutigam.

Es ist nicht leicht, diese Erzählung richtig aufzufassen, da der gute hebräische Stil die ausdrücklichen Benennungen, die „Explicita“, meidet und lieber „er“ und „sie“ sagt, in der Erwartung, der Leser werde auch so den Sinn nicht verfehlen. Zudem sind schon in alter Zeit einige störende Verderbnisse in den Text gekommen, da man ihn begreiflicherweise nicht verstand und verstehen wollte. Die Erzählung hat ursprünglich ebensowenig mit Mose und Zippora etwas zu tun, wie die Penuelgeschichte mit Jakob; und ebenso kann der Gott, der hier auftritt, nicht von Anfang an Jahve gewesen sein: es würde ja auch ganz unverständlich sein, wie Jahve den Mose, den er soeben erst zu seinem Werkzeug berufen hat, jetzt plötzlich zu töten begehrte. Wollen wir die Überlieferung also in ihrem eigentlichen Sinne erfassen, so müssen wir sie ohne alle Namen lesen. Ein Mann und sein jungfräuliches Weib begehen ihre Hochzeitsnacht. Die Stätte ist fern von den Menschen in einem Nachtlager in der Wüste. Da fällt plötzlich im Dunkeln ein Dämon über sie her; auch dieses Wesen hat in der Nacht die Zeit seiner Wirksamkeit. Ihn reizt das Menschenweib, das der Zufall in seine Gewalt geführt hat; den Mann will er vorher töten. Aber in der höchsten Not noch geistesgegenwärtig, nimmt das Weib einen scharfkantigen Feuerstein, wie sie, durch den Wind vom Boden losgerissen und durch die Schwankungen der Temperatur zerplatzt, in der Wüste umherliegen, beschneidet damit ihrem Manne die Vorhaut, wirft sie dem Dämon an die Beine, die davon blutig werden[31], und ruft ihm zu: du bist mir ja schon ein Blutbräutigam[32]! Der Dämon, von dem listigen Weibe so getäuscht, läßt von dem Manne, mit dem er gekämpft hat, ab; und beide sind gerettet. Daher aber, so fügt der Erzähler hinzu, kommt es, daß man den Beschnittenen den Namen „Blutbräutigam" zu geben pflegt: so nennt man eigentlich den Bräutigam nach der ersten Beiwohnung[33], und so heißen später die soeben beschnittenen Jünglinge: Voraussetzung ist dabei, daß die Beschneidung nicht an Knaben, sondern an jungen Männern zu geschehen pflegt, und auch dies, daß man dabei nach alter Sitte nicht das Messer, sondern einen scharfen Stein verwendet[34].

Also eine wilde und rohe Geschichte der Urzeit, von den anderen Mosesagen aufs stärkste verschieden, ursprünglich ohne jede Beziehung zu Jahve, sicherlich ein Märchen zu nennen. Merkwürdig, daß man auch so untergeordnete Geschichten auf den Gott Israels übertragen hat! Aber dies Volk, in seinem leidenschaftlichen Bestreben, nur den einen Gott zu verehren, hat alle Erzählungen, die ihm über irgendwelche andere Götter zukamen, entweder ausgerottet oder seinem Jahve zugeschrieben und dabei – wie eben unsere Geschichte zeigt – auch das Seltsamste mit verschlungen. Ein wahres Wunder, daß sie uns erhalten worden ist!

Die Voraussetzung der Erzählung, daß ein übermenschliches Wesen das Menschenweib begehrt und ihm insbesondere in dessen Hochzeitsnacht nachstellt, ist ein außerordentlich häufiges Märchenmotiv[35]. Wir finden es in viel späterer Zeit in Israel in der *Tobialegende* wieder; und auch hier wird berichtet, wie es gelingt, das Mädchen von dem gierigen Dämon zu befreien. Sara, Tochter Raguels, eine reiche, junge Jüdin in dem medischen Ekbatana hat schon sieben Männer geheiratet; „aber der böse Geist Asmodaios tötete sie, bevor sie mit ihr in ehelichen Verkehr getreten waren"[36]. Als dann Tobia, der junge Sohn des Tobit, nach Ekbatana kommt, gelingt ihm die Vertreibung des Dämons. Auf den Rat eines Engels, der ihn auf seiner Reise unerkannt begleitete, „nahm er (im Brautgemach) die (glühende) Asche des (nach der Hochzeitssitte dort brennenden) Räucherwerks, legte Herz und Leber des (d. h. eines vorher im Tigris gefangenen) Fisches darauf und räucherte damit. Als aber der Dämon den Geruch roch, da floh er bis in das oberste Ägypten" (also in die äußerste Ferne, da, wo das Kulturland aufhört und das Reich der Neger beginnt); „der Engel aber folgte ihm und band ihn"[37]. So ward Sara „geheilt"[38]; denn, so versichert der Engel, „der Dämon wird in Ewigkeit nicht zurückkommen"[39]. Dieses Zaubermärchen zeigt fremden Einfluß; der Dämon führt einen persischen Namen – Asmodaios ist Aêshmadaêva – und als Zufluchtsstätte der Dämonen gilt „das oberste (d. h. südlichste) Ägypten". Der zugrunde liegende Dämonenglaube aber unterscheidet sich von demjenigen, der dem ältesten Israel bekannt war, wie die vorhergehende Erzählung beweist, grundsätzlich in keiner Weise. Bemerkenswert ist aber, daß man in der spätjüdischen Zeit den Zauberglauben dadurch mildert, daß man ein Gebet an den Gott der Väter daneben stellt: Tobia und sein junges Weib müssen, so hat es ihnen der Engel ausdrücklich auf-getragen[40], ein solches Gebet unmittelbar nach der Entzauberung sprechen: „rufet den barmherzigen Gott an, so wird er euch erretten und begnadigen". Dieselbe Verbindung der Zauberhandlung mit dem Gebete ist bei den Propheten zu belegen[41]. Also ein Märchen, ins Legendarische erhoben. Über die gesamte Tobianovelle handeln wir unten[41].

Auch in der *Tamar-Geschichte* scheint ein ähnliches Motiv im Hintergrunde zu stehen. Tamar hat bereit zwei Männer aus derselben Familie gehabt, aber beide sind früh gestorben; nun müßte sie nach der Sitte der dritte der Brüder heiraten; aber ihr Schwiegervater schickt sie mit einem Vorwande nach Hause zurück; „denn er dachte: daß nur nicht auch er sterben möchte wie seine Brüder"[43]! Er glaubt also, Tamar selber sei irgendwie am Tode ihrer Männer schuld. Für uns ist es schade, daß die Sage seine Gedanken nicht auseinander-setzt. Der Erzähler aber, von dem wir die Geschichte haben, ist über-zeugt, daß es Jahve ist, der ihnen den Tod gebracht hat.

Viel schwieriger als die Asmodaios-Geschichte sind *gewisse Gottes-offenbarungen der Genesis* als vormalige Märchen zu erkennen, in denen ebenso wie in der Erzählung von Mosis Überfall die ursprüng-lich darin auftretenden Dämonen vor Jahve haben Platz machen müs-sen. Dahin gehört vor allem die *Hagar-Geschichte*, beim Jahvisten[44] und Elohisten[45], bei jenem aber in ursprünglicherer Form überlie-fert. Eine Magd, vom Hausherrn schwanger, von ihrer Herrin schwer mißhandelt, so lautet der Bericht in dieser ältesten Gestalt, ist in ihrer Verzweifelung und ihrem Trotz in die Wüste geflohen und wird dort von einem übermenschlichen Wesen mit der Weissagung getröstet, sie werde einen Sohn gebären, der so unbändig werden solle, wie sie selber jetzt ungebrochen vor ihm steht. Dies Wesen wird im Text des Jahvisten „der Jahvebote" genannt; doch vermögen wir noch zu erkennen, daß dieser erst nachträglich für Jahve selber eingetreten ist: heißt es doch am Schluß der Geschichte, Jahve selbst habe zu ihr gesprochen[46]. Auf eine noch ältere Stufe der Überlieferung rührt die Erwägung, daß das Kind, das dann geboren wird, nicht nach Jahve, sondern vielmehr nach einem El (Gotte, Dämon) genannt wird: es heißt Ismael, El hört. Solcher Elim muß das älteste Israel ziemlich viele gekannt haben: wir wissen von dem „uralten El" in Beerseba[47], dem „El, Gott Israels," in Sichem[48], dem „El von Bethel" an dieser Stätte[49] und ferner dem „höchsten El" (el-eljon), vielleicht in Jerusalem[50], sowie dem el-schaddaj. Der El der Hagarerzählung, in dem Wüstenort Beer-lachaj-roi heimisch, führt den Namen el-roi, ein Name, der dann, als der Dämon vor Jahve weichen mußte, der Beiname ebendieses Gottes an dieser Stätte geworden ist: Hagar „nannte den Namen des Jahve, der zu ihr gesprochen hatte: du bist" el-roi[51]. Dieser el-roi aber, der, wie die Erzählung noch festhält, am Brunnen erscheint, muß ursprünglich ein Brunnengeist gewesen sein; und der Macht eines solchen Wesens entspricht es auch, daß er der Hagar nicht etwa seine Hilfe in ihrer Not und für ihren Knaben zusagt, sondern daß er ihr nur die Zukunft verkündet: „du wirst einen Sohn gebären"; solche wirkenden Worte vermag ein Dämon zu sprechen, wie wir schon an der Penuelgeschichte gesehen haben. Bezeichnend ist, daß die spätere Rezension des Elohisten, bei welcher der Brunnengeist völlig verschwunden und „Gott" (d. h. Jahve) an seine Stelle getreten ist, nicht nur die Verbindung des erscheinenden Wesens mit dem Orte, an dem es sich offenbart, lockert – bei ihm redet der „Gott" (und nach späterer Überlieferung sogar nur „Gottes Bote") nicht mehr von der Erde, sondern nur noch vom Himmel her –, sondern auch die Machtbefugnis dieses Gottes bei weitem ausgedehnter denkt: der Gott verheißt seinen Beistand für den Knaben: „ich will ihn zu einem großen Volke machen"[52]. Aber auch beim Jahvisten sind durch das Darüberkommen der Jahvereligion die ursprünglichen Farben des alten Märchens stark verdunkelt. Dieses, so dürfen wir uns vorstellen, wird einmal berichtet haben, daß der Gott aus dem Brunnen hervorgekommen und nach der Unterredung mit Hagar dorthin zurückgekehrt sei. Und nur noch von ferne klingt in der Erzählung die Vorstellung durch, daß das Wesen sich von besonders begnadeten Menschen zwar zuweilen sehen läßt, aber auch ihnen zunächst unerkannt bleibt, bis es dann im Laufe des Gespräches den Schleier lüftet und schließlich, sobald es erkannt ist, verschwindet.

Das ist der allgemeine Aufriß, den die Sagen älterer und jüngerer Zeit, so oft sie von göttlichen Erscheinungen berichten, mehr oder weniger deutlich aufweisen und der sicherlich aus der ältesten Zeit stammt. Beispiele dafür sind die Offenbarungen, die dem Gideon[53] und dem Manoah, Simsons Vater[54], zuteil werden; aus spätjüdischer Zeit ist die Legende von Tobia[55], aus dem Neuen Testamente die schöne Geschichte der Jünger von Emmaus zu vergleichen: auch in dem letzteren Falle redet die erscheinende göttliche Gestalt, hier der auferstandene Christus, unerkannt mit den Menschen, dann aber kommt der Augenblick, „da ihnen die Augen geöffnet werden", und ebenda ist er ihnen entrückt[56].

Ebenso berichten von solchem geheimnisvollen Erscheinen übermenschlicher Wesen zwei Geschichten der Genesis, die wir nach ihrer ganzen Art zu den ältesten Überlieferungen der Vätersage rechnen und, wenn auch nur ihrer ursprünglichsten Form nach, unter die Märchen zählen dürfen[57]: es sind die Offenbarungen, die Abraham in Hebron und Lot in Sodom erhalten. Diese Geschichten sind auch sonst einander ähnlich, und eben, weil man diese ihre Verwandtschaft schon in alter Zeit empfand, zusammengestellt worden: beiden liegt im letzten dasselbe Motiv zugrunde: göttliche Wesen wandern in schlichter, menschlicher Gestalt auf Erden umher, um gastliche Aufnahme bittend, um so am eigenen Leibe Tugend und Bosheit der Leute zu erfahren. Erfunden wird dies Motiv sein von niederen Wesen, die zwar in einigen Stücken die Menschen überragen und ihnen daher lohnend und strafend vergelten können, die aber doch in Zeiten der eigenen Not auf ihre freundliche Hilfe angewiesen sind; so erzählt z. B. ein deutsches Märchen von einem wandernden Zwerge, der bei Sturm und Regen in einem Dorfe überall an die Türen pocht und um Einlaß bittet[58]. Auf höherer Stufe des Gottesglaubens ist das Motiv auf die Götter übertragen worden und in dieser Gestalt außerordentlich häufig: „Denn auch selige Götter, in wandernder Fremdlinge Bildung, Jede Gestalt annehmend, durchgehen oft Länder und Städte, Daß sie der Sterblichen Frevel sowohl als Frömmigkeit schauen"[59]. Und so kennen wir das Motiv der einkehrenden Gottheit bei den Griechen aus der Geschichte von Philemon und Baucis, von Zeus bei Lycaon und von den drei Göttern, die der Vater des Orion aufnimmt; im deutschen Altertum von wandernden Göttern, später dann von Christus und Petrus usw.[60] Die hebräische Überlieferung hat eine Abwandelung dieses Grundmotivs *von Abraham* berichtet, der *unter der Eiche von Hebron* drei unbekannte Männer auf das gastfreundlichste mit Kalbfleisch und Brot bewirtet und darauf von ihnen als Lohn für die so bewiesene edle Gesinnung die Weissagung eines Sohnes empfangen hat[61]. Auch diese Erzählung stammt nicht aus der Jahvereligion, was schon daraus hervorgeht, daß es sich hier um drei und zwar ursprünglich mit gleichem Recht nebeneinander stehende Wesen handelt. Auch wird der Zug, daß die Gottheit ißt, der sonst im Alten Testament stets vermieden wird, hier unbefangen erzählt. Und wir besitzen noch ein im Grundmotiv gleiches Gegenstück aus dem Griechentum: es ist die schon oben erwähnte Sage von der Geburt des Orion, der gleichfalls seinem Vater von drei wandernden Göttern als Gastgeschenk hinterlassen worden ist[62]. Auch an diesem alttestamentlichen Text läßt sich noch erkennen, wie er allmählich der Jahvereligion angepaßt worden ist: zunächst mag man in Israel die drei Männer für Jahveboten gehalten haben, dann aber hat man den einen von ihnen für Jahve selber erklärt und deshalb den Singular für den älteren, an einigen Stellen erhaltenen Plural eingesetzt[63].

Mit dieser Erzählung in einigen Zügen verwandt, aber in anderen davon verschieden ist die Sage von *Sodoms Untergang und Lots Rettung*[64]. Diese Überlieferung ist „ätiologischer" Art und will die furchtbare Verwandelung einer einstmals blühenden Stadt zu einer schaurigen Einöde begründen. Um diese Zerstörung zu erklären, wird das Motiv von wandernden göttlichen Wesen eingeführt: die Männer der Stadt haben an solchen Wesen, unwissend, wer sie seien, ein furchtbares Verbrechen – die hebräische Erzählung spricht in diesem Zusammenhange von Knabenschändung – versucht; darum ist die Stätte durch himmlisches Feuer vernichtet worden. Diesem so bestraften Frevel ist – wie es in derartigen Erzählungen zu geschehen pflegt – als eindrucksvolles Gegenstück Lots Gastfreundschaft und Errettung entgegengestellt worden. Geschichten dieser Art sind außerordentlich häufig; eine deutsche Parallele ist das schon erwähnte deutsche Märchen von dem wandernden Zwerge, der bei Sturm und Regen überall verschlossene Türen findet und nur von einem frommen Paare aufgenommen wird, weshalb am folgenden Morgen das ganze Dorf verschüttet und nur die Hütte der beiden Alten verschont wird[65]. Aus dem Griechischen ist die bekannte Erzählung von Philemon und Baucis zu vergleichen; aus dem Indischen der Untergang der Stadt Holaolokia durch einen Regen von

Sand und Erde, weil die Einwohner einen umherziehenden Arhat mit Sand beworfen hatten, während ein Mann, der ihn freundlich bewirtet hatte, glücklich gerettet wurde[66]. Das Märchen ist in dieser seiner indischen Fassung dem hebräischen um so ähnlicher, als auch hier erzählt wird, der Gottesmann habe seinem Wirte den bevorstehenden Untergang der Stadt verkündet und ihm geboten, sich zu retten; dieser habe die Kunde seinen Verwandten in der Stadt mitgeteilt, sei aber bei ihnen nur auf Spott gestoßen. Daß die hebräische Erzählung älter als die Jahvereligion ist, folgt ebenso wie bei der Hebrongeschichte schon aus der Mehrzahl der darin auftretenden Wesen, wie denn auch die Späteren niemals von Sodoms Zerstörung durch Jahve, sondern durch „die Gottheit" ('elohim) zu reden pflegen[67]. Auf welcher Höhenlage aber diese Gottwesen einst gestanden haben, zeigt sich daran, daß die bösen Anschläge der Sodomiten ursprünglich für sie doch eine ernsthafte Gefahr gewesen sein müssen und Lot, der sie davor beschützt, ihnen einen wirklichen Dienst erwiesen haben muß. Auch scheinen nach der ältesten Form des Berichtes, wie sie gerade noch hindurchklingt, die „Männer" die Stadt nicht selber zerstört, sondern ihren Untergang nur angekündigt zu haben, ganz wie in dem indischen Gegenstück. Das dämonische Wesen dieser Männer erkennt man auch daran, daß ihr Erscheinen an die Nacht gebunden ist: sie treten am Abend, also nach Sonnenuntergang auf und müssen mit Aufgang der Sonne verschwinden[68]; sie sind also eigentlich ganz anderer Natur als die Wesen, die sich dem Abraham unter dem Baume zu Hebron im hellen Lichte des Tages gezeigt haben. Daß sie die böse Lust der Sodomiten reizen, beweist, daß sie als frisch erblühte Jünglinge vorgestellt werden. Nach alledem kann also kein Zweifel sein, daß diese Erzählung in ihrer ältesten Form von niederen Gottwesen handelt und daher ein Märchen zu nennen ist. – Auch sie hat in der israelitischen Überlieferung eine reiche Geschichte erlebt. Man hat, ebenso wie der Hebronerzählung, die göttlichen Gestalten als „Jahveboten" aufgefaßt, später aber an Jahve selber, der unter ihnen gewesen sei, gedacht und daher auch in diesem Text hie und da den Singular eingesetzt; noch später ist man, wenigstens teilweise, zum Ursprünglichen wieder zurückgekehrt und hat gemeint, daß *zwei Engel* in Sodom gewesen seien[69]. Damit hängt zusammen, daß man die „Männer" aus Ankündigern des Unheils zu seinen Vollstreckern gemacht hat. An diesen Zügen erkennt man die verschiedenen Stufen der Jahvisierung der Erzählung. Eine andere Wandelung ist

diese, daß man sie von einer durch *Feuer* untergegangenen Landschaft, in der sie einst zu Hause gewesen sein muß, auf die Stätte des
späteren Toten *Meeres* übertragen hat[70]. Zugleich ist sie durch eine
Reihe neuer Züge bereichert worden: so hat man aus anderer Sage die
Töchter Lots eingetragen, ferner hat ein Steingebilde am Toten Meere
zu der Vorstellung von der zu Stein gewordenen Frau des Lot
geführt, und eine Oase im Süden des Meeres hat noch den Stoff zu
einem späteren Einsatz geliefert[71].

So können wir also trotz der mancherlei Umwandelungen dieser
beiden Erzählungen von Hebron und von Sodom noch sehen, daß
diesen israelitischen Sagen Märchenstoffe internationaler Art
zugrunde liegen. Sehr bedeutsam ist, daß dieser Nachweis gerade bei
diesen Erzählungen, die in der Genesis zu den ältesten und ursprünglichsten gehören, möglich ist. Schon lange vor Israel hatten sich viele
Geschlechter an solchen Geschichten erfreut und an ihnen sich einge-
prägt, wie die höheren Mächte selber die Gastfreundschaft ehren und
den Verstoß gegen diese edelste der Tugenden zu ahnden wissen.

Häufig ist mit diesem Märchenmotive das andere verbunden, daß
die so freundlich bewirtete Gottheit dem Menschen *einen Wunsch
freistellt*, wobei sich dann die Eigenart dessen, dem dieser eine, nie
wiederkehrende Augenblick geschenkt wird, aufs beste darstellt: der
eine äußert eine übereilte, törichte Bitte, der andre wünscht sich das,
was zu seinem wahren Heile dient[72]. Daß auch dies Wunschmotiv
der hebräischen Überlieferung bekannt gewesen ist, zeigt die Sage
von Elisa und der Sunamitin[73], wobei der Prophet an die Stelle des
wandernden und einkehrenden Gottwesens getreten ist. Von ihr aufs
beste bewirtet, „sprach er zu seinem Diener Gehazi (...)[74]: sprich
doch ‚zu dieser Sunamitin‘: du hast dir um uns so viel Mühe
gemacht, was kann man für dich tun? kann man für dich beim
Könige oder Feldhauptmann ein gutes Wort einlegen? Sie aber (so
von Gehazi befragt) entgegnete: ich wohne (sicher) inmitten meiner
Leute.“ Der Prophet denkt also zunächst nur an einen Wunsch, den
er als einflußreicher Mann an hoher Stelle befürworten könnte, und
sie schlägt ihn aus: dergleichen hat sie nicht nötig. Als Gehazi mit
diesem Bescheid zurückkehrt, sagt der Prophet zu ihm, der sich
damit nicht zufrieden gibt: „Was kann man denn für sie tun?“ Der
antwortet: „Aber sie hat ja keinen Sohn, und ihr Mann ist alt.“ Sofort
ist Elisas Beschluß gefaßt. „Er sprach: ruf sie. Er rief sie, und sie trat
(wiederum bescheiden) an den Eingang der Tür (des Zimmers). Da

sprach er: übers Jahr um diese Zeit wirst du einen Sohn herzen. Sie aber (die solche Erfüllung ihres Herzenswunsches für ein zu großes Glück hielt, wehrte ab und) sprach: nicht doch, Herr (...), belüge deine Magd nicht." Aber übers Jahr war des Propheten Wort erfüllt. Hier wird also das Motiv so abgewandelt, daß das Weib in seiner rührenden Bescheidenheit keine Bitte äußert, aber ebendeshalb das Allerschönste, woran der Gottesmann selber zuerst nicht gedacht und was sie nicht erbeten hat, empfängt. Was für eine liebenswürdige Variation, die ein gütiger, des weiblichen Herzens kundiger Mann gefunden haben muß!

Dasselbe Motiv tritt, aber ohne daß eine Bewirtung vorausgegangen ist, in der Sage von *Salomos Gebet* auf[75]. Als sich der König unmittelbar nach seiner Thronbesteigung und nach einem gewaltigen Opfer an heiliger Stätte zum Orakelschlaf niedergelegt hat, erscheint ihm Jahve im Traume und spricht zu ihm: „bitte, was ich dir geben soll"! Was mag ein König, der von der Gottheit ein solches Wort vernimmt, begehren? „Langes Leben, Reichtum, den Untergang seiner Feinde?" Aber Salomo wünscht sich nichts dergleichen! So jung er ist, so ernst ist er, von der Schwierigkeit seiner gewaltigen Herrscherpflichten erfüllt. Und so bittet er um „ein verständiges Herz", ein so großes Volk gerecht zu regieren! Das aber ist ein Gott wohlgefälliger Wunsch, den dieser nicht nur in höchstem Grade erfüllt, sondern um dessentwillen er auch das Nichterbetene, Reichtum und Ehre und langes Leben, hinzufügt. So spricht der Sagenerzähler in diesem Königsgebete sein Ideal eines Herrschers aus; er tut es aber, indem er das altüberlieferte Märchenmotiv von dem freigestellten Wunsche aufnimmt.

Ein andersartiges Motiv erzählt von *einem ganzen Schwarme von Geistern*, die irgendeinem Menschen begegnet sind[76]. Als Jakob nach seinem Abschiede von Laban „seines Weges zog, trafen Gottes-Engel auf ihn. Jakob aber sprach, sobald er sie sah: hier ist das Lager Gottes! Darum nannte er jene Stätte Machanaim" (Lager)[77]. Möglich, daß der Erzähler, der diese kurze Bemerkung unter die Jakobgeschichten eingestellt hat, sie sich so zurechtlegte, das Engelheer habe den Patriarchen, der dem gefährlichen Zusammentreffen mit Esau entgegenging, der schützenden Nähe Gottes versichern sollen. Aber betrachtet man sie genauer, so erkennt man, daß sie ursprünglich diesen Zusammenhang nicht gehabt haben kann, sondern ganz vereinzelt dasteht – ebenso wie die mit ihr verwandte Penuelgeschichte oder wie die Erzählung von Mosis Überfall, und ferner, daß sie für die Gestalt des Patriarchen in keiner Weise bezeichnend ist. Es muß eine Ortsüberlieferung von Machanaim gewesen sein, die auf Jakob übertragen und an dieser Stelle der Jakobgeschichten eingefügt worden ist. Diese Erzählung berichtete von einem *überirdischen Heere*, das von einem „Lager" aus über das Land schweift, dem sterblichen Auge gewöhnlich unsichtbar bleibt, aber auch wohl einmal zufällig auf einen Menschen stößt, dem bei solchem Schauen freilich die Haare zu Berge stehen mögen. Solche „Vorstellung eines himmlischen Heeres, das am nächtlichen Himmel einherstürmt, ist wohl keinem unserer europäischen Völker fremd"[78] – man erinnere sich an das „Wilde Heer" – und spielt in Israel eine gewisse Rolle; man hat das Sternenheer als „das Heer des Himmels" aufgefaßt[79], aber auch Sturm, Regen, Gewitter und die Erscheinungen des Vulkans mag man von einem „wütenden Heer" abgeleitet haben; Jahve, der vom Sinai herkommt, wird von allen „Heiligen" begleitet[80]. Die Erzählung, wie sich dieses Heer von einem Menschen sehen läßt, ist mit den deutschen Märchen und Sagen von der Erscheinung des „wilden Heeres" zusammenzustellen[81].

In gewisser Beziehung ähnlich, aber im Grunde doch verschieden ist das Motiv vom *Engelheere in einer Prophetenlegende*[82]. Die Aramäer haben vernommen, daß ihr gefährlichster Feind Elisa sich in Dothan befindet, und daher die Stadt in der Nacht durch eine starke Kriegsschar mit Rossen und Wagen umzingelt. „Als nun der Diener des Gottesmannes am Morgen aufstand und heraustrat, da lag eine Kriegsschar mit Rossen und Wagen rings um die Stadt. Da sprach er (...) zu ihm: wehe, Herr! was sollen wir nun tun? Aber er sprach: fürchte dich nicht! denn die mit uns sind, sind mehr, als die ‚bei jenen' sind! Und Elisa legte Fürsprache ein und sprach: Jahve, tue ihm doch die Augen auf, daß er sehe! Da tat ‚ihm' Jahve die Augen auf: da war der Berg voll von feurigen Rossen und Wagen rings um Elisa". Auch hier also ein Engelheer, das dem gewöhnlichen Auge unsichtbar bleibt, aber in besonderen Fällen gesehen werden kann, hier aber eines, das den Propheten ständig begleitet und ihm gegen seine Feinde zu Hilfe kommt; das Motiv des Engelheeres ist also hier legendarisch abgewandelt und ein Symbol des göttlichen Schutzes über seinen Auserwählten geworden. Das ursprünglich Märchenhafte tritt noch darin hervor, daß die Rosse und Wagen feurig sind, wie auch Elia von solchem Feuerwagen zum Himmel entrafft worden ist[83]. Solche feurige Art der Luftdämonen kann uns nach den sonstigen Zeugnissen über das Feuer- und Lichtwesen vieler Götter und Geister nicht befremden[84].

In einigen der soeben besprochenen Erzählungen ist das übermenschliche Wesen *dem Menschen feindlich* gesinnt. Ähnliches hören wir auch in der *Bileamerzählung,* wo der *Engel, das gezückte Schwert in der Hand,* sich dem Gottesmann in den Weg stellt[85]. Der Text sagt: er trat ihm „als Satan", Widersacher, entgegen[86].

Verwandt ist damit die Vorstellung von einem bösartigen Wesen, namens *Satan,* die uns besonders aus dem *Prolog des Hiob* bekannt ist. Ohne Ruhe und Rast überall auf Erden umherschweifend, belauert er die Menschen und versucht, sie in Sünden zu verstricken und ins Unglück zu stürzen. Seine Wirkungen sind unvorhergesehene, furchtbare Schicksalsschläge, und er selber ist der heimtückische, erbarmungslose Verderber. Die Unglücksfälle, die Hiob erlebt, zeigen uns, was für Geschichten man vom Satan erzählt hat[87]. Er hetzt etwa die räuberischen Söhne der Wüste auf, daß sie alles plündern und totschlagen, so daß der reiche Mann an einem Tage bettelarm wird. Oder er läßt Feuer vom Himmel fallen, das die Herden und Hirten zugleich verbrennt. Oder er sendet einen Sturmwind, der das Haus an den vier Ecken erfaßt und umwirft, so daß alles darinnen umkommt. Oder er schlägt den Menschen mit bösartiger Krankheit von seiner Fußsohle bis an den Scheitel. Diese Gestalt, die vielleicht babylonischen Ursprungs ist, mag ursprünglich ihr wildes Spiel für sich selber getrieben haben, bis sie die Jahvereligion in den Dienst dieses Gottes gestellt hat. Im Hiobbuche sowie im Buche Sacharia[88] ist die Märchengestalt ins Mythologische erhoben: da ist Satan der böse Ankläger geworden, der die Menschen vor Gottes Gericht verklagt, und der – so schildert ihn Hiob – vor Gott mit erscheint, wenn dieser mit den „Gottessöhnen" zusammen Hof hält. Aber das Hauptmotiv des Prologes, die Wette zwischen Jahve und Satan, ob Hiob wohl „umsonst gottesfürchtig" sei und ob er an seiner Frömmigkeit festhalte, auch wenn ihm aller Lohn seiner bisherigen Tugend, sein ganzes, reiches Glück genommen werde, wenn er alles bis auf das nackte Leben verliere, diese Wette klingt doch so, wie wenn sie ursprünglich nicht zwischen einem Diener und seinem hoch über ihm stehenden Herrn, sondern vielmehr zwischen Gleichstehenden abgeschlossen worden sei. Dafür spricht auch, daß Jahve und Satan in der gegenwärtigen Erzählung ohne Beachtung des unermeßlichen Abstandes zwischen einander reden: Jahve sagt: „du hast mich verführt, ihn ohne Grund zu verderben"[89]; und Satan: „Haut um Haut; alles, was der Mensch hat, gibt er für sein Leben. Aber recke deine Hand aus und taste sein Bein und Fleisch an; so wird er dir ins Antlitz ‚fluchen'!"[90] Solche Worte sind gewiß viel besser zu verstehen, wenn sie etwa zwischen dem Schutzgott und dem bösen Dämon des Menschen gewechselt werden; der Dichter des Hiob mag sie dann aufgenommen haben, weil er so Satans Frechheit, die sich solche unehrerbietige Sprache gegen den Höchsten erlaubt, schildern konnte. Auch hier mag also ein altes Märchen zugrunde liegen.

Eine andere dämonische Figur des Buches Sacharia ist die *Bosheit im Scheffelmaß*[91]. „Da trat der Engel, der mit mir sprach (aus dem Dunkel der Nacht) hervor und sprach zu mir: hebe deine Augen (aus der Erstarrung erwachend) auf und siehe ‚den Scheffel' da, der hervortritt! Und ich sprach: was ist das? (...) Er sprach: das ist ‚ihre Missetat' im ganzen Lande. Da hob sich eine Bleiplatte auf, und ‚es erschien' ein Weib, das mitten im Scheffel saß. Und er sprach: das ist die Bosheit, und warf den Bleiverschluß auf seine Öffnung. Und ich erhob meine Augen und sah: es traten zwei Weiber hervor, in deren Flügeln der Sturm wehte; sie hatten (gewaltige) Flügel wie Storchflügel. Die hoben den Scheffel zwischen Himmel und Erde empor. Ich aber sprach zu dem Engel, der mit mir redete: wohin bringen diese den Scheffel? Er sprach zu mir: sie wollen ihr ein Haus bauen im Lande Schinar (Babylonien) (...) und ‚lassen sie' dort nieder an ihrer Stätte." Sacharia verbindet in diesem seltsam-barocken Gesicht nach seiner Art einen ziemlich nüchternen, verständigen Sinn und eine phantastische, der Welt der Märchen und Mythen entnommene Einkleidung. Der Sinn ist, daß die Bosheit des Landes fortgeschafft und nach Babylonien hingebracht werden soll, denn dort ist sie zu Hause; aber die Einkleidung ist wunderlich genug und benutzt Gestalten und Begebenheiten des Märchens. Dahin gehört vor allem das dämonische Weib, das beim Propheten die Bosheit darstellt, das in einem sehr groß zu denkenden Scheffelmaß sitzt und durch einen schweren Bleideckel dort eingeschlossen gehalten wird[92]. Eine solche Gestalt erinnert etwa an den in eine Flasche gebannten Geist des Märchens, der, sobald man den Verschluß öffnet, herauskommt[93]; oder man denke an den Schlauch des Aeolus, der die Winde festhält[94], oder an die Büchse der Pandora und der Psyche, schließlich auch an die Geister, die nach der Offenbarung Johannes in der Unterwelt durch einen Stein verschlossen sind[95]. Bekannt ist auch die sich in verschiedenen Mythologien wiederholende Vorstellung, daß die Ungeheuer der Zukunft gegenwärtig von göttlichen Mächten gefesselt sind und am Ende der Dinge loskommen sollen[96]. Ein Märchenmotiv ist es ferner, daß übermenschliche Weiber mit ungeheuren Flügeln den eingeschlossenen Dämon in ein fernes Land bringen. Von solchen Geisterreisen durch die Luft reden die Geschichten in *Tausend und Einer Nacht*[97]; und auch Hesekiel erzählt, daß er einmal von einem feurigen Geiste an seinen Locken erfaßt und zwischen Himmel und Erde von Babylonien nach Jerusalem getragen worden sei[98]. Daß in alledem ein nicht zur Jahvereligion gehöriger fremder Stoff einwirkt, erkennt man schon daran, daß darin überirdische Wesen *weiblichen* Geschlechts auftreten, gegen die der jüdische Monotheismus sonst eine besonders starke Abneigung besessen hat.

Schließlich sei noch die evangelische Geschichte von den *Säuen zu Gadara* (Gerasa) erwähnt[99], die ganz wie ein nicht ohne Humor erdichtetes Zaubermärchen klingt und die mit dem geschichtlichen Jesus sicherlich nichts gemein hat[100]. Ein großer Dämonenbeschwörer hat eine Anzahl besonders ungestümer Dämonen, die sich bisher in einem unglücklichen Menschen befunden haben, fest in seiner Hand. Schon haben sie ihm ihren Namen nennen müssen und sich ihm dadurch auf Gnade und Ungnade ergeben[101]. Nur einen Wunsch haben sie: wenn sie jetzt ihre vormalige Stätte verlassen müssen, so möchten sie nicht gern in den Abgrund fahren[102]: diese, ihre eigentliche Heimat, ist selbst für Dämonen unwirklich und grausig; dort weilen zu müssen, würde ihnen eine Qual sein[103]; viel lieber möchten sie auf Erden[104] bleiben und hier nach ihrer Art in Menschen oder Tiere eingehen. So bitten sie, in eine große Schweineherde, die zufällig in der Nähe auf dem Berge weidet, fahren zu dürfen. In solchen unreinen Tieren fühlen sie sich wohl, wie auch unter den Gräbern[105], auf den Bergen[106] und in der Wüste[107]. Der Beschwörer erlaubt es ihnen gnädig. Aber die Sache geht anders aus, als sie gedacht haben. Kaum fühlen die Tiere die dämonische Besessenheit, so stürzt sich die ganze Herde in wilder Erregung den Abhang hinab in den See, wo sie ertrinken muß. Der unausgesprochene Gedanke ist dabei, daß die bösen Geister so auf Erden heimatlos geworden sind und nun doch in den Abgrund hinab müssen. In der Übertragung auf Jesus ist diese scherzhafte Pointe[108] zurückgetreten; dagegen wird die Hilfe, die Jesus dem Besessenen bringt, bei Markus und Lukas ausführlich dargestellt; daher die Schilderung seines unbändigen Benehmens im Anfang und anderseits seines gesitteten Verhaltens und seines Glaubens am Schluß der Geschichte. Im übrigen mag die Erzählung nicht viel verändert worden sein und auch die Bitte der Umwohner, die sich auch in dem kurzen Text des Matthäus findet, der unheimliche Beschwörer möge ihr Gebiet verlassen, könnte zum älteren Stoff gehören. Wir werden das ursprüngliche Zaubermärchen zu den Märchen *„vom geprellten Teufel"* stellen[109].

Außer solchen Dämonen gibt es im Glauben primitiver Völker noch *dämonische Tiere,* von denen wir schon die gewitzigte und bösartige *Paradiesesschlange* erwähnt haben[110]. Solche Tiere sind auch ursprünglich die *Saraphen,* die als geflügelte Schlangen und als Ungeheuer der Wüste gedacht werden[111]; man erzählt von ihnen, daß sie einst die Israeliten auf dem Wüstenzuge mit ihren bösen Bissen verwundeten, bis Moses durch einen Sympathiezauber, d. h. durch die Errichtung eines Saraphenbildes, das Volk heilte[112]. Da diese Geschichte von dem in Jerusalem bis auf Hiskia verehrten Saraphenbilde[113] erzählt gewesen zu sein scheint, ist sie also zu einer „ätiologischen Sage" geworden. Später sind die Saraphen in Jahves Nähe[114], zunächst gewiß als seine Wächter, gestellt worden und erscheinen im Judentum als Engelwesen.

Ähnlich ist es den *Keruben* ergangen, einst mischgestalteten Ungeheuern, die das Heiligtum bewachen[115] oder die Gottheit tragen[116]: der alte Orient stellt solche Thronträger nicht selten dar[117]; in dieser Obliegenheit sind sie an der Lade Jahves angebracht, der daher den Namen „der auf den Keruben Thronende" führt[118]; Hesekiel[119] hat im „Wagengesicht" vier solcher Wesen, phantastisch ausgestaltet, als Thronträger des Gottes, der sich von ihnen überallhin fahren läßt, geschildert. Später gelten sie mit den Saraphen zusammen, mit denen sie ursprünglich keine Gemeinschaft haben, als höchste Engelmächte. Als Märchengestalt treten sie nur in der Paradiesesgeschichte auf, wo sie am Schluß vor den Garten gestellt werden, um den Menschen ferne zu halten[120].

Die Einöden dachte man sich von *tanzenden Satyrn*[121], die Quellen etwa von *Drachen*[122] belebt, von denen aber keine Erzählungen erhalten sind. Im Grunde des Meeres stellte man sich eine furchtbarbissige Schlange vor[123], und von diesem Meeresdrachen hat man auch eine Geschichte erzählt, wie er einst von der Gottheit gebändigt worden ist; von diesen Erzählungen aber wird besser bei Gelegenheit des Mythus gesprochen[124].

Schließlich sei noch an die mancherlei *Fabelwesen der Offenbarung Johannes* erinnert: an den siebenköpfigen Drachen[125], die höllischen Heuschrecken mit ihren Pferdeleibern, Menschengesichtern, Löwenzähnen und Skorpionschwänzen, deren König der Engel des Abgrundes ist[126], ferner an die mit ihnen zusammengenannten dämonischen Reiterheere, deren Pferde Löwenhäupter haben und daraus Feuer, Rauch und Schwefel speien[127]. Alle diese Wesen haben durchaus märchenhafte Art an sich; noch das Märchen der Gegenwart redet von solchen mehrköpfigen Ungeheuern[129] und mischgestalteten Wesen[129]. Sodann kommen in Betracht die drei unreinen Geister, die in Froschgestalt aus dem Rachen des Drachen, des „Tieres" und des „Lügenpropheten" hervorgehen und die Könige der Welt zum Kriege sammeln[130]; man erinnere sich dabei des Mädchens im deutschen Märchen, dem bei jedem Wort eine Kröte aus dem Munde springt[131].

Zu den übermenschlichen Mächten, die im Märchen auftreten, gehören auch die *Geister der Toten.* Auch im Alten Testament gibt es eine Erzählung von einem wiederkehrenden Toten, der den Lebenden Orakel verkündet; es ist die schaurig-großartige Erzählung von der *Hexe von Endor,* die wir aber, da sie ganz mit geschichtlichen Erinnerungen verwoben ist, lieber eine Sage nennen würden.

Der Prophet Jeremia hat in einem seiner schönsten Gedichte eine ähnliche Volksvorstellung benutzt. Da hört er die Stimme der Stammmutter Rahel, die wieder ans Tageslicht gekommen ist, weil sie im Grabe die Botschaft vom Tode all ihrer Kinder gehört hat, und die jetzt bitterlich über die Dahingerafften weint.

Eine Stimme wird in Rama laut,
Klagen, bitterlich Weinen!
Rahel beweint ihre Kinder,
nimmt keinen Trost an, (…) denn 'sie sind nicht mehr'[132].

Das Motiv von der Mutter, die noch im Grabe am Geschick ihres Kindes teilnimmt, ist uns auch aus dem deutschen Märchen bekannt[133].

Besonders deutlich aber und in schönster Form tritt uns ein solches Märchen, das von einem Totengeiste handelt, in der *Tobia-*

legende entgegen. Der Inhalt dieser Erzählung ist in ihrer vorliegenden Gestalt, daß ein jüdischer Mann namens Tobit seine Frömmigkeit besonders dadurch bewährt, daß er die Leichname von Volksgenossen, die, von den Heiden erschlagen, unbestattet umherliegen, ehrlich begräbt. Durch dies fromme Tun aber geriet er in das tiefste Unglück: er zog sich den Zorn des fremden Königs zu und verlor sein Vermögen; ja, schließlich kam er sogar, nach einem solchen Begräbnis draußen schlafend, um sein Augenlicht. Soweit von Tobits Gerechtigkeit und Prüfung; nunmehr von der Belohnung Gottes. Als er später seinen Sohn Tobia zum Einziehen alter Schulden nach Medien sendet, dingt er sich für ihn einen Reisegefährten, der in Wirklichkeit der Engel Raphael ist; ihn hat der Höchste herniedergesandt, um Tobit zu helfen. Auf der Reise gelingt es dem Engel, für Tobia eine reiche Braut zu gewinnen, nachdem er sie von einem Dämon, der sie liebte, befreit hatte[134]. Ja, bei der schließlichen Rückkehr vermag er es sogar, die Augen des Alten durch Berührung mit einer Fischleber zu heilen. Als ihm nun Vater und Sohn aus Dankbarkeit die Hälfte des ganzen Vermögens anbieten, enthüllt er sich als Engel und verschwindet. Zuvor aber spricht er noch den Grundgedanken des Ganzen aus: Gott hat seinen Engel gesandt, um den bewährten Gerechten für die Frömmigkeit, mit der er die Leichen bestattet hat, zu belohnen[135]. – Nun gibt es ein in vielen Gestaltungen vorhandenes Märchen, das besonders aus Andersens Erzählung „Der Reisekamerad" bekannt ist und das eine sehr ähnliche Geschichte enthält[136]. Dieser Märchentypus berichtet, daß ein Mann einstmals eine Leiche von der Mißhandlung mit Einsatz einer großen Geldsumme loskaufte, später aber – so berichten einige der Abwandelungen[137], besonders ein armenisches Märchen – mit Hilfe eines neugeworbenen Dieners ein reiches Mädchen, das von einem Geiste geliebt wurde und dadurch schon mehrere Männer verloren hatte, von diesem erlöste und zum Weibe gewann; zum Schluß aber verrät der Diener, wer er in Wahrheit ist: er ist jener Tote, dessen Leiche er einst errettet hat. Die Ähnlichkeit beider Stoffe springt sofort in die Augen: beide Male handelt es sich um zwei Begebenheiten, die zeitlich auseinanderliegen, aber sich wie Ursache und Wirkung verhalten: die Frömmigkeit, die der Held im ersten Teil zeigt, bekommt im zweiten ihren Lohn. Die Frömmigkeit besteht darin, daß der Held einen Toten – in der Tobiaserzählung mehrere Tote – ehrlich bestattet und dafür Hab und Gut einsetzt. Der Lohn aber ist dann, daß er eine reiche Braut durch überirdische Hilfe gewinnt: ein Geist – bei Tobia ein Engel – erscheint ihm unbekannt, verdingt sich ihm zum Diener und hilft ihm alle Fährlichkeiten überwinden. Und zu dieser Verwandtschaft der Erzählungen im ganzen Aufriß kommen noch allerlei kleinere Züge, welche die Tobiageschichte mit einigen der Rezensionen gemeinsam hat; dahin gehört, daß der Held, dem das übermenschliche Wesen beisteht, *jung und unerfahren* ist und als *Kaufmann* gedacht wird, daß der Geist ihn auf einer *Reise* begleitet, daß er ihm *bereits auf diesem Wege* die Mittel verschafft, die später helfen sollen, daß er ihn in einer *Lebensgefahr* errettet (wie der Engel den Tobia, als ihn der Fisch am Tigris verschlingen will), daß der *blinde Vater* des Helden durch Zauberkünste geheilt wird, ja, auch dies, daß dem als Diener erscheinenden Geiste die *Hälfte des eingebrachten Vermögens* als Lohn geschenkt werden soll[138]. Demnach läßt es sich nicht bezweifeln, daß die Erzählung von Tobia eine Abwandelung dieses so vielfach überlieferten Märchenstoffes ist, der offenbar vom Morgenlande ins Abendland gewandert ist[139], noch heutzutage als Volksüberlieferung besteht und ebenhier in der Bibel zum ersten Male bezeugt ist: also ein eindrucksvolles Beispiel für ein Wandermärchen in der Bibel. – Nun weicht freilich die Tobiageschichte von den meisten der anderen Rezensionen in dem Hauptpunkte ab, daß es in der jüdischen Erzählung ein *Engel Gottes,* in den anderen aber ein *Totengeist* ist, der dem Helden hilft und das Weib entzaubert[140]. Welche der beiden Abwandelungen hat das Ursprüngliche? Um eine solche Frage zu entscheiden, muß man sich in die Komposition des Ganzen hineindenken und festzustellen suchen, in welcher Variante der Grundgedanke klarer hervortritt. Dieser Grundgedanke aber ist, daß die fromme Tat der Totenbestattung belohnt wird: dem Totenbestatter hilft die überirdische Macht bei der Entzauberung der Braut. Dieser Gedanke aber wird viel deutlicher dann ausgesprochen, wenn es der Tote selber ist, der als Geist seinem Bestatter dankbar zur Hilfe kommt; und der für einen solchen Totengeist bezeichnende Lohn ist, daß er zu entzaubern hilft; *denn die Toten verstehen sich auf Zauberei.* Demnach enthalten die von dem Totengeist redenden Rezensionen hierin das Ursprüngliche. Und auch der Grund der jüdischen Umbildung ist klar: das Judentum ist so entschieden monotheistisch gestimmt, daß es die Vorstellung nicht erträgt, der Tote selbst habe geholfen. Tote sind tot und bleiben tot! Hilfe kommt allein von dem lebendigen Gott, der seinen Engel sendet, wo er lohnen will! Demnach setzte das Judentum in diese Geschichte für den Totengeist den Engel Gottes ein, wobei freilich die bisherige schöne Einheitlichkeit der beiden Teile der Erzählung verlorenging. So läßt sich also an dieser Geschichte zugleich zeigen, wie der Monotheismus eine heidnische Erzählung umgeprägt hat. – Daß diese Erzählung, die im Osten spielt, den Juden von den Persern zugekommen ist, ist aus dem persischen Namen des Dämons Asmodaios[141] zu erkennen. Für den Märchenforscher aber ist bedeutsam, daß das Märchen Andersens vom Reisekameraden in dem besprochenen wichtigsten Zuge eine ältere Form zeigt als die biblische Legende, die um zwei Jahrtausende älter ist.

Riesenmärchen

Unter den übermenschlichen Gestalten spielen in den Märchen vieler Völker die *Riesen* eine besondere Rolle[1]. Auch im Alten Testament haben wir von derartigen Erzählungen einige Spuren. Solche Riesen sind so groß, daß sich gewöhnliche Menschen ihnen gegenüber nur wie Heuschrecken vorkommen[2]; Typus eines Riesen ist der Goliath der Sage: er ist sechs Ellen und eine Spanne hoch, sein Panzer ist 5000 Sekel schwer, sein 'Speerschaft' ist so lang wie ein Weberbaum und hat eine Spitze, die 600 Sekel wiegt[3]. Ein Mann dieser Art kann mit einem Eselskinnbacken 1000 Mann erschlagen[4] und ein ganzes Stadttor mit Pfosten und Flügeln auf den Rücken nehmen[5]. Als Riesen mag man sich etwa den bekannten Nimrod vorstellen, von dem die Redensart umging „ein Jagdheld vor Jahve wie Nimrod"[6] und dem man die Gestalten des griechischen Orion und des deutschen Jägers am Himmel vergleichen kann; oder man dachte sie sich als gewaltige Kämpfer der Urzeit. Besonders viel muß man in Israel einst von den *nephilim* gesprochen haben, riesigen, streitbaren Recken, wie etwa den Titanen oder Giganten der Griechen: „das sind die Helden der Urzeit, die hochberühmten", so wird uns in einem kurzen Bruchstück der Genesis erklärt[7], das einmal die Einleitung zu allerlei Erzählungen von Taten der *nephilim* gewesen sein mag und ihren Ursprung in mythologischer Weise aus der Mischung von Gottessöhnen mit schönen Menschentöchtern erklärte. Man nahm an, daß solche Kriegsrecken, als sie starben, in vollem Schmuck ihrer Waffen begraben worden seien; vielleicht, daß alte Lieder davon erzählten; sie sind es,

die zur Unterwelt fuhren in voller Rüstung,
denen man die Schwerter unters Haupt gelegt,
denen man die Gebeine ‚mit den Schilden' ‚gedeckt'[8, 9]

Im deutschen Märchen gelten die Riesen als täppisch und dumm[10], so daß es dem schwachen Menschlein gelingen kann, mit seiner überlegenen List den Gewaltigen zu bezwingen[11]. Derartiges mag auch die hebräische Überlieferung behauptet haben; die Erzählung von Goliath, der von dem Knaben David mit einem Schleuderstein überwunden wird[12], wird der Nachhall eines Riesenmärchens sein. Auch sonst haben sich in altisraelischer Zeit Riesenerzählungen an geschichtliche Personen oder Situationen angeschlossen[13]. Bei dem alten König Og von Basan, dem sagenhaften israelitischen Vorkämpfer Simson und dem philistäischen Recken Goliath klingen Riesenmärchen nach. Von König Og hat man in geschichtlicher Zeit noch das Bett gezeigt: es war neun Ellen lang und vier breit[14]. Auch mit der Erinnerung an vormalige Geschlechter und Völker Kanaans hat sich das Riesenmärchen verbunden, so daß man von ganzen Riesenvölkern sprach: den Rephaim (ursprünglich Totengeistern), den Enakssöhnen und den Emim[15]; die Amoriter – so sagt Amos[16] – „waren groß wie die Zedern und stark wie die Eichen"[17]. Babylonisch-assyrische Überlieferung, die allerdings aus den Keilschriften bisher noch nicht hat festgestellt werden können, fließt mit ein, wenn man den ersten König Babyloniens, den Gründer der assyrischen Städte, vielleicht auch für einen Riesen erklärte[18]. In der spätjüdischen Zeit hat man den damals in derselben Gestalt wie uns vorliegenden Bibeltext mit phantastischen Stoffen bereichert und durch allerlei Grübeleien weitergeführt und dabei offenbar besonderen Wert darauf gelegt, daß der Erzählung von der Geburt der *nephilim* die Sage von dem furchtbaren Untergang alles Fleisches in der Sintflut folgte. Aber was man nun im einzelnen von den *nephilim* sagt, zeigt, daß damals zugleich wie so manche andere Märchen und Mythen auch die Riesenmärchen wieder aufgelebt waren. Da wird von ihrer Empörung gegen die Gottheit gesprochen:

er verzieh nicht den Fürsten der Urzeit,
die sich ob ihrer Riesenkraft empörten[19].

Hier scheint also eine Überlieferung wie die griechische vom Titanenkampfe im Hintergrunde zu stehen[20]. Und ganz altertümlich klingt es auch, wenn das Buch Baruch[21] in ihnen besondere Beispiele der Unvernunft sieht, die ebendarum zugrunde gehen mußten.

Einst[22] wurden die Riesen geboren,
die vor Zeiten berühmten,

die hohen Wuchses geworden,
kundig des Krieges.
Nicht diese hat Gott sich erwählt
noch ihnen den Weg zur Einsicht verliehen;
so kamen sie in Unvernunft um
und gingen wegen ihrer Torheit zugrunde.

Diese Riesen sind einst, so mag der Verfasser es vernommen haben, trotz ihres gewaltigen Heldentums an ihrer eigenen Torheit gescheitert: sie haben sich in ihrem unvernünftigen Toben und Wüten selber das Grab gegraben. Darin mögen wir einen letzten Nachklang davon erkennen, daß man sich einst die Riesen als Personifikationen der ungeschlachten, sich selbst zerstörenden Naturmächte vorgestellt hatte[23].

Schließlich wird man vor Zeiten auf solche Titanen, die mit Riesenschritten von Bergen zu Bergen hinüberschreiten, die Redensart geprägt haben: „er tritt auf die Höhen der Erde", was die israelitischen Dichter dann von Jahve aussagen[24] – wie man denn auch babylonische[25] oder hethitische[26] Götter so abgebildet sieht – oder auf das über seine Feinde triumphierende Israel übertragen[27]. Im Märchen schreitet etwa der Menschenfresser mit seinen Sieben-Meilen-Stiefeln über Berge und Täler[28]. Und wie ein prahlerischer Riese redet beim Propheten der siegestrunkene Assyrer:

ich trete aus der Sohle meiner Füße
alle Ströme Ägyptens[29].

Zaubermärchen

Die eigentlich praktische *Religion der Märchen* ist, wie jeder Kenner dieser urwüchsigen Erzählungen weiß, die *Zauberei,* d. h. der Versuch des Menschen, durch gewisse geheimnisvolle Handlungen die höheren Mächte zu seinem eigenen Vorteil zu lenken. Nun hat die israelitische Religion von jeher und besonders auf ihrer Höhe die von alters her auch in diesem Volke ansässige und vom Ausland immer wieder zuströmende[1] Zauberei mit ihrem Gotteszwange und ihrem ganzen, unheimlichen, sich im Dunkeln verbergenden Treiben grundsätzlich abgelehnt[2]: der Typus des Zauberers in der israelitischen Sage ist Bileam, ein Nichtisraelit[3]. Aber diese gegensätzliche Stellung ist nicht dadurch veranlaßt, daß man die Wirksamkeit solcher geheimen Künste bezweifelte, sondern vielmehr dadurch, daß man von Jahve allein Hilfe in allen Nöten begehrte. Darum hat unter der Decke der höheren Religion dennoch einzelnes, was seinem Wesen nach zur Zauberei gehört, weiter leben können. Auch *Zaubermärchen* haben sich in Israel in gewissen Resten gehalten, wenn sie sich auch gefallen lassen mußten, auf israelitische Gottesmänner, besonders auf Mose und Elia, übertragen zu werden und so zur Verherrlichung des wahren Gottes und seiner Gesandten zu dienen[4].

Die Zauberkraft haftet nach uraltem Glauben besonders dem *Leibe des Zauberers* selber an. So erzählt man denn auch in Israel von Elia, er habe sich mit eigenem Körper über den toten Sohn der Witwe von Sarepta dreimal gestreckt und ihn so zum Leben zurückgeführt[5]. Noch deutlicher tritt das Zauberhafte bei der verwandten Sage von Elisa hervor, der sich bei ähnlichem Anlaß siebenmal über den Knaben legte, Mund auf Mund, Augen auf Augen, Hände auf Hände[6]. Totenerweckungen sind in den heidnischen Zaubermärchen sehr häufig[7]. An den heidnischen Zauberer erinnert dabei vor allem auch dies, daß das Wunder im Verborgenen geschehen muß: der Prophet schließt vorher die Tür des Gemaches[8]. Ebenso wiederholt sich das Auflegen des Gottesmannes auf die Körperteile des Knaben im Babylonischen[9]. – Oder der Gottesmann vollbringt das Wunder mit seiner *Hand,* dem Hauptträger der geheimen Kraft des Zauberers. Mose reckt – so erzählt eine Rezension der Auszugsgeschichte – seinen Arm über das Meer, daß es auseinandertritt, und läßt es, als Israel hindurch ist, mit ausgestreckter Hand wieder zusammenfließen[10]. Hebt er sie zum Himmel empor, so fällt Hagel hernieder[11]. Er reckt sie über das Land, und Heuschrecken kommen[12], usw. – Oder der Gottesmann überträgt seine Kraft auf einen andern, indem er dessen Hand mit der eigenen ergreift. So erzählt die Elisageschichte, die davon berichtet, wie dieser Prophet seinem Volke noch sterbend Siege über die Aramäer hinterlassen hat: der König muß auf seine Anweisung einen Pfeil durch das Fenster nach Osten schießen, während er selber seine Hände auf die des Herrschers legt und dazu das Zauberwort spricht:

> Pfeil des Sieges von Jahve,
> Pfeil des Sieges über Aram!

Dann aber heißt er den König mit den übrigen Pfeilen die Erde schlagen; der Gedanke ist dabei, so oft er den Boden treffe, so viel Siege werde er davontragen[13]. Also eine echte Zaubergeschichte!

Eine besondere Wirkungskraft hat in den Zaubermärchen vieler Völker *der Hauch aus dem Munde* des Zauberers, wodurch ein Teil seiner geheimnisvollen Kraft auf den zu Bezaubernden übergeht. Durch solches Anhauchen kann der Gottesmann töten oder schlagen[14]. So heißt es auch in Israel von dem Messias, auf dem Jahves „Geist" ruhen wird, in einem prophetischen Stücke[15]:

> Er schlägt 'den Frevler' durch den Stab seines Mundes,
> und durch seiner Lippen Hauch tötet er den Gottlosen;

d. h. er braucht nur zu hauchen, so windet sich der andere schon unter unsichtbaren Schlägen[16] oder stürzt gar entseelt zu Boden nieder. Verwandt ist es, wenn der Messias in einer spätjüdischen Offenbarungsschrift einen feurigen Strom aus seinem Munde entläßt, der das ganze Heer seiner Gegner alsobald entzündet und zu Asche verbrennt[17]: auch das wohl der Nachhall des Motivs eines Zaubermärchens. – Und noch im Tode behält der Leib des Gottesmannes Wunderkraft: als ein Gestorbener in Elisas Grab gelegt wird und so seine

Gebeine berührt, wird er wieder lebendig[18]. Verwandte Wunder, auf christliche Heilige übertragen, sind außerordentlich häufig[19].

So ist verständlich, daß gerade der *Pelzmantel,* den Elia auf bloßem Leibe trägt, mit Zauberstoff gefüllt ist. Als der Prophet mit diesem Mantel den Jordan schlägt, teilt sich das Wasser, so daß er trockenen Fußes hindurchschreiten kann[20]. Seinen Schüler Elisa fängt er dadurch ein, daß er den Mantel über ihn wirft, ohne ein Wort dazu zu sprechen: so muß der ihm auf der Stelle folgen, er mag wollen oder nicht[21]. Man erzählt sich also auch im alten Israel von Zaubermitteln, die jeden, der damit in Berührung kommt, festbannen: wiederum ein wohlbekanntes Märchenmotiv[22]. Diesen Mantel hat dann Elia dem Elisa als kostbarstes Erbstück hinterlassen, und auch bei ihm hat er seine Kraft bewahrt[23].

Was für Elia der Mantel, bedeutet für Mose der *Stab,* noch für uns das unumgängliche Begleitstück eines Zauberers[24]. Wenn der Gottesmann diesen Stab zu Boden wirft, so verwandelt er sich in ein Krokodil[25]. Schlägt er damit den Nil, so wird er zu Blut[26]. Reckt er ihn über das Wasser, so kommen Frösche darauf und bedecken ganz Ägyptenland[27]. Den Staub auf dem Boden schlägt er mit dem Stabe, daß er aufwirbelnd sich in Stechmücken verwandelt[28]. Als Mose ihn gegen das Schilfmeer hebt, spaltet es sich, daß er auf trockenem Grunde hindurchziehen kann[29]. Als er damit den Felsen schlägt, sprudelt Wasser hervor[30]. Den „Gottesstab" hoch emporgehoben, bannt er den Sieg an Israels Scharen; aber sobald er ihn, ermüdet, sinken läßt, gewinnen die Amalekiter die Oberhand, bis schließlich zwei Gefährten links und rechts seine Arme unterstützen[31].

Hier ist also der Sieg, ganz zauberhaft, an das Emporhalten des Stabes geknüpft. Ebenso kennt das finnische Märchen der Gegenwart einen Zauberstab; wenn man dessen eines Ende schwenkt, fallen die Feinde; schwenkt man das andere, dann ersteht das eigene Heer von den Toten[32]. In der Elisageschichte wird einmal vorausgesetzt, daß der Prophetenstab freilich nicht so große Kraft besitzt wie der Leib des Propheten selber[33]. Ein Wunder an einem solchen Zauberstabe selber wird von Aaron erzählt, dessen Amtsstab in einer Nacht Sprossen und Blüten, ja, selbst reife Mandeln trägt[34]: auch dies wiederum ein Märchenmotiv, das viele Völker kennen[35]; wir denken dabei vor allem an Tannhäusers Stecken.

Auch andere *Zaubermittel* stehen dem Gottesmann zur Verfügung. Elisa macht eine ungesunde Quelle durch Einschütten von Salz

gesund[36] und eine giftige Speise durch Zumischung von Mehl genieß-
bar[37]. Mose macht bitteres Wasser durch ein Holz süß[38] und verwandelt Ofenruß, den er zum Himmel emporstreut, in Pestbeulen, welche die Ägypter befallen müssen[39]. Und so sind denn auch auf israelitische Propheten Märchen von „Wunschdingen" übertragen worden[40].

Zu diesen Zaubermitteln aber gehört auch das *Wort,* auf dessen
Wirkungskraft Israel besonders starken Glauben gesetzt hat. Manchmal begleitet solches Zauberwort die Zauberhandlung; man vergleiche die oben mitgeteilte Sage von Elisa, der Siege über Aram durch
Handlung und Wort zugleich hervorbringt[41]. So ist es auch in der
Bileamsage, in der das Gebaren eines heidnischen Zauberers anschau-
lich geschildert wird: erst lockt er durch ein Opfer die Gottheit an,
dann geht er ihr entgegen und empfängt von ihr den Zauberspruch[42].
In anderen Fällen steht das Gotteswort für sich allein. Beispiele für
das letztere sind etwa, wie Elia nur durch sein Wort den Himmel verschließt, daß er keinen Regen herabsenden kann, es sei denn auf sein
Wort[43], wie er, ebenso durch sein Wort, das Ölkrüglein der Witwe
wunderbar füllt[44] oder gar Feuer vom Himmel herabschwört[45]. Solcher Erzählungen vom Zauberwort ist das erste Buch Mose voll. So
hat Noah seine Söhne Jopheth und Sem „gesegnet", aber Kanaan
„verflucht"[46]. Der alte Isaak besaß einen einzigen „Segen", den er
sterbend seinem Lieblingssohne Esau hinterlassen wollte, aber, von
Jakob betrogen, über diesen aussprechen mußte und dann, so sehr er
es wünschte, nicht mehr zurücknehmen konnte[47]; bemerkenswert ist
dabei die Voraussetzung, daß der Segen „vor" der Gottheit gesprochen wird und daß der Segnende vorher, um sich für diese Handlung
mit Kraft zu füllen, gut gegessen haben muß. Überall aber wird der
Gedanke vorausgesetzt, daß solche Gottesworte nicht wie gewöhnliche Menschenreden in der Luft verrinnen, sondern daß sie eine
lebendige Macht sind, wirken und schaffen.

Und fragen wir nun, *was solche Gottesmänner Israels vermögen.*
Sie haben Macht über Sonne und Mond: Josua hat sie gezwungen, am
Himmel stehen zu bleiben[48], Jesaia hat den Schatten am Sonnenzei-
ger zurückgehen lassen[49], so wie jene thessalischen Zauberfrauen den
Mond herabgezogen haben[50] oder wie die Sonne auf Anstiften der
Hera zur Rettung der Griechen rascher unterging[51]. Sie herrschen
über die Elemente: das Meer oder der Fluß weicht zurück, wenn sie
es befehlen: das Wandeln über oder durch das Wasser ist auch sonst

eines der häufigsten Zauberwunder[52]. Die Krankheiten, auch die furchtbarsten, wie der Aussatz, gehen und kommen auf ihr Wort[53]. Das Eisen verliert, wenn sie es wollen, seine Schwere und muß auf dem Wasser schwimmen[54]. Sie vermöchten es, Steine in Brot zu verwandeln[55]. Sie gebieten über Leben und Tod: Jahve sagt von den Propheten bei Hosea:[56]

Darum habe ‚ich zerschmettert‘[57] durch die Propheten,
habe sie gemordet durch die Worte meines Mundes.

So gibt es also schließlich nichts im Himmel und auf Erden, was ihre göttliche Kraft nicht vermöchte.

Nun würde es ungerecht sein, wenn man übersehen wollte, wie der Geist der höheren Religion in Israel mit solchen Zaubervorstellungen und Zaubermärchen gerungen hat. Nur bestimmte Stoffe hat man aufgenommen, andere aber, die man als abergläubisch oder verrucht empfand, von sich gewiesen. Eine Erzählung, wie die von der Hexe von Endor, die den Totengeist auf die Erde zurückzwingt[58], hätte man auf keinen Propheten übertragen können. Und auch das Übernommene hat man nach Kräften gereinigt: so hat man den Stoff etwa so gewandt, daß der Gott nicht durch den Zauber gezwungen wird, sondern daß er vielmehr *selber* seinem Gesandten *den Befehl* gibt, die Handlung zu vollziehen; daraufhin wird dann der Gott das Wunder tun[59]. Oder die Zauberhandlung wird von einem Gebet des Propheten begleitet: „Jahve, mein Gott, laß doch das Leben dieses Knaben in ihn zurückkehren“[60], und von diesem Gebete wird dann die eintretende Wirkung abgeleitet: „da hörte Jahve auf Elias Rufen, und das Leben des Knaben kehrte in ihn zurück“[61]. Auch hat man es in Israel selbst gelegentlich ausgesprochen, daß Handlungen, die der israelitische Prophet vornimmt oder gebietet, ganz einfacher Art sind gegenüber den bei weitem „schwierigeren“ heidnischer Zauberer[62]. Zu anderen Malen ist die Zauberhandlung überhaupt verschwunden und das Gebet an seine Stelle getreten[63].

Trotz solcher Vergeistigungen, die übrigens nicht den ganzen Stoff durchdrungen haben, ist nach den mitgeteilten Gegenstücken, deren Zahl sich noch leicht vermehren ließe, die Verwandtschaft dieser Erzählungen mit primitiven Zaubermärchen unverkennbar. Davon zeigt sich im Alten Testament selber an einer Stelle noch ein Rest von Empfindung. Ein häufiges Märchenmotiv erzählt von dem *Wett-*

kampf von Zauberern, die sich untereinander mit ihren Künsten zu überbieten streben[64]. Wir finden in altchristlicher Zeit dies Motiv wieder, auf Petrus und Simon Magus übertragen[65]. Ebenso werden in der Auszugsgeschichte Mose und die ägyptischen Zauberer einander gegenübergestellt: der israelitische Gottesmann vollführt große Wunder, aber sie tun sie ihm nach und „bringen dasselbe fertig": auch sie verstehen es, ihre Stäbe in Krokodile und Wasser zu Blut zu wandeln und Frösche heraufzuführen[66], bis sie schließlich überboten werden: Stechmücken können sie nicht hervorbringen; da sprachen sie: „das ist Gottes Finger", und erklärten sich für überwunden[67]. Die Voraussetzung dieser Geschichte ist, daß man in Israel die drei ersten Wunder auch den ägyptischen Schwarzkünstlern zutraute. Hieraus folgt also, nicht nur, daß man auch in Ägypten solche Zaubereien von den dortigen Weisen erzählte[68], sondern daß auch die israelitische Überlieferung davon wußte und nicht bestritt, daß es dieselben seien, wie einige der Wunder des Mose.

Ebenso wie von Gottesmännern werden im Alten Testament hie und da auch *von Jahve selber* gewisse Motive erzählt oder vorausgesetzt, die dem Zauber oder dem Zaubermärchen verwandt sind. Auch der israelitische Gott versteht sich darauf, ein Schaffell auf der Tenne mit Tau zu füllen, während der Erdboden trocken bleibt, oder umgekehrt den Boden zu befeuchten und das Fell trocken zu lassen[69]. Oder man stellt sich vor, daß Jahve ein „Bündel des Lebens" besitze, eine Art Zauberknäuel, in den Steine eingebunden sind: wen er am Leben erhalten will, dessen Leben bindet er darin fest, seine Feinde aber schleudert er in der Schleuderpfanne fort[70]. – Verwandt damit ist das *Buch des Lebens,* in das Gott die Namen der zum Leben Bestimmten verzeichnet: eine Vorstellung, die ursprünglich zauberhaft zu denken und dann später, ebenso wie das „Lebenswasser" und die „Lebensfrucht"[71], Ausdruck des Geistigen, in diesem Falle des göttlichen Vorherwissens und der Erwählung[72], geworden ist. – Ein Zauberbuch anderer Art ist das *Buch mit sieben Siegeln* in der Offenbarung Johannes[73]: werden die Siegel, mit denen es verschlossen ist, geöffnet, dann geschieht das, was in ihm geschrieben steht; bleiben sie ungebrochen, so kann das Ende der Welt, das darin verzeichnet ist, nicht kommen; aber so gewaltig sind diese Siegel, daß kein Wesen der ganzen Welt darüber Macht hat, bis schließlich eine neue Gestalt auftritt, die das Buch zu öffnen vermag. Kein Zweifel, daß auch hier Zaubervorstellungen vorausgesetzt werden[74]. – Aus dem deutschen

Märchen ist der „Zauberschlaf" bekannt, in dem Dornröschen, Sneewittchen, Brunhild und Kaiser Friedrich im Kyffhäuser liegen[75];
einen solchen Schlaf läßt Jahve in der Paradiesesgeschichte über den
Menschen fallen, als er das Weib aus seiner Rippe bilden will[76], man
erinnere sich zugleich auch an die neutestamentliche Verklärungs-
geschichte, in der sich die drei auserwählten Jünger des Schlafes nicht
erwehren können[77]; auch dies im Märchen häufig[78]. – Die in Sodom
erscheinenden Männer „schlagen" die bösen Sodomiten, die sich an
ihnen vergreifen wollen, „mit Blindheit", daß sie den Eingang des
Hauses Lots nicht zu finden vermögen[79]: wiederum ein echtes Motiv
des Zaubermärchens, das sich wohl aus Erfahrungen des Traumle-
bens erklärt[80]. Eine solche „Seelenblindheit" wird nach der Sage auch
von Elisa bewirkt, der ein ganzes aramäisches Heer „mit Blindheit
geschlagen" und mitten nach Samarien geführt haben soll, wo ihnen
Jahve endlich „die Augen öffnete"[81]; im estnischen Märchen führt
eine Fee die Königstochter aus der belagerten Stadt mitten durch das
Heer der Feinde, deren Augen sie so verblendet hatte, daß sie niemand sehen konnten[82]; derartiger Zauber spielt noch im Dreißigjäh-
rigen Kriege eine Rolle[83]. – Im Märchen vom „Marienkinde"[84] wird
ein Mädchen um eines Vergehens willen bis zu einem bestimmten
Zeitpunkt mit Stummheit bestraft[85], ein Motiv, das auch sonst vorkommt und vielleicht gleichfalls auf Traumvorstellungen zurückgeht
und das sich bekanntlich in der Kindheitsgeschichte Jesu an Zacharias wiederholt[86]. – Sehr häufig und über die ganze Welt verbreitet ist
die Behauptung, daß gewisse menschenähnliche Gesteine in Wirklichkeit *in Stein verzauberte Menschen* seien[87]; besonders häufig sind
es Ortssagen, die diesen Zug abwandeln; das alte Israel hat so eine
Salzsäule am Toten Meere, als das zu Stein gewordene Weib Lots
gedeutet[88]. Die Sünde, die sie begangen haben soll, ist, daß sie wider
den Befehl auf der Flucht zurücksah; auch dies Verbot des Umdre-
hens ist dem Märchen sehr geläufig[89].

Jedem Märchenkenner vertraut ist ferner das Motiv der *Verzaube-
rung von Menschen in Tiere*. Etwas Ähnliches finden wir in der
Legende des Buches Daniel von *Nebukadnezar*. Weil er sich im Anblick
der herrlichen Babels hoffärtig erhob, so ward ihm „der Sinn eines Tieres verliehen[90] und Wohnung unter den Tieren des Feldes gegeben"[91];

aus den Menschen ward er verstoßen,
Gras aß er wie die Stiere;

von des Himmels Tau ward sein Leib benetzt,
bis daß seine Haare
wuchsen wie Adlergefieder
und seine Nägel wie Vögelkrallen[92].

Die Meinung dieser Sage ist nicht eigentlich, daß Nebukadnezar in ein Tier verzaubert, sondern vielmehr, daß sein Geist so verwandelt ward, daß er sich wie ein Tier vorkam und gebärdete. Das Motiv ist entstanden durch die Beobachtung einer Geisteskrankheit, wonach die Menschen von der Vorstellung befallen werden, sie seien zu Tieren geworden: eine Beobachtung, die auch sonst in Märchen und Sagen fortlebt[93]. In der poetischen Schilderung möchte man den Rest eines Märchengedichtes vermuten[94]. Dasselbe Motiv klingt vielleicht, wenn auch nur noch ganz von ferne, in den Fluchworten nach, die derselbe Nebukadnezar nach Megasthenes gegen den Eroberer Babels ausgesprochen haben soll:

„Möge er in der Wüste umhergetrieben werden, wo keine Städte sind und kein Menschenpfad ist, wo die wilden Tiere ihre Nahrung suchen und Vögel umherschweifen; möge er in Felsen und Klüften einsam umherschweifen"[95]!

Schließlich noch einige *andere Reste von Zaubermotiven*. Im Märchen verbirgt sich der der Zauberei kundige Held, wenn er verfolgt wird, auf seiner „magischen Flucht"[96] vielleicht in plötzlich einbrechender Finsternis[97]; er spricht dann etwa: „Nebel vor mir, Nebel hinter mir", und ist sogleich „wie ein Traumgesicht, wie Dunst verschwunden"[98]. Oder er geht, wenn ihm aufgegeben ist, ein weit entferntes Land aufzusuchen, vielleicht zur Morgenröte und spricht zu ihr: leihe du mir deine großen Flügel[99]; so fliegt er an das Ende der Welt, wo das Meer die Erde umschließt. Solche, altüberlieferten Erzählungen entnommene Züge von wundervollem Klange hat der israelitische Psalmist benutzt, um Gottes Allgegenwart zu schildern[100]:

Nähme ich die Flügel der Morgenröte,
ließe mich nieder am Ende des Meeres:
so würde auch dort deine Hand mich fassen,
deine Rechte mich greifen. –
Spräch ich: eitel Finsternis soll mich ‚decken',

und Nacht mich rings ‚umschließen',
so wäre auch Finsternis nicht finster für dich,
und Nacht leuchtete wie der Tag (...).

An eine derartige Märchenflucht erinnert die Verfolgung des „Weibes" durch den großen Drachen in der Offenbarung Johannes[101]: zuerst erhält sie die beiden Flügel „des großen Adlers", dann wirft der Drache ein Wasser, so groß wie einen Strom, aus seinem Maule hinter ihr her, um sie hinwegzuschwemmen; aber die Erde öffnet ihren Mund und verschlingt den Strom.

Das Ende einer solchen „magischen Flucht" ist gewöhnlich die Rettung des Verfolgten oder auch das Verderben des Verfolgers. Als Beispiel nehme man ein Stück aus einem Märchen der Wadschagga[102] am Kilimandjaro. Eine von einem Rimu (d. h. nachts zu einen Leoparden werdenden Menschen) verfolgte Frau kommt an einen tiefen Fluß. Sie sprach: „Wasser, zerteile dich! Dieses stehe und jenes fließe." Sofort teilte sich das Wasser, und sie ging trocken hindurch. Drüben sprach sie: „Wasser vereinige dich und fließe." Auf dieses Wort begann es wieder zu fließen und floß zusammen. Sie aber ruhte dort aus und säuberte sich. Da kam der Rimu ans Ufer und rief zu ihr hinüber: „Wie bist du denn übers Wasser gekommen?" Sie antwortete: „Sprich nur zum Wasser: zerteile dich. Dieses stehe und jenes fließe! Bist du aber in der Mitte, so sprich: komm wieder zusammen!" So tat er auch. Das Wasser teilte sich. Als er aber in der Mitte sprach: „Komm wieder zusammen!" umschloß es ihn plötzlich und trug ihn davon. Jedem Bibelkenner, der dieses oder ein ähnliches Märchen liest, wird sofort die Geschichte vom Schilfmeer[103] einfallen. Israel ist – so dürfen wir uns die Urform dieser Erzählung vorstellen – heimlich aus Ägypten entwichen[104] und wird jetzt von dem feindlichen Heere verfolgt, das mit seinen Rossen und Wagen geschwinder ist als das israelitische Volk mit seinem Troß und seinem Vieh. Nun kommt Israel an das Meer, das eine weitere Flucht unmöglich macht, und scheint also verloren zu sein. Aber ein Zauber schafft ihm einen trockenen Weg durch die Fluten. Doch die Sache nimmt eine andere Wendung: die Ägypter jagen Israel nach, mitten durch das Meer, und schon wieder scheint die Gefahr unabwendlich. Doch ein neuer Zauber läßt das Wasser zusammenfließen: so muß das ägyptische Heer ertrinken, aber Israel ist gerettet. Es kann demnach keinem Zweifel unterliegen, daß diese, übrigens sehr geistreich erzählte israelitische Geschichte auf einen Märchenstoff zurückgeht. Die Erzählung ist am reinsten in der Darstellung des „Priesterkodex" erhalten. Der „Jahvist" hat sie verdorben, indem er, das Wunder rationalistisch hinwegdeutend, für den Zauber einen Ostwind eingesetzt[105] und indem er die „Wolken- und Feuersäule", die an das Ende des israelitischen Zuges treten muß, als weiterer göttlichen Schutz hinzugefügt hat, wofür der „Elohist" seinerseits den „Engel Gottes" gebracht hat[106].

Alles in allem also ein reicher Stoff von Zaubergeschichten und von Motiven daraus, ein Zeichen dafür, wie umfangreich und mannigfaltig einst die Überlieferung Israels darüber gewesen sein muß.

Märchen mit primitivem Seelenglauben

Wir schließen daran allerlei Motive oder Erzählungen, die aus *primitiven Vorstellungen von der Seele* entstanden sind. Nach uraltem Glauben kann die Seele eines Menschen irgendwo anders als an der gewöhnlichen Stelle geborgen sein, so daß nur derjenige, der dieses sein Geheimnis kennt, ihn bezwingen kann, während er für jeden anderen Angriff unerreichbar bleibt. Das Märchen aber erzählt dann, wie er dennoch überwunden worden ist: er selber hat in argloser Blindheit dies geheime Wissen dem Weibe, an dem sein Herz hing, gebeichtet, und sie hat es, ihm zum Verderben, seinem Feinde verraten[1]. Dies Motiv wird im Alten Testament von *Simson* abgewandelt: Simsons Geheimnis besteht darin, daß seine gewaltige Kraft an sein Haar gebunden ist: er ist stark, solange er die langen Locken trägt; werden sie ihm geschoren, so ist er wie ein anderer Mensch. Der listigen Delila aber, die er allzusehr liebt, gelingt es, ihm dies Geheimnis zu entreißen und ihm mit den Haaren die Kraft zu rauben, so daß ihn seine Feinde, die Philister, bewältigen können[2]. Diesem für uns so sonderbaren Motiv begegnen wir in Märchen und Sagen aus alter und neuer Zeit wieder. Erwähnt sei nur die griechische Sage von Pterelaos, dessen eines goldenes Haar ihm Sieg und Leben gewährte; aber als er sich im Kampfe gegen Amphitryon befand, zog ihm seine Tochter Komaitho aus Liebe zu diesem jenes Haar aus, und er verlor sein Leben[3]. Auch weitere Züge der Simsonsage, z.B. daß später sein Haar und mit ihm seine Kraft wieder gewachsen ist, lassen sich durch Gegenstücke belegen[4].

Daß die Seele des Menschen im *Blute* ihren eigentlichen Sitz habe, ist ein primitiver Glaube, der gerade für Israel bezeichnend ist[5]. Daher kann es nicht wundern, daß gelegentlich der auch sonst im Märchen bezeugte Zug vorkommt, daß das Blut sprechen kann[6]. In dieser Einkleidung hat sich das Altertum den großen Gedanken klargemacht, daß die Gottheit den Mord rächt: vergossenes Blut schreit um Rache zum Himmel empor. Und so sagt Jahve zu dem Mörder

Kain: „das Blut deines Bruders schreit zu mir auf vom Acker"[7]. Daß diese Vorstellung ursprünglich mehr als nur ein Bild gewesen ist, zeigt sich daran, daß man meint, solcher Schrei müsse verstummen, wenn das vergossene Blut mit Erde zugedeckt wird[8].

Ebenso kann sich die Seele des Menschen auch außerhalb seines Leibes befinden[9]; wir denken dabei an das Wort in der Beschreibung des Gotteswagens bei Hesekiel: „der Geist der Tiere war in den Rädern"[10].

Als der Apostel Petrus, durch einen Engel Gottes aus dem Kerker befreit, in der Nacht am Hause der Maria anklopft und von der Magd gemeldet wird, wollen die da drinnen nicht glauben, daß er selber draußen stehe, sondern sagen: „es wird sein Engel sein"[11]. Hier liegt also der Glaube zugrunde, daß jeder Mensch einen Schutzengel hat, der ihm äußerlich ähnlich sieht oder doch seine Gestalt annehmen kann. Wir werden darin eine Erhöhung des älteren Glaubens an einen geistigen Doppelgänger des Menschen sehen dürfen[12].

Eine große Rolle spielt im Leben der Primitiven der *Glaube an die Vorbedeutung der Träume*[13], der bis auf unsere Zeit nicht ganz verschwunden ist und auch Israel in alter Zeit beherrscht hat. Solche Orakelträume sind in den Erzählungen des I. Buches Mose sehr häufig. Welchem Bibelleser fallen dabei nicht Josephs und Pharaos Traumgesichte ein, die auch beide in Erfüllung gehen? Als besonders bedeutsam gelten solche Orakel, wenn sie sich zweimal darbieten[14] – Doppelträume hat sowohl Joseph wie Pharao – oder wenn sie mehreren Personen zugleich zuteil werden: so erhalten Petrus und der Hauptmann Cornelius, obwohl an getrennten Orten wohnend, einander entsprechende Offenbarungen[15]. Dergleichen Träume, die zwei verschiedene Personen zugleich haben, kommen schon im Märchen vor[16]. Gern erzählt man auch, daß Menschen es versuchen, die Weissagung zu vereiteln, daß sie sich aber dennoch, ja, gerade durch dies menschliche Gegenhandeln erfüllt hat[17]; dieses Motiv ist bekanntlich einer der Grundgedanken in Schillers „Braut von Messina", bei den Griechen in der Sage von Ödipus, im Alten Testament in der Josepherzählung des „Elohisten": Joseph hat seine künftige Erhebung über seine Brüder in Träumen vorausgesehen; diese schaffen den Träumer fort, „um zu sehen, was an seinen Träumen ist"[18], aber gerade dadurch gehen sie in Erfüllung: in Ägypten, wohin er gebracht wird, wird er der Zweite im Reiche, und als sie, von Hunger getrieben, dorthin gehen, um sich Korn zu holen, müssen sie sich tief vor ihm neigen; „da mußte Joseph der Träume gedenken, die er von ihnen geträumt hatte"[19]. – In der späteren Überlieferung der Vätersagen wird die Offenbarung Gottes im Traume als die am wenigsten sinnlichste allen übrigen Offenbarungsformen vorgezogen; so ist es beim „Elohisten". – Nicht selten erzählen die alten Geschichten, daß es gerade die Stunde unmittelbar *vor dem Tode* ist, da sich dem brechenden Blicke die Zukunft erschließt[20]. Das ist ein Motiv, das in der hebräischen Sage bei Isaak[21], Joseph[22] und Mose[23] vorkommt. Isaak gilt zudem als blind: Blinden hat man in Israel die Gabe der Weissagung zugeschrieben: so erzählt man sich hier von dem blinden Propheten Ahia[24] nicht anders als bei den Griechen von dem blinden Seher Tiresias.

Märchen von Kindern

Zu diesen religiösen Motiven kommen nun noch *allerlei weltliche;* in den Erzählungen, namentlich den älteren, stehen beide meistens neben- und ineinander. Die bunte Fülle dieser weltlichen Motive ist so groß, daß im folgenden von Vollständigkeit nicht entfernt mehr die Rede sein kann. Der bequemen Übersicht wegen befolgen wir eine Anordnung nach den Altersstufen, Geschlechtern und Ständen.

Wir beginnen mit denjenigen Motiven, die von *Kindern* handeln. Kinder gelten in den primitiven Erzählungen[1], zumal in denen des alten Morgenlandes, als der schönste Schatz ihrer Eltern. Traurig ist das Los des Mannes und Weibes, denen diese liebste Hoffnung gescheitert ist und die ohne Nachkommen aus dem Leben müssen. „Unter den vielen Armen, die es immer auf der Welt gibt, gab es einmal auch einen Mann und ein Weib, die ganz besonders arm waren, denn sie hatten nicht einmal ein Kind" – so beginnt ein bosnisches Märchen[2]. Abraham antwortet Jahve, als dieser ihm reichen Lohn verheißt: „ach, Herr Jahve, was könntest du mir geben? Ich gehe ja ohne Kinder von hinnen"[3]. Um so größer ist dann die Freude, wenn sich diese Hoffnung nach langem Warten erfüllt. Mit welchem Entzücken wird ein solches Kind im „Greisenalter" begrüßt! Darum ist es in den Märchen ein beliebtes Motiv, daß der Held nach langer Unfruchtbarkeit seiner Mutter geboren worden sei, ein Motiv, mit dem die Geschichten zu beginnen pflegen. Im Alten Testament ist das der ständige Zug in den Abrahamsagen, der aber auch bei der Geburt Jakobs und Esaus[4], Josephs[5], Simsons[6], Samuels[7], im Neuen bei der Johannes des Täufers[8] auftritt. – Dazu kommt dann häufig noch das andere Motiv, daß dieses Kind, das später ein so besonderer Mann werden sollte, unter außergewöhnlichen Umständen geboren worden sei: ein göttliches Wesen hat es vorher angekündigt[9] und zugleich Namen und zukünftiges Geschick mitgeteilt[10]. – Auch von den Zeichen bei der Geburt wird gerne erzählt: es waren etwa Zwillinge, die sich schon im Mutterleibe um den Vorrang gestritten haben: so hören

wir es von Jakob und Esau[11] und von Serah und Perez[12]. – Eine merk-
würdige Abweichung vom Gewöhnlichen ist es, wenn sich die Mutter, der endlich das große Glück zuteil wird, einen Sohn zu besitzen,
nicht mehr freuen kann, sondern ungetröstet abscheidet und mit dem
letzten Worte dem Kinde einen Unglücksnamen erteilt[13]: ein besonders rührendes Motiv[14].

Oft spiegelt das Märchen *Sitten und Bräuche der Urzeit* wider,
welche die Überlieferung im Gedächtnis bewahrt hat und von denen
noch in späterer Zeit erzählt wird, da sich besonders eigentümliche
Geschehnisse mit ihnen verknüpfen lassen[15]. So kommt es in den
Märchen nicht selten vor, daß Kinder, die man nicht aufziehen kann
oder will, durch *Aussetzung* dem Tode überliefert werden. Eine solche alte Erzählung ist die deutsche von *Hänsel und Gretel*[16]. Hauptsächlich sind es ebengeborene Kinder und namentlich Mädchen, die
dieses Schicksal erfahren. Eine Geschichte dieser Art erzählt seltsa-
merweise der Prophet Hesekiel[17], von dessen Vorliebe für uralte
Stoffe barocken Klanges wir auch sonst wissen[18]. Er will in diesem
Zusammenhange die *Geschichte Jerusalems* darstellen; aber durch
seine Worte schimmert, wie auch sonst bei ihm in ähnlichen Fällen
ein ganz andersartiger Stoff hindurch, dessen grelle Farben durch
keine Übermalung haben unterdrückt werden können.

Jahves Wort erging an mich also: Menschenkind, tu Jerusalem seine
Greuel kund und sprich: So spricht (...) Jahve zu Jerusalem:
Deine Herkunft und Geburt sind aus Kanaans Lande,
dein Vater Amoriter, deine Mutter Hethiterin.
Deine Geburt: am Tage, da du geboren wardst,
ward dein Nabel nicht getrennt, wardst in Wasser nicht gebadet, (...)
mit Salz nicht gerieben, in Windeln nicht gewickelt:
Kein Auge blickte (...) sorgend, (...) mitleidig auf dich;
aufs (...) Feld wardst du geworfen, dein Leben verachtet,
am Tage, da du geboren wardst[19]. –
Ich kam vorüber (...) und sah dich im Blute zappeln,
und sprach zu dir: „In deinem Blute lebe! (...)
‚Wachse heran‘ wie die Blumen des Feldes!" (...) –
Da wuchst du und gediehest und kamst bis zum Blutgang‘[20],
‚deine Brüste‘ standen, dein Haar war gewachsen,
und du warst nackend und bloß[19]. –
Ich kam vorüber (...) und sah dich: ‚die Zeit‘[21] der Liebe war da!
Da entbreitete ich mein Kleid, (...) bedeckte dir die Blöße, schwur dir

einen Eid, (...) und du wurdest mein.
(...) Ich wusch dir das Blut ab (...) und salbte dich mit Öl, kleidete dich
bunt und beschuhte dich fein,
gab dir einen Kopfbund von Byssus und einen seidenen Schleier.
Ich schmückte dich köstlich, (...) mit Spangen an den Armen, einer
Kette am Halse, (...) einem Ring an der Nase,
einem Gehänge an den Ohren, einer Krone (...) auf dem Haupt (...)
Du aßest Gries, Honig und Öl,
Wunderschön (...) wardst du, eine würdige Königin!
Der Ruhm deiner Schönheit erscholl bei den Völkern,
die durch den Schmuck vollendet war, den ich dir angelegt, spricht
Jahve.

Die folgende Schilderung erzählt dann Jerusalems Sünde gegen
Jahve: die ganze Geschichte der Stadt ist nichts als eine fortgesetzte
Unzucht: eine Ehebrecherin ist sie gewesen[22], so soll denn auch ihr
künftiges Geschick der Strafe der Ehebrecherinnen gleichen[23]! Der
soeben mitgeteilte Abschnitt ist dem vorangestellt: schon ihre
unreine Erzeugung aus fremdem Blute im fremdem Lande zeigt, was
von ihr zu erwarten war. Jahves Güte aber gegen sie, der sie aus ihrer
Niedrigkeit emporhob und zur Königin machte, hätte sie um so
mehr zur Treue gegen ihn verpflichten sollen, die sie so schändlich
gebrochen hat. Während also diese Züge der Erzählung vom Propheten allegorisch gemeint sind, spottet die so breit ausgeführte Schilderung der Aussetzung des Mädchens und ihres Aufwachsens unter den
Blumen des Feldes jeder Deutung auf Jerusalems Geschick. Hier ist
es also mit Händen zu greifen, daß Hesekiel einen ihm irgendwie
zugekommenen Erzählungsstoff aufgenommen hat[24]. Dieser Stoff
aber war die Geschichte von einem in der Wildnis ausgesetzten Mädchen: gleich nach der Geburt, unbesorgt und ungepflegt, ward es
dem Tode preisgegeben; aber als es so in dem Blute zappelte, das ihm
noch von seiner Geburt her anhaftete, kam ein Mann des Weges vorüber, der ihm das Leben schenkte. Hesekiel sagt in seiner Umdich-
tung, es sei Jahve gewesen; aber da der Mann dem Mädchen *durch
sein Wort* das Leben verleiht, wird es sich ursprünglich um einen
Zauberer gehandelt haben. So wuchs, kraft des Zauberwortes, das
Kind heran und wurde eine kraftvolle Jungfrau; aber kein Gewand
bedeckte ihre Glieder. Und wieder haftete Blut an ihr: das Blut der
ersten Jungfrauenschaft. Da kam noch einmal ein Wesen vorüber,
nach Hesekiel wiederum Jahve; aber die Fortsetzung, wonach das

Mädchen zur Königin erhoben ward, macht es klar, daß die Erzählung an einen *König* gedacht hat. Wenn die beiden Vorübergehenden von Anfang an dieselbe Person gewesen sind – was nicht ohne weiteres selbstverständlich ist –, werden wir an einen Zauberkönig zu denken haben, der jetzt die Wirkung seines lebenspendenden Wortes, vielleicht zu seiner eigenen Überraschung, so herrlich vor sich sieht. Da gewann er das Mädchen lieb: er hüllte sie in das eigene Kleid und ging die Ehe mit ihr ein. Dann führte er sie heim, schmückte sie mit den köstlichsten Gewändern und setzte ihr die Krone aufs Haupt: so ward das arme, ausgestoßene Mädchen die Königin, und das Lob ihrer Schönheit erscholl unter den Völkern. Alles dies offenkundig ein Märchenstoff, von starkem, altertümlich-morgenländischem Duft erfüllt. Wir würden die Märchennatur dieser Erzählung mit voller Sicherheit behaupten, auch wenn uns nicht solche Geschichten von Mädchen, die der König oder der Königssohn aus der Wildnis heraus heimführt, in Masse erhalten wären[25]. In Hesekiels Darstellung schließt sich daran, daß die junge Königin, auf ihre Schönheit pochend, aller Dankbarkeit vergißt und sich gräßlicher Unzucht ergibt; vielleicht ist das bereits die Fortsetzung des alten Stoffes gewesen[26]; aber hier hat Hesekiel jedenfalls stärker eingegriffen, so daß unser Urteil über eine Vorlage in diesem Punkte nicht sicher ist. Doch ist zu bemerken, daß auch andere Erzählungen von dem Mädchen, das Königin geworden ist, so zu schließen pflegen, daß eine Verdächtigung gegen sie laut wird, wobei allerdings ihre Unschuld vorausgesetzt wird[27]; wenn Hesekiel die Geschichte in dieser Form gekannt haben sollte, so würde er also ihren Schluß seiner Allegorie zuliebe umgewandelt und aus der vermeintlichen eine wirklich geschehene Untreue des Mädchens gemacht haben. Die Erzählung ist dem Propheten vielleicht schon in ausgeführter und poetischer Gestalt zugekommen und würde in diesem Falle ein neues Beispiel israelitischer Märchendichtung sein[28].

Jedem christlichen Kinde bekannt ist ein anderes *Aussetzungsmärchen*, das, auf *Mose* übertragen, vorliegt[29]. Die gemütvolle und geistreiche Erzählung berichtet, wie der ägyptische König, um Israel nicht zu groß werden zu lassen, alle neugeborenen Kinder männlichen Geschlechts in den Nil zu werfen gebietet. Trotzdem gelingt es einer Frau aus dem Stamme Levi, ihren schönen Sohn drei Monate lang vor den Häschern zu verbergen. Als das nicht länger möglich ist, setzt sie ihn in einem mit Asphalt und Pech versicherten Papyruskästchen im Nile aus, wo ihn Pharaos Tochter selbst beim Baden findet. So wurde das Kind durch das Walten der Vorsehung nicht nur gerettet, sondern wuchs sogar im Palaste des Königs auf, dessen größter Gegner er später werden sollte. Ein Späterer[30] setzt noch hinzu, es habe sich so gefügt, daß die eigene Mutter zu seiner Amme bestellt und sogar dafür bezahlt worden sei[31]. – Solche Aussetzungsmärchen kommen sehr häufig vor[32] und sind aus einem wohlverständlichen Grunde mit den bedeutendsten Helden der Geschichte verknüpft worden: die Phantasie der alten Völker wird durch die Vorstellung beschäftigt, der starke Mann, der so Gewaltiges getan hat, sei als schwaches Kind in furchtbarer Gefahr gewesen; dann wäre all das Große, das durch ihn kommen sollte, niemals geschehen. Am nächsten der Mosesage verwandt ist die von dem babylonischen Könige Sargon, der von seiner Mutter in einem Kästchen aus Rohr, dessen Tür mit Erdpech verschlossen war, auf den Euphrat ausgesetzt, aber von einem Gärtner gefunden und auferzogen und schließlich der Geliebte der Göttin Ischtar und König geworden sei[33].

Auch der wunderschönen und jedem christlichen Herzen nahestehenden Erzählung von der *Geburt des Heilandes bei Lukas* könnte vielleicht, wie neuerdings Greßmann[34] gezeigt hat, eine solche Aussetzungsgeschichte zugrunde liegen. In dieser Erzählung, die ja längst als Sage erkannt worden ist, fällt die eigentümliche Stellung im Mittelpunkt der Ereignisse auf, welche die Krippe einnimmt, obwohl Jesus von Nazareth doch sicherlich mit einer Krippe keine Gemeinschaft hat: dorthin wird das Kindlein gelegt; daß es sich dort befindet, offenbart der Engel; und daselbst wird es von den Hirten gefunden. Ferner ist zu fragen, warum der Engel nicht Jesu Eltern, sondern den Hirten die göttliche Art des Kindes kundtut, obwohl jene doch dafür die gewiesenen Personen gewesen wären, während diese doch nur als Nebenfiguren gelten können. So kommt man zu der Vermutung, daß die biblische Erzählung einer Vorlage folgt, in der Hirten und Krippe noch mehr bedeutet haben. Die Kindheitsgeschichten anderer Traditionen erzählen nun häufig von der Aussetzung und wunderbaren Auffindung eines Kindes, und dabei spielen diejenigen, die es gefunden haben, und der Ort, da es lag, der Natur der Sache nach eine besondere Rolle[35]. Die Erzählung würde in dieser Gestalt folgende Form haben: ein Kindlein ist in der Stille geboren und *in einer Krippe ausgesetzt* worden; aber eine göttliche Stimme zeigt den *Hirten* an, ein wunderbares Kind liege in *ihrer*

Krippe; da gehen sie hin, finden es und *ziehen es auf:* so wird es aus dringender Lebensgefahr gerettet. Diese Geschichte – so würden wir weiter annehmen – ist in ihrem Mittelstück in der evangelischen Erzählung gut erhalten; aber der Anfang ist, den historischen Verhältnissen gemäß, umgebogen: Maria hat das Kind nicht ausgesetzt, sondern es nur, weil zur Zeit kein anderer Platz da war, in die Krippe gelegt, und ebenso ist der Schluß verändert: nicht die Hirten, sondern die eigenen Eltern haben es großgezogen. Sicherlich nur eine Vermutung, aber vielleicht eine ansprechende.

Nicht selten ist das Motiv von den *Gefahren, die dem Kinde drohen,* mit dem anderen, schon besprochenen[36] verbunden, daß eine *Weissagung darüber* ausgesprochen ist, welche die Menschen zu vereiteln streben, die aber das Schicksal dennoch erfüllt[37]; besonders ist der Zug in der Gestalt häufig, daß der gegenwärtige König, der jetzt noch im Besitze aller Macht ist, den zukünftigen Herrscher, der ihn einst entthronen wird, in dem Kindlein verfolgt. Das Motiv liegt ins Mythische gewandt, dem seltsamen Kapitel 12 der Offenbarung Johannes zugrunde[38]. Es ist zugleich der Grundgedanke der beiden Erzählungen *von den Magiern* und dem *bethlehemitischen Kindermorde*[39]. Magier des Ostens kommen zu Herodes, dem Gestirn des Christus folgend, das sie in ihrer fernen Heimat, als es bei der Geburt des Helden aufging, zuerst geschaut haben: im fernen Osten, so ist die kindliche Voraussetzung, erscheinen die Sterne bei weitem früher. Dieser Stern ist ihnen nunmehr in den Westen vorausgezogen, und sie sind diesem Zeichen gefolgt. Auf solchem Wege sind sie nun auch durch Jerusalem gekommen, wo ihnen König Herodes arglistig aufträgt, das Kindlein, sobald sie es gefunden haben, auch ihm kundzutun. Aber sein schlimmer Plan wird vereitelt. Ein Traum befiehlt ihnen, als sie dem Kinde ihre Ehrfurcht bezeugt haben, nicht zu Herodes zurückzukehren, sondern auf einem anderen Wege heimzuziehen. Damit ist diese Sage zu Ende: der arge König hat den Ort des Kindleins nicht erfahren und es daher nicht antasten können. – Spätere Hand hat diese Erzählung weiter bearbeitet und fortgesetzt. Man hat behauptet, Herodes habe sich durch die jüdischen Schriftgelehrten belehren lassen, der Christus müsse *in Bethlehem* geboren werden[40]: das ist sicherlich ein Zusatz zur älteren Geschichte, denn der Stern, der die Geburtsstätte anzeigt, und die Weissagung der Schrift, die sie im voraus ankündigt, sind eigentlich Doppelgänger. Und dann fährt die Hinzufügung fort: Joseph flieht, durch den Engel des Herrn gewarnt, mit Maria und dem Kindlein nach Ägypten; und Herodes, der jetzt in höchster Wut (nach Pharaos Vorbilde) alle kleinen Knaben Bethlehems dahinschlachten läßt, kommt zu spät. Die ältere Erzählung, die wir so herausgeschält haben, ist sicherlich nicht christlicher oder jüdischer Herkunft: sie setzt ja den Glauben an weissagende Sterne und an die Wissenschaft der Magier voraus; vielmehr liegt ein heidnisches Märchen zugrunde, das auf Jesus übertragen und durch die Zusätze dann weiter ins Christliche umgesetzt worden ist[41].

Solche Kindheitsgeschichten haben fast immer eine liebenswürdige, stille, gemütvolle Art: kein Wunder, sind sie doch, wie es in der Natur der Sache liegt, gerade den Kindern erzählt worden[42]. Ein tragischer Ton tritt in denjenigen Erzählungen hinzu, in denen der Vater durch eine höhere Macht gezwungen wird, das geliebte Kind dahinzugeben oder wohl gar mit eigener Hand zu schlachten. Dahin gehört die rührende Geschichte von *Isaaks Opferung*, an dessen Stelle schließlich durch Gottes Barmherzigkeit ein Widder tritt, ganz ebenso, wie in der griechischen Sage Iphigenie, die Agamemnon eigentlich opfern soll, durch eine Hirschkuh ersetzt wird[43]: beide Erzählungen werden aus der Erinnerung daran entstanden sein, daß das Kinderopfer der alten Zeit später durch ein Tieropfer abgelöst worden war[44].

Von einem Kindesopfer, das aber wirklich dargebracht worden sein soll, handelt auch die von herber Schönheit erfüllte Sage von *Jephthas Tochter*[45]. Der gileaditische Held hat, im Begriffe, zu Felde zu ziehen, seinem Gotte gelobt, ihm im Falle seiner glücklichen Rückkehr als Ganzopfer darzubringen, wer immer aus der Tür seines Hauses ihm entgegenkomme. Nun aber fügte es das Schicksal, daß dies Los seine einzige Tochter traf; und um das Tragische dieses Zusammentreffens noch zu erhöhen, trat sie ihm „mit Pauken und im Reigentanz" entgegen, das Siegeslied singend. Das tapfere Mädchen hat ihrem Geschicke stille gehalten und nur eine Frist erbeten, um ihre Jungfrauschaft zu beweinen; dann hat ihr Vater sein Gelübde an ihr vollzogen. – Das Hauptmotiv dieser Erzählung, wonach ein Vater in der Not sein Kind hinzugeben gelobt, auch in der Form, daß er dasjenige verspricht, was ihm bei seiner Heimkehr zuerst begegnen würde, wobei er die Tragweite seines Gelübdes erst nachträglich erkennt, gehört zu einem wohlbekannten Sagen- und Märchentypus, der schon aus griechischen Sagen bezeugt ist[46]. Nahe verwandt ist besonders die Sage von Maiandros, dem in gleichem Falle, als er aus dem Kriege zurückkehrt, der eigene Sohn, seinen Sieg feiernd, entgegentritt[47]. Bei dieser engen Beziehung wird man in den beiden Erzählungen die Rezensionen einer „Wandersage" sehen. In Israel ist der Stoff auf einen geschichtlichen Helden übertragen und, wie der Schluß der Erzählung zeigt, zugleich dazu verwandt worden, ein jährliches Klagefest, das von den israelitischen Jungfrauen begangen wurde, zu rechtfertigen.

MÄRCHEN VON
JUNGEN MÄNNERN UND FRAUEN

Nun allerlei Erzählungen über halb- oder ganz erwachsene *Jünglinge*. Eigentümlich, wie sehr das Märchen, im Hebräischen nicht anders wie im Deutschen, dabei für die Jugend Partei nimmt[1]. Auch das ein Zeichen, daß solche Geschichten gerade den Kindern erzählt werden[2]. Der frische Knabe, der tatenlustige Jüngling, dem die ganze Welt offensteht, haben damals ebenso das Wohlgefallen erregt wie unter uns. Ja, ein solcher junger Mensch, der dreist ins Leben hineintritt, mag am Ende seines Weges noch ein Königtum finden! Wie viele deutsche Märchen haben diesen fröhlichen Schluß! Und so darf auch Saul, von seinem Vater nur auf die Suche nach verlorenen Eselinnen ausgesandt, ohne es zu wissen und wollen, zur Königssalbung gelangen[3], und Joseph muß wenigstens der Erste nach dem Pharao werden[4]! Dem Kinde werden die vorbedeutenden Orakel zuteil: der Knabe Joseph schaut die Zukunftsträume, und der junge Samuel vernimmt die göttliche Stimme[5]. Und dem halben Kinde gelingt die große Tat: so, wie Siegfried, fast noch ein Knabe, den Drachen tötet, so erlegt David, kaum dem Kindesalter entwachsen, den großmächtigen Philister[6], Daniel, obwohl noch sehr jung, entscheidet den schwierigen Prozeß der Susanna[7], und Jesus erregt schon als Zwölfjähriger durch seine kluggestellten Fragen und treffenden Antworten die Verwunderung der Schriftgelehrten[8].

Besonders gerne stellt die primitive Erzählung einen solchen Knaben oder jungen Mann *den Älteren gegenüber* und gibt ihm den Vorzug. Wenn sich Schwiegervater und Schwiegersohn, wie es denn so vorkommen mag, über Hab und Gut streiten, so mag der Ältere und Gewitzigtere zuerst die Oberhand behalten; zum Schlusse aber hat auch der Jüngere gelernt und trägt den Sieg davon. Die israelitische Überlieferung erzählt das von *Jakob*, der zunächst von seinem Schwiegervater *Laban* überlistet wird, dann aber den abgefeimten Aramäer um so kräftiger übers Ohr haut[9]. – In der Berufungserzählung des *Samuel* ist dieser, den Gott zu seinem Werkzeug bestellt, ein unschuldiges Kind; aber neben ihm stehen *Elis Söhne,* Männer, von schwerer Schuld belastet, und das Kind wird erwählt, um die Kunde von Gottes künftigem Gericht über sie zu empfangen[10]. In der Goliatherzählung wird *David* zugleich auch dem gewaltigen Recken *Saul* entgegengestellt, dessen Rüstung so schwer ist, daß der Knabe David darin nicht einmal zu gehen vermöchte[11], und doch erlegt der Knabe den fremden Riesen, vor dem sich der Mann Saul fürchtet[12]. In der Legende der Susanna wird der junge *Daniel* zum Richter der beiden Ältesten, die in Sünden ergraut sind[13].

Gern erzählt man auch von *mehreren Brüdern,* unter denen der Jüngste der Bevorzugte, der beneidete Günstling des Schicksals, der Liebling Gottes ist, „der sich dann oft aber auch als der Klügste oder Beste erweist und seinen Brüdern nicht selten zum Retter wird, wie der kleine Däumling in der Höhle des Menschenfressers"[14]. Dies Motiv „wiederholt sich im Märchen unendlich oft" und tritt auch nicht selten im Alten Testament auf, wo es dann zum Beweise des frommen Satzes dient, daß „Gottes Kraft in der Schwachheit mächtig ist"[15]. So gibt der Manassit *Gideon* dem von ihm unerkannten Jahve, der ihn für Israels Rettung berufen will, die bescheiden ablehnende Antwort: „Mit Verlaub, Herr! Womit soll ich Israel erretten? Ist doch mein Geschlecht das schwächste in Manasse, und ich bin der geringste in meines Vaters Hause"[16]. Dahin gehört auch, daß Saul nach der Legende von seiner Wahl zuerst nicht gefunden werden konnte, weil er sich beim Gepäck versteckt hielt[17]. So ist auch *David* der kleinste unter seinen Brüdern und wird dem Samuel von seinem Vater mit den übrigen Söhnen nicht einmal vorgeführt, als der einen von ihnen zum Könige wählen will; und doch muß ihn dieser „inmitten seiner Brüder" auf Jahves Anweisung zum Könige salben[18]. – Auch in der Goliathgeschichte wird dieser Gegensatz als ein Nebenmotiv verwandt: der Davidknabe, der noch seines Vaters Schafe hüten muß und sich, von diesem dem Heere um Kundschaft nachgesandt, keck unter die Reihen des anrückenden Heeres drängt, wird von seinem ältesten Bruder hart angelassen, als er sich noch obendrein vorwitzig nach dem Preise erkundigt, den König Saul auf Goliaths Kopf gesetzt hat. Der Ältere sieht nicht die Tapferkeit des Knaben, der sich vor Löwen und Bären schon lange nicht mehr fürchtet, sondern er ärgert sich nur über seine Frechheit[19]. Besonders aber ist es die *Joseph*novelle, die dies Motiv ausführt. Hier wird der Gegensatz „zwischen den älteren, treulosen und erfolgarmen und dem jüngsten, guten und

erfolgreichen Bruder", ein Motiv, das so vielen Märchen zugrunde-
liegt[20], zum leitenden Gedanken der ganzen Erzählung erhoben: sie
wollen ihn, der ehrgeizige Träume hat oder nach anderer Rezension
vom Vater als Nesthäkchen durch ein schönes Kleid ausgezeichnet
wird, heimlich davonschaffen und bringen ihn durch ihren Frevel in
das Elend der ägyptischen Sklaverei. Aber hier steigt er nach allerlei
Wechselfällen durch seine mehr als menschliche Klugheit zum Herrn
über Ägypten empor und bekommt sie so, als auch sie nach Ägypten
hinabmüssen, in seine Gewalt. Nun aber zeigt er seinen hohen Edel-
mut: er bestraft sie und ängstigt sie wohl, wie sie es um ihn nicht
anders verdient haben, aber schließlich erbarmt er sich ihrer auch
wieder, gibt sich ihnen zu erkennen und hilft ihnen durch die schwere
Zeit der Hungersnot durch. Das sind Motive, die dem Märchen entnommen sind. Und auch viele der Einzelzüge, mit denen die ganze
gemütvolle Erzählung so reich ausgeschmückt ist, stammen daher.
So hören wir auch in anderen Märchen, daß der jüngste Sohn gerade
um seiner Träume willen aus seines Vaters Hause vertrieben wird[21],
daß es ein Brunnen ist, in den ihn die Brüder versenken, daß ihn
Kaufleute daraus emporziehen u. a. m.[22] Als Ganzes ist die vielgestal-
tete Erzählung ein „Glücks-" oder „Abenteuermärchen" zu nennen[23]; ihrer ausgeführten Art nach ist sie das typische Beispiel einer
„Märchennovelle"[24].

Einer der beherrschenden Gedanken des Schlusses ist das Motiv,
daß der *Jüngste der Retter der übrigen* wird; Joseph sagt zu den Brüdern zuletzt: „darum hat Gott mich vorausgesandt, auf daß von euch
am Leben bleiben ‚viele Errettete‘"[25]. Dies Märchenmotiv ist, wie es
scheint, auch in die *Eschatologie* eingedrungen. In einer berühmten
Stelle des Buches Micha wird in geheimnisvollen Worten die Wieder-
kunft des David verkündet, und dann hinzugefügt:

Darum gibt er sie preis, bis zur Stunde,
da gebiert die Gebärerin;
da kehrt der Rest seiner Brüder heim
‚zu‘ den Söhnen Israels[26].

Die Bedeutung der absichtlich dunklen Worte wird sein: die Drang-
salszeit, da Gott „sie" hingibt, dauert bis zur Stunde der wunderbaren Geburt des neuen David; dann kehren „sie", d. h., wie das Folgende verdeutlicht, „seine (noch) übrigen Brüder", die jetzt in der

Gefangenschaft der Fremden schmachten, in die Heimat zurück. Der verschwiegene Gedanke ist, daß der neue David die anderen Brüder erlöst. Der Prophet scheint also an eine altüberlieferte Geschichte zu denken, wonach von vielen Brüdern die älteren in der Fremde allerlei Ungemach ertragen müssen, bis es dem jüngsten, nachgeborenen gelingt, sie heimzuführen; dies Motiv trägt er in das Bild der Zukunft ein und versucht, es mit den politischen Erwartungen seiner Zeit zu verbinden: die „Brüder" des Messias sind, so deutet er den alten Stoff um, die verbannten Israeliten in der Ferne.

Und ganz ähnlich heißt es in dem Mythus der Offenbarung Johannes, der die Geburt des göttlichen Kindes erzählt, daß der „Drache", der zuerst das Kind selber und dann „das Weib", seine Mutter, vergeblich verfolgt hat, sich schließlich „gegen die übrigen ihres Samens", d. h. ihre andern Söhne, also die älteren Brüder des Kindes, wendet und gegen sie Krieg beginnt[27]. Der Schluß der Erzählung muß gewesen sein, daß das vor dem Drachen gerettete „Kind", nunmehr erwachsen, zurückkehrt, das Ungeheuer bezwingt und seine Brüder von ihm befreit. In beiden Stellen klingt also, wenn wir uns nicht irren, das alte Märchenmotiv von dem Jüngsten durch, der schließlich der Retter seiner älteren Brüder geworden ist.

Aber nicht immer sind alt und jung im Gegensatz. Schön ist es, wenn sie sich finden und wenn der Ältere dem Unerfahrenen seine überlegene Weltkenntnis leihen darf. Da sendet der Vater etwa, noch ehe er stirbt, den alten Diener aus, daß er seinem jungen Sohne eine gute Frau besorge[28], oder er gibt ihm einen wohlerfahrenen Knecht als Berater mit auf den Weg[29]. Heil dem Jüngling, den in solchem Falle unerkannt ein Engel Gottes begleitet[30]! Das Vorbild eines solchen treuen Dieners im deutschen Märchen ist der „treue Johannes"[31].

Zugleich aber sind die alten Völker für die Gefahren nicht blind, die gerade einem Jüngling entgegentreten. Der alte Vater hat sich etwa ein junges Weib genommen; da mag es geschehen, daß Jung und Jung aneinander Feuer fangen und daß der Jüngling, der seines Vaters Bett befleckt hat, mit schwerem Fluche aus dem Hause getrieben wird. Eine solche Geschichte muß man, wie einige Andeutungen zeigen[32], im alten Israel von *Ruben*, Jakobs Erstgeborenem, und Bilha, dem Kebsweibe seines Vaters, erzählt haben; Homer kennt eine ähnliche Erzählung von Phoinix, einem Begleiter des Achilleus[33]. – Ein anderes Grundmotiv weiß von einem Jüngling, der sich in solcher

Versuchung standhafter erweist: ein Eheweib wird durch die frische Jugend eines jungen Mannes gereizt, der sich zu ihrem eigenen Gemahl in irgendeinem Pietätsverhältnis befindet und mit ihr zusammen im Hause wohnt, sei es, daß es sein erwachsener Sohn, sei es, daß es sein Bruder oder sein vertrauter Diener ist. Das ehrvergessene Weib möchte ihn zum Ehebruch verführen, er aber widersteht ihr. Da verkehrt sich ihre Liebe in wütenden Haß, und sie klagt ihn bei ihrem Manne an, eine Gewalttat gegen sie versucht zu haben, so daß der Jüngling jetzt in große Gefahr gerät. Das ist der Inhalt der *Geschichte Josephs mit der Ägypterin*[34]. Da das schon erwähnte ägyptische Brüdermärchen ein ganz ähnliches Zwischenspiel enthält[35], hat früheren Forschern die Vermutung nahegelegen, die biblische Erzählung sei von der ägyptischen ausgegangen[36]. Indessen ist gerade diese Geschichte in mannigfachen Abwandelungen über die halbe Welt verbreitet, die Griechen kennen sie z. B. unter anderen verwandten Sagen als die Geschichte der Phaidra und des Hippolytos[37]; der biblischen Sage stehen, soweit bisher bekannt ist, am nächsten indische und persische Varianten, die ebenso wie die Josepherzählung auch den Nebenzug enthalten, daß die verlogene Frau als Beweis der versuchten Verführung ihr Kleid vorweist, das sie selbst vorher arglistig zerrissen hat. die Geschichte ist also ein schönes Beispiel eines „Wandermärchens" in der Bibel.

Das besprochene Motiv, daß sich verschmähte Liebe in Haß verkehrt, kann auch so gewandt werden, daß der Mann der Verführer ist und das Weib, das ihn verschmäht, von ihm der Unzucht beschuldigt wird. So ist es in der deutschen Sage von Genovefa[38]. Dies Motiv liegt auch der von den Malern so oft dargestellten *Susannalegende* zugrunde[39]. Susanna, die schöne Ehefrau eines vornehmen Juden, wird von zweien der jüdischen Ältesten mit ihrer Liebe verfolgt und – wie eine Rezension hinzufügt – im Bade belauscht. Als sie ihren Anträgen widersteht, beschuldigen sie sie des Ehebruchs und erklären, selbst Augenzeugen davon gewesen zu sein. Zum Schluß wird Susanna durch das weise Urteil Daniels gerettet[40]. Sehr ähnlich ist die Einführung einer indischen Erzählung: Upakosa, ein Eheweib, wird von dem königlichen Hauspriester, dem Oberrichter und dem Lehrer des Thronerben erblickt. Vergebens machen sie ihr auf dem Wege zum Bade unsittliche Anträge. Zuletzt aber werden sie schändlich überführt, und die Ehre der Frau bleibt unangetastet[41]. Beide Überlieferungen stimmen darin überein, daß *mehrere* und *würdige* Männer ein Weib *vergeblich* bei Gelegenheit eines *Bades* mit ihrer *Liebe* verfolgen; vielleicht ist diese Zusammenstimmung in dem einen Motive aus Wurzelverwandtschaft der Überlieferungen zu erklären.

Eine Liebesgeschichte anderer Art ist die von der *Dina*[42], die wir hier nach der älteren Rezension des Textes[43] wiedergeben. Dina, Tochter Jakobs, ist von dem Jüngling Sichem geraubt worden, der sie aber nachträglich zum Eheweibe anzunehmen entschlossen ist. Das Motiv des Brautraubes ist als Nachklang uralter Sitte im Märchen auch sonst bezeugt, insbesondere mit dem Schlusse, „daß die Geraubte sich mit dem Räuber bald aussöhnt und bei dem Räuber als sein Eheweib bleibt"[44]. Und auch der Schluß ist belegt, daß „auf den Raub eine spätere Wiedereroberung der Braut" durch ihre Verwandten folgt[45]. So ist es auch hier. Denn als Dinas Vollbrüder von der Ehrverletzung ihrer Schwester erfahren, werden sie sehr zornig und verstehen es, zunächst scheinbar Sichems Angebot ablehnend, zugleich aber halb darauf eingehend, in die Stadt, da Sichem wohnt, hinterlistig einzudringen, den Verführer zu töten und ihre Schwester zu befreien. Damit ist zu vergleichen, daß auch die Dioskuren ihre geraubte Schwester Helena zurückbringen.

Vom *Frauenraube* handelt auch ein Zwischenspiel der Geschichte von *der Schandtat von Gibea* im Richterbuche[46]. Der Stamm Benjamin hat durch ein großes Unglück seine Frauen verloren; Israel hat sich durch einen Eid verpflichtet, keinem Benjaminiten ein Weib zu geben, und ist dadurch gebunden. Da wird ihnen als Auskunft erlaubt, die Mädchen, die alljährlich in den Weinbergen von Silo ihre Reigentänze aufführen, zu entführen und so den Stamm neu zu begründen[47]. Die Sage erinnert an den Raub der Sabinerinnen, durch den sich die weiberlosen Römer, gleichfalls bei Gelegenheit eines Festes, Frauen verschaffen[48]. Liegt hier wiederum ein Wandermärchen zugrunde oder ist die Geschichte nur als Sage, d. h. mit geschichtlichen Erinnerungen verbunden, denkbar?

Dazu noch andere Erzählungen, die von *Mädchen und Frauen* handeln. Da hören wir in immer neuen Wendungen, daß das antike Weib mit verzehrender Leidenschaft Kinder begehrt und dafür alles, was ihr sonst widerwärtig und verhaßt ist, auf sich nimmt: Sara und Jakobs Weiber geben darum ihre eigenen Mägde ihren Männern hin, um dann deren Kinder zu eigen anzunehmen[49]. Die wilden Töchter des Lot gehen gar zu ihrem eigenen Vater ein, da kein anderer Mann auf Erden übrig ist[50]: damit ist die phönizisch-griechische Erzählung zu vergleichen, wonach Smyrna (oder Myrrha) in verbrecherischer Liebe zu ihrem Vater entflammt ist und ihn zwölf Nächte lang täuscht, wobei auch der Zug, daß sie ihn trunken macht, nicht fehlt[51]. Die verbotene Liebe und Ehe zwischen Vater und Tochter ist auch sonst ein Märchenmotiv.

Aus dem uralten ägyptischen „Brüdermärchen" kennen wir das Motiv, daß ein Eheweib durch wunderbaren Zauber *auch nach dem Tode ihres Mannes* von ihm schwanger werden und einen Sohn von ihm gebären kann[52]. Dasselbe erzählt der ägyptische Mythus. Die Göttin Isis hat den Leib ihres verstorbenen Gemahls, des Osiris, aufs neue belebt und von ihm den Horus als seinen echten Sohn und Erben empfangen[53]. Derselbe Zug kehrt im Alten Testament in der Geschichte der Tamar[54] und der Ruth wieder, nur daß hier der Zauber, gegen den Israel Abscheu empfindet[55], verschwunden und an seine Stelle eine soziale Einrichtung, die Verwandtenehe, getreten ist: die beiden tapferen Frauen wissen es mit weiblichen Künsten dahin zu bringen, daß ihnen ein Mann aus dem Hause des Verstorbenen zu dem so heiß begehrten Kinde verhelfen muß, das dann auch wirklich als echtes Kind Anerkennung findet[56].

Ebenso ist *Täuschung bei der Brautwerbung*, dem Bibelleser von Lea und Rahel her bekannt[57], im Märchen häufig[58].

Im ganzen gilt für die hebräischen Erzählungen ebenso wie für die deutschen Märchen, daß, sooft Männer und Frauen darin zusammen auftreten, *die Frauen „eingehender und sympathischer* geschildert werden *als die Männer"*[59]. Abigail[60] und Zippora[61] retten durch ihre Entschlossenheit das bedrohte Leben ihrer Männer. Die Sunamitin, ebenso geistesgegenwärtig, zwingt fast den Propheten, ihr Kind, so lange es noch Zeit ist, dem Leben wiederzugeben, wobei ihr Mann ganz zur Seite steht[62]. Tamar, Ruth und Lots Töchter erhalten durch Klugheit und Tatkraft das Geschlecht, auch gegen den Willen der beteiligten Männer. Judith setzt ihre weibliche Ehre aufs Spiel, tötet den feindlichen Feldherrn und errettet dadurch die schwer bedrohte Heimat: ganz ähnlich erzählt ein deutsches Märchen von einem Mädchen, das sich vom feindlichen Lager fangen läßt und dort dem General in seinem Zelte sein Zauberschwert stiehlt[63]. Mit welcher Liebe wird die anmutige und dienstwillige Rebekka geschildert, an der Quelle stehend, mit dem Kruge auf der Schulter, und mit wie tiefem Mitgefühl redet der Erzähler von Samuels unglücklicher Mutter, die als kinderloses Weib so bitteres Leid trug und von der Nebenfrau noch obendrein verhöhnt wurde[64]! Ganz zu schweigen von der holden Schönheit, die Mariens zartes Bild in der Kindheitsgeschichte des Lukas umkleidet: Zacharias, der betagte Mann, der fromme Priester, zweifelt an der Engelsbotschaft: „woran soll ich das erkennen"?[65] Aber sie, das schlichte Mädchen, beugt sich ihr gläubig: „mir geschehe, wie du gesagt hast"[66]. Aber auch im Bösen ist das Weib dem Mann überlegen: sie ist es, die ihm im Paradiese die Frucht geboten hat; und Delila hat den starken Simson durch ihre List zu Falle gebracht.

ALLERLEI MÄRCHEN VON MÄNNERN

Dazu allerlei Motive, die von *Männern* handeln. Es sind besonders solche, die irgendeine auffallende Ausnahme von dem gewöhnlichen Geschehen enthalten.

Brüder sind geborene Freunde; man wundert sich nicht, wenn sie sich lieben und einander helfen; aber man erstaunt, wenn sie sich hassen und befehden. Darum ist der äußerste Fall solcher Feindschaft, *der Brudermord,* ein oft erzähltes und stets mit neuem Schauder vernommenes Motiv: Kain tötet Abel wie Romulus den Remus und Seth den Osiris[1], und Jakob und Esau haben sich nicht einmal im Schoße der Mutter vertragen können[2].

Der Herr, der seinen Boten aussendet, verläßt sich darauf, daß der die Bestellung ausrichtet. Aber wie nun? wenn er einen nach dem andern ausschickt und sie alle nichts ausrichten, bis er sich selber aufmachen muß und vielleicht noch dasselbe Schicksal wie sie erleidet? Dies Motiv, das wir Deutschen aus dem Liede „*Der Herr, der schickt den Diener aus*", kennen, wird in einer alttestamentlichen Legende abgewandelt: Saul sendet dreimal Boten, um David von Samuel zu holen; aber bei diesem ist gerade eine Prophetenversammlung, deren Ekstase einen nach dem andern erfaßt, bis Saul selber kommt, aber nur noch gewaltsamer als jene davon ergriffen wird; so gelingt es David, zu entkommen[3]. Eine altfränkische Sage von König Chlotar und seinem Sohne Dagobert ist ähnlich[4], besonders aber eine moderne buddhistische Legende[5].

Wem es geglückt ist, einem Löwen auf dem Wege zu entkommen, der mag sich wohl freuen! Aber das Geschick kann es auch anders mit ihm meinen. So erzählt ein Märchen aus dem gegenwärtigen Tripolis, wie ein Kaufmann vor Räubern in eine Höhle flieht; aber da findet er – einen Löwen; und als auch der ihn verschont, begegnet er einem zweiten Löwen, dem er schließlich glücklich entkommt; „dreimal wäre er beinahe gestorben"[6]. Das Motiv ist hier zu einem „Glücksmärchen" verwandt: Gefahr über Gefahr, aber jedesmal eine unerwartete Rettung. Dies Motiv der dreifachen Gefahr findet sich z. B. in dem deutschen Märchen vom „getreuen Johannes"[7] und, wiederum mit anderer Wendung, in Rückerts Gedicht: „Es ging ein Mann im Syrerland". Der israelitische Prophet *Amos* hat dasselbe Motiv benutzt, um seinen Zeitgenossen, die in Jahves kommendem „Tage" für sich selber eitel Licht sehen und auf ihre eigene Verschonung in allen den zukünftigen Nöten hoffen, nachdrücklich einzuschärfen, daß er ihnen in Wahrheit Drangsal über Drangsal und schließlich den Untergang bringen wird. Darum erinnert er an das Märchen vom Unglücksmenschen, der dem Löwen und Bären noch glücklich entging, aber endlich, in sicherem Hause angekommen, von der Schlange gebissen ward[8]:

Weh euch, die ihr euch sehnt nach Jahves Tag!
Was soll euch Jahves Tag?
Er ist Finsternis, ohne Licht!
So, wie wenn flieht ein Mann
vor dem Löwen
und ein Bär ihn trifft,
und er geht ins Haus und lehnt
seinen Arm an die Wand,
da beißt ihn die Schlange!
Jahves Tag ist Finsternis, ohne Licht,
dunkel und ohne Strahl!

Ebenso seltsam ist es, wenn jemand eine Fallgrube, in der er wilde Tiere fangen will, so künstlich und listig angelegt hat, daß er sie schließlich selber nicht mehr erkennt und hineinstürzt. Eine solche Geschichte erzählt gelegentlich das finnische Märchen[9]; und schon der Psalmist scheint auf eine ähnliche Begebenheit hinzudeuten:

Eine Grube hat er gegraben und ausgehöhlt;
aber er fällt selbst in die Falle, die er gemacht hat[10].

Dem frommen Sänger ist ein solches Geschehen ein Symbol der gerechten Vergeltung:

Das Unheil, das er plant, fällt auf sein Haupt zurück.

Ein anderes Motiv ist folgendes. Wer einen Brief zu überbringen hat, genießt das Vertrauen des Absenders und kann seiner guten Meinung sicher sein. Daher kann Arglist und Arglosigkeit nicht besser gegenübergestellt werden, als wenn ein Bote einen Brief mitnehmen muß, in dem sein eigener Tod befohlen wird. Einen solchen Brief läßt König David durch den Hethiter *Uria*, den er aus dem Wege schaffen will, an Joab besorgen[11], überbringt Bellerophon im Auftrage des Proteus an seinen Schwiegervater[12], und müssen im *Hamlet* Güldenstern und Rosenkranz nach England mitnehmen[13]. Das Motiv hat schon im Märchen seine Stelle[14].

Der Richter oder wer sonst das Urteil spricht, entscheidet über die Sache eines andern. Aber es kann auch vorkommen, daß jemand gezwungen wird, ohne es zu wissen, sich selber zu richten, und wenn dann das Urteil auf schwere Strafe oder gar auf grausamen Tod lautet, so wird es sicherlich gerecht sein. So gefällt es dem Märchen, daß der Bösewicht selber zum Schlusse ahnungslos aussprechen muß, was er verdient hat. Im deutschen Märchen wird die falsche Braut gefragt: „welches Urteils ist diese würdig?", und dann heißt es: „das bist du", und ihr eigenes Wort wird an ihr vollzogen[15]. In der hebräischen Erzählung muß der König selber das Wort sprechen: „Den Tod verdient der Mann, der das getan hat"! Und dann antwortet ihm der Prophet: „Du bist der Mann"[16]!

Wer von einem wilden Tiere verschlungen ist, kommt sicherlich niemals wieder ans Tageslicht. Aber das Märchen spielt mit dem Gedanken, wie schön es wäre, wenn einer, der so verschwunden ist, unversehrt ins Leben zurückkehrte. Dies Motiv, das über die ganze Erde verbreitet ist[17], ist demnach so zu erklären, daß die Phantasie zu der in alter Zeit gewöhnlichen Erfahrung, wonach Menschen von Tieren mit Haut und Haar gefressen worden sind, das „Glücksmotiv" der Errettung aus dem Bauche des Ungeheuers hinzugefügt hat[18]. Das ist eines der Grundmotive der Legende vom *Propheten Jona*, der von einem „großen Fisch" verschlungen wurde, in seinem Leibe drei Tage und drei Nächte weilte und danach ans Land ausgespien wurde. In dem Märchen, das dieser Legende zugrunde liegt, war dies Motiv mit mehreren anderen verknüpft. Das hauptsächlichste unter diesen ist, daß Jona vorher ins Meer geworfen war, also durch diesen Fisch in wunderbarer Weise gerettet und ans Land gebracht worden ist. Auch das gehört zu den seltsamen Begebenheiten, an denen sich die primitive Phantasie ergötzt: ein ins Meer Geworfener geht nicht, wie man erwarten sollte, zugrunde, sondern gerade im rechten Augenblick kommt ihm ein Meertier zu Hilfe.

Wiederum ein nicht seltenes Motiv: ein Liebling des Schicksals, durch Tücke der Menschen oder durch Schiffbruch ins Wasser gefallen, wird durch einen Fisch errettet; man denke an die schöne Arionsage[19]. Dem ganzen, so aus verschiedenen Motiven zusammengewobenen Märchen sind besonders einige indische Erzählungen verwandt, in denen sich viele Einzelzüge: der Sturm, die Auslosung des Schuldigen, der große Fisch, der den Helden verschlingt und wieder von sich gibt, wiederholen[20]. Die Erzählung ist nach Israel gekommen, hier auf Jona, Sohn des Amitthai, eine geschichtliche Persönlichkeit[21], übertragen und mit den höheren Gedanken der israelitischen Religion erfüllt worden; so ist das Märchen zu einer kindlichrührenden Darstellung von Gottes Güte, die selbst einem Niniveh verzeiht, ausgesponnen worden[22].

Ein seltsames Zusammentreffen bei einem *Kampfspiele* wird unter den Davidgeschichten berichtet: von den Israeliten und den Judäern, die sich gegenüberstanden, gingen je zwölf dazu Bestimmte gegeneinander los: „jeder aber faßte ‚mit der Hand‘ den Gegner beim Kopf und stieß ihm das Schwert in die Seite, so daß sie alle zugleich fielen"[23]. So groß war die Wut beider Parteien gegeneinander gewesen, daß sie alle, wie auf Verabredung, heimtückischerweise aus dem Spiele blutigen Ernst machten; eine erbitterte Feldschlacht war die Folge. Der Ort der Begebenheiten aber trug davon den Namen „Feld der ‚Tückischen‘". Also eine Erzählung „ätiologischer" (grundangebender) Art, der römischen von den Horatiern und Curiatiern[24] verwandt. Doch mag es fraglich sein, ob eine solche Geschichte jemals ein „Märchen" und nicht von Anfang an eine „Sage" gewesen ist.

An das Märchen erinnert ferner ein Zwischenspiel bei der Belagerung König Mesas von Moab durch Israel, dem sich Juda und Edom angeschlossen haben. Das Tal, in dem das angreifende Heer lagert, hat sich plötzlich in der Nacht mit Wasser gefüllt. „Frühmorgens aber, als die Sonne über dem Wasser aufging, erschien den Moabitern drüben das Wasser rot[25] wie Blut. Da sprachen sie: Das ist Blut! Sicherlich haben sich die Könige ‚entzweit‘ und einander erschlagen! Nun auf zur Beute, Moab"! Dadurch lassen sie sich zu einem unüberlegten Ausfall verleiten, der für sie übel ausgeht[26]. Die in dieser Schilderung vorausgesetzte Leichtgläubigkeit der Moabiter ist für das Märchen bezeichnend. Wir denken dabei an die deutsche Erzählung von den Herulern, die ein blau blühendes Flachsfeld für ein schwimmbares Wasser halten, sich hineinstürzen und dabei erschlagen werden[27]. Ähnliche Torheiten erzählt das Märchen von den „sieben Schwaben"[28] und von dem Schulzen im „Bürle"[29]. Das sind Motive spöttischer Volksmärchen, mit denen man die Nachbarn neckt. In der alttestamentlichen Erzählung ist der Zug einem durchaus ernsthaften Zusammenhange eingereiht, hat also seinen lustigen Nebengedanken verloren.

Ebenso märchenhaft mutet der Angriff des *Heeres Gideons* auf die Midianiter an, das mit Fackeln, die durch Krüge verdeckt sind, in dunkler Nacht gegen die Feinde anrückt; am Lager angekommen, zerschmettern sie die Krüge, fassen dann die Fackeln, deren Feuer nun hoch emporflammt, mit der Linken und zugleich die Schwerter mit der Rechten und überfallen so, Fackeln und Schwerter schwingend, den durch den ungeheuren Lärm und das plötzliche Licht entsetzten Feind[30]. Ein solcher Angriff würde in der Wirklichkeit nicht möglich sein, sondern gehört der phantastischen Welt des Märchens an. Wir vergleichen damit etwa die neugriechische Erzählung, wonach der eine Stadt belagernde Märchenheld bei Nacht auf die Hörner einer Hammelherde brennende Lichter steckt und die Tiere so vor die Stadtmauern treibt. „Da glaubten die, welche darin waren, daß ein unzählbares Heer gegen sie anrücke, und kamen heraus, um sich dem Feinde zu unterwerfen"[31]. Eine ähnliche Maßnahme erzählt Livius von Hannibal[32].

Dem Märchen entstammt auch der Gedanke, daß die verborgenen Eigenschaften der Menschen durch eine *Prüfung,* die ihnen auferlegt wird, an den Tag kommen müssen: je schwerer diese ist, um so schöner ist dann auch die Bewährung und um so größer der verdiente Lohn[33]. Die entwickelteren Religionen nehmen dies Motiv mit Vorliebe auf, da sie so Gelegenheit haben, die besondere Frömmigkeit eines Heiligen darzustellen, eine Frömmigkeit, die auch in den schwierigsten Lagen standhält, in denen ein gewöhnlicher Mensch straucheln würde. So gibt es *Versuchungsgeschichten* von Buddha und Zoroaster und ebenso von christlichen Heiligen, z. B. vom heiligen Antonius[34]. Zum Alten Testament wird das Motiv häufig abgewandelt: Noah mußte auf Gottes Befehl ein Schiff auf trockenem Lande bauen[35], Abraham erhielt das Gebot, die Seinen zu verlassen und in eine ihm unbekannte Ferne zu ziehen[36], und ein andermal, seinen einzigen Sohn zu schlachten[37]. Märchenhafte Züge finden sich besonders in dem Prolog zu Hiob, wo Gott seinen Frommen dem Satan auf eine Wette hin[38] zur Versuchung übergibt[39], und in der Versuchungsgeschichte Jesu bei Matthäus und Lukas. In der letzteren gehört dem Märchen an, daß der Heiland mit dem Satan in Person verhandelt, daß dieser ihm die Zauberwunder zumutet, Steine in Brot zu verwandeln[40] und vom Rande des Tempels hinunterzuschweben[41], und ferner, daß er ihn zuvor hoch auf den Tempel entrückt hat oder ihn auf einen Berg führt, von dem er alle Reiche der Welt und ihre Herrlichkeit schauen kann[42]. Unverkennbar ist, daß die biblische Legende die Erzählung mit ihren Gedanken erfüllt, aber ebenso deutlich, daß sie einen älteren, märchenhaften Stoff dabei benützt hat.

STANDESMÄRCHEN

Es geschieht im Märchen nicht selten, daß bestimmte *Stände* geschildert werden. So treten in den deutschen Erzählungen Bauer und Holzhacker, Schmied, Schuster und Schneider, Hirtenbüblein und Gänsehirtin und viele andere auf[1]. Auch im Alten Testament sind einige solcher *Standesmärchen* überliefert. So werden in *Jakob und Esau Hirt und Jäger* einander gegenübergestellt. Das Märchen wirft die Frage auf, wem von beiden der Vorrang zukomme, und beantwortet diese Frage in zwei Erzählungen. Beide Geschichten stimmen darin überein, daß der Jäger von Natur der Erstgeborene ist, aber der Hirt hat es verstanden, ihm diesen Vorzug der Geburt zu entreißen: Jakob hat Esau die Erstgeburt für ein Linsengericht abgekauft[2], oder er hat ihm den „Segen" des alten Vaters Isaak durch Betrug entrissen[3]. Es ist ein großer kulturgeschichtlicher Vorgang, das Zurücktreten des unkultivierten Jägers vor dem kultivierteren Hirten, den die Märchendichter ausgezeichnet beobachtet und in ihrer kindlichen Form wiedergegeben haben. Und mit vortrefflich lebenswahren Zügen haben sie beide Gestalten dargestellt. Der Jäger – so schildert es das Märchen vom *Verkauf der Erstgeburt* – lebt von der Hand in den Mund; er schlägt das Tier, das er findet, tot; oft kommt er erschöpft und ohne Fang heim und muß dann hungern; hat er aber heute zu essen, so denkt er nicht an das Morgen. Der Hirt aber ist klüger: er schlägt die Tiere nicht tot, sondern zieht sie auf; zuweilen treibt er auch wohl ein wenig Ackerbau, besitzt Brot und Gemüse; darum hat er immer etwas zu essen; er ist gewohnt, nicht nur an heute, sondern auch an morgen und übermorgen zu denken. Darum ist der Hirt dem Jäger überlegen[4]; und so mußte der heißhungrige Esau dem schlauen Jakob seine schöne Erstgeburt um eine Kleinigkeit verkaufen. – Dasselbe Thema wandelt die verwandte Erzählung von *Jakobs Betruge* ab. Die Frage ist hier, wem von beiden der „Segen" des Vaters zufallen soll, ein Segen, der nur einmal ausgesprochen werden kann[5] und das bessere Feld sowie die Macht über den

Bruder verleiht. Der alte Vater möchte ihn seinem Erstgeborenen zuwenden, aber der Jüngere betrügt durch seine List alle beide. Auch dieses Märchen steht ganz auf Seite des Hirten und ist ebenso wie dieses offenbar im Kreise der Hirten erdichtet worden. Zwar gibt es zu, daß das Wildbret des Jägers besser schmecke als das zahme Tier des Hirten; so urteilt wenigstens Vater Isaak. Aber der Hirt hat sein Fleisch rascher bei der Hand, und die Kochkunst seiner Mutter versteht es gar, das zahme Fleisch als „falsches Wild" zu bereiten. Und der Jäger ist ein Barbar: er ist behaart wie ein Ziegenböckchen, und er riecht – nach anderer Rezension – so stark, daß man es noch an seinen guten Kleidern spüren kann; dagegen ist der kultiviertere Hirt von glatter Haut und wäscht sich – zuweilen. Jakob verstellt sich, als wenn er Esau wäre, indem er die Felle von Ziegenböckchen an Hals und Armen vorbindet und des Bruders Kleider anzieht. Derartige, kindliche Verkleidungen erscheinen dem Märchen glaubhaft[6]. „Eine sittliche Entrüstung über solche Gaunereien empfindet das Märchen nicht, weil das Lachen über die gelungene List jede sittliche Empörung vertreibt"[7]; man erinnere sich etwa an das von Herodot wiedergegebene ägyptische Märchen vom Schatzhaus des Rampsinit[8]. Später sind dann Jakob und Esau für Ahnherren der Völker Israel und Edom erklärt und dadurch die von ihnen handelnden Märchen zu Sagen umgeprägt worden[9].

Das Verhältnis des *Bauern* und des *Hirten* wird in der Erzählung von *Kain* und *Abel* geschildert. Auch hier wird die Frage nach dem Vorrang des einen vor dem andern aufgeworfen, und die Gottheit selbst, um deren Gunst sich beide mit den Opfern aus ihren Erzeugnissen bemühen, muß entscheiden. Aber Gott nimmt den Hirten und nicht den Bauern an; er zieht das schöne, fette Fleisch den viel weniger schmackhaften Früchten des Ackers vor. Der Märchendichter meint, daß jedermann so urteilen würde. Auch diese Erzählung ist sicherlich von Hirten ausgegangen. Aber der Bauer gibt sich mit diesem Bescheide nicht zufrieden. Gewalttätig und roh, wie er ist, fällt er über den sanfteren Hirten her und schlägt ihn tot. Nun aber schreitet die Gottheit selber ein: durch das Blut des Ermordeten herbeigerufen[10], flucht sie den Bauern vom Acker und aus ihrem Angesicht fort. So hat der leidenschaftliche Bauer zuerst den Bruder Hirten und dann sich selbst zugrunde gerichtet. Damit ist diese Geschichte ursprünglich zu Ende gewesen. Auch sie bietet ein wohl beobachtetes Kulturbild, das aber zuletzt bei der Verfluchung des

Mörders hohe sittliche Würde zeigt. Spätere Überlieferung hat noch einen weiteren Schluß hinzugefügt: Kain wird von Gott auf seine Bitte insoweit begnadigt[11], als er ein Zeichen empfängt, das ihn in dem unsteten Leben, wie er es von jetzt an führen muß, vor dem Morde schützt und jeden, der sich an ihm vergreift, mit siebenfacher Blutrache bedroht. Diese Gestalt des Unsteten, aber durch ein göttliches „Zeichen" vor Mord Bewahrten ist, wie es scheint, die des in der Wildnis umherschweifenden *Beduinen*, der das Stammeszeichen an seinem Leibe trägt und sich durch furchtbare Blutrache vor dem Totschlag sichert. Es ist wahrscheinlich, daß dieser Zusatz an den mit Israel verbündeten Nomadenstamm Kain gedacht hat. Daß die ganze Erzählung ursprünglich nicht in die Urzeit der Menschheit gehört, ist schon längst beobachtet worden.

In anderen Überlieferungen gelten diese Vertreter von Ständen zugleich als die *Stifter ihres Berufes*. So ist der erste Mensch zugleich der erste *Bauer*, zur mühseligen Arbeit am Acker von Gott verflucht[12]; „Noah, der Ackersmann, begann auch, Weinberge zu pflanzen[13]; Nimrod „war der erste Gewaltige auf Erden"[14]. So weiß die Überlieferung auch von vier Geschwistern, den Kindern Lamechs: Jabal „ist der Vater derer, die in Zelten und bei Herden wohnen"; sein Bruder Jubal „ist der Vater aller derer, die Zither und Flöte spielen"; von einer anderen Frau stammen Tubal-Kain, – „,das ist der Vater' aller derer, die Erz und Eisen ,hämmern'", – und seine Schwester Naama[15]. Auch hier werden also, ebenso wie bei den Paaren Jakob-Esau und Kain-Abel, die verschiedenen Stände als *Brüder* gedacht. So liegt es offenbar dem primitiven Denken nahe, das keine anderen als solche ganz einfachen Familienbeziehungen aufzufassen vermag. Ein deutsches Märchen weiß z.B. von drei Brüdern, der erste war ein Schreiner, der zweite ein Müller, der dritte ein Drechsler[16]. In der biblischen Erzählung sind es die drei Stände der Wüste, welche als Brüder vorgestellt werden: zuerst die vornehmen Herdenbesitzer, die vollberechtigten Stammesglieder, neben ihnen wie bei Homer die Sänger, dann, als die Nachkommen der zweiten Frau durch eine weite Kluft von ihnen getrennt, die Handwerker, von denen nur die ältesten, die Schmiede, genannt werden[17], schließlich – ohne Beruf – ein Mädchen. Sicherlich hat man von diesen Geschwisterpaaren einst eine Geschichte erzählt, die wir uns nach Maßgabe der Jakob-Esau- sowie der Kain-Abel-Erzählung als Märchen zu denken haben. Die Überlieferung hat diese Erzählung vergessen und nur die handelnden Personen und ihren Stand behalten.

Kein Stand aber ist im Märchen, auch des alten Israel, offenbar so oft vorgekommen als der des Königs[18]. Das ist begreiflich genug, da sich die Phantasie des Volkes mit keiner anderen Person mehr beschäftigt, höchstens die Gottesmänner ausgenommen.

Es gehört mit zu den Eigentümlichkeiten der volkstümlichen Überlieferung, auch im Deutschen, daß die Gestalten darin ihre festen Attribute tragen[19]: der Jäger Esau Bogen und Köcher[20], der Hirt Jakob seinen Hirtenknittel[21], der Gottesmann Mose seinen Gottesstab[22], der Prophet Elia seinen Haarmantel[23]. So wird der König im königlichen Ornat vorgestellt, die Krone auf dem Haupte und das Szepter in der Hand[24]. Will er also einmal unerkannt auftreten, so muß er sich *verkleiden:* so verstellt sich Saul und zieht andere Kleider an, als er zu der Totenbeschwörerin nach Endor geht, und wählt, um völlig sicher zu sein, die Nachtzeit zu diesem Besuche[25]. Auch die Frau Königin tut dasselbe: als Jerobeams I. Sohn krank ist, muß sich seine Gemahlin auf seinen Wunsch verkleiden, daß man ihr nicht anmerke, wer sie sei, und so das Orakel des Propheten Ahia einholen[26]: das Märchenmotiv von der Verkleidung der Königin ist dem Deutschen aus der Geschichte von *Sneewittchen* vertraut[27]. Das Vorbild des verkleidet umhergehenden Märchenkönigs ist für uns Harun al-Raschid aus *Tausend und Einer Nacht.* König Ahab von Israel gibt einmal dem Könige von Juda, der mit ihm in die Schlacht zieht, seine Gewänder und verkleidet sich selber, um so der Todesdrohung des Propheten zu entgehen[28]. Auch solches Kleidervertauschen ist ein Märchenmotiv[29]. Echt märchenhaft ist dann auch, daß alle Verstellung nichts nützt: die Totenbeschwörerin erkennt Saul, ebenso wie Ahia die Königin[30], und das prophetische Wort über Ahab erfüllt sich dennoch[31].

Macht und Größe des Königs stellt sich das Märchen in phantastischer Übertreibung vor. Der israelitische Herrscher vermag es, allen Völkern und Reichen der ganzen Welt den Eid abzunehmen, daß sich ein von ihm Gesuchter bei ihnen nicht befinde[32]. So wird besonders im Buche Esther die Herrlichkeit eines persischen Selbstherrschers märchenhaft übertrieben: der freigebig gelaunte König muß gleich bereit sein, „die Hälfte des Königreiches" zu verschenken[33]; und über alles großartig sind die Köstlichkeiten, die er seinen Gästen vorsetzt[34], dauert doch sein Krönungsfest gar 180 Tage[35]! – Zum Begriff eines morgenländischen Königs gehört ferner dies, daß er von der Gottheit selbst *Aufschlüsse über die Zukunft* seines Landes und Reiches empfängt: so muß in der Josepherzählung Pharao von sieben kommenden fetten und mageren Jahren träumen; und ebenso erhält im Buche Daniel Nebukadnezar vorbedeutende Gesichte[36], und dem Belsazar schreibt gar eine geheimnisvolle Hand eine wunderbare Schrift auf den Kalk seines Prunksaales[37]: von einer solchen Schrift mit goldenen Buchstaben weiß auch das deutsche Märchen[38]. Bezeichnend ist, daß auch an ausländische Könige solche Orakel ergehen, nicht nur an israelitische[39]: es muß sich dabei also um einen unter vielen Völkern verbreiteten Glauben handeln. – Dahin gehört auch, daß man den Königen die *Heilkraft* zutraut: wir kennen diesen Aberglauben aus der Geschichte antiker[40] und moderner Herrscher[41]; aber dasselbe setzt schon die Sage von Elisa und Naeman voraus, die in ihrem ersten Teile darlegt, daß nicht der König, sondern allein der Prophet den Aussatz heilen könne, also den Glauben von der Heilkraft der Könige bekämpft[42]. – Nach einer Bemerkung in der Erzählung von Ahabs Tode haben sich, als der von seinem Blute befleckte Streitwagen im Teiche von Samarien abgespült wurde, die Dirnen der Stadt in dem blutigen Wasser gebadet[43]. Der Zug wird berichtet, um den König noch in seinem Tode zu verunehren; aber wie sollen die Mädchen nach Meinung des Erzählers zu dieser Handlung gekommen sein? Gewiß, weil das Volk überzeugt war, daß Menschenblut und gar Königsblut schön mache[44]. Sicherlich ist nicht verwunderlich, daß der Glaube an so schaurige Schönheitsmittel gerade im Kreise der Dirnen verbreitet war. – Auch das gehört mit zur Hoheit eines Märchenkönigs, daß er selber der Herrlichste und Stattlichste im Volke[45] und daß *die Schönste im ganzen Reiche seine Gemahlin* ist; im Estherbuche werden alle schönen Jungfrauen des Reiches ihm zugeführt, damit er sich aus ihnen die Ehefrau erwähle[46]: ein Motiv, das wir in gesitteterer Form aus dem deutschen Märchen *Aschenputtel* kennen[47]. – Da die Königin des Morgenlandes in mehr oder weniger strenger Abgeschlossenheit lebt und nur wenigen sichtbar wird, erscheint es der Phantasie des Volkes als naheliegend, daß der König es nicht ertragen kann, ein so köstliches Gut niemanden zeigen zu dürfen, und daß er so – etwa in der Weinlaune – auf den verwerflichen Gedanken gerät, ihre geheiligte Person auch für andere darzustellen; aber ein solcher Plan muß notwendig zu schwerem Unheil führen, für ihn selber – so wird das Motiv in der durch

Hebbel ausgeführten Sage von König Kandaules und Gyges ausgeführt[48] – oder für die Königin: so zeigt es das Estherbuch am Beispiele der Vaschthi[49]. Beide Male aber ist die Voraussetzung, daß die Königin dem Wunsch ihres Gemahls widerstrebt; denn Frauen haben eine lebhaftere Empfindung für Sitte und Zucht als Männer.

Bei der Fülle von Macht, die dem Könige zusteht, legt das Volk um so größeren Wert auf die *Weisheit,* mit der er sein Reich verwaltet. In der alttestamentlichen Sage werden die Märchenzüge vom weisen Könige bekanntlich auf *Salomo* gehäuft. Als die Gottheit ihm im Traume eine Bitte freistellte, hat er sich die Weisheit erbeten, und diesen Wunsch hat er erlangt[50]. Die Königin von Saba hat seine Weisheit mit Rätseln erprobt und bewährt erfunden[51]: solche Herrscherbesuche sind schon damals, wie wir wissen, vorgekommen, und die Fürstin der weithin Handel treibenden Sabäer und ihre Reise nach Jerusalem können sehr wohl geschichtlich sein; daß der König aber gerade durch das Lösen von Rätseln seine Weisheit zeigen muß, ist volkstümlich-märchenhaft[52]. Als besonderer Beleg seiner überragenden Weisheit aber wird die Geschichte vom „*salomonischen Urteil*"[53] mitgeteilt.

Damals kamen zwei Dirnen vor den König und traten vor ihn hin. Und das eine Weib sprach: Mit Verlaub, Herr, ich und dies Weib wohnen im selben Hause, und ich gebar in ihrer Gegenwart im Hause. Am dritten Tage aber, nachdem ich geboren, gebar auch dies Weib; wir waren beieinander, niemand anders war bei uns (...). Nun starb der Sohn dieses Weibes in der Nacht, weil sie ihn im Schlaf erdrückt hatte. Da erhob sie sich mitten in der Nacht, nahm meinen Sohn von meiner Seite (...) und legte ihn an ihre Brust, und ihr totes Kind legte sie mir an die Brust. Als ich mich nun (...) erhob, um meinen Sohn zu säugen, da war er tot! Als ich ihn aber am Morgen betrachtete, da war es gar nicht mein Sohn (...) – Das andere Weib aber sprach: Nein, mein Sohn ist der lebendige und deiner ist der tote! (...) – So sprachen sie vor dem Könige.

Ein Rechtsfall, der zunächst völlig unauflöslich erscheint! Kinder sehen sich in ihren ersten Tagen so ähnlich, daß sie eigentlich nur die Mütter unterscheiden können. Aber gerade hier steht Aussage gegen Aussage; eines der Weiber muß lügen. Und ein Zeuge, der ein Wort zur Sache zu äußern vermöchte, ist – das wird ausdrücklich hervorgehoben – nicht vorhanden. Das Märchen aber ergötzt sich an solchen schwierigen Rätseln und Aufgaben. Und wie entscheidet nun König Salomo?

Da sprach[54] der König: holt mir ein Schwert! Und als man es brachte (...), sprach er (...): Schneidet den lebendigen Knaben in zwei Teile und gebt die Hälfte der einen und die Hälfte der andern! Da sprach das Weib, dem das lebendige Kind gehörte (...), denn ihre Liebe entbrannte (...): (...) Gebt ihr das Kind (...) und tötet es ja nicht! Aber die andere rief: Es soll weder mir noch dir gehören! Schneidet zu! Da entschied der König: Gebt ihr das Kind und tötet es nicht; sie ist die Mutter! – Ganz Israel aber vernahm das Urteil, das er (...) gefällt hatte, und fürchtete sich vor dem Könige; denn sie sahen, daß er göttliche Weisheit besaß, um Recht zu sprechen.

Die Geschichte ist geistreich erzählt: das Urteil scheint zunächst überaus grausam zu sein; wie es in Wirklichkeit gemeint ist, merkt der Hörer erst am Schluß; die rechte Mutter scheint zunächst ihre Sache zu verlieren, dann aber gewinnt sie sie auf überraschendste und in völlig überzeugender Weise.

Dieselbe Erzählung ist auch im fernen Osten, besonders in Indien, in allerlei Abwandelungen bekannt, namentlich in dieser, daß der Richter den beiden streitenden Frauen gebietet, das Kind an sich zu reißen, worauf die wahre Mutter, um den zarten Leib nicht zu beschädigen, lieber freiwillig verzichtet und das Kind losläßt, die falsche Mutter aber erbarmungslos an seinen Gliedern zerrt und beide eben daran erkannt werden. Aber auch die alttestamentliche Gestalt der Geschichte, wonach das Kind verteilt werden soll, fehlt dort, wenn auch in sehr späten Abwandelungen, nicht. Daß es sich also auch hier um ein Märchen und zwar ein Wandermärchen handelt, kann nicht bestritten werden; denn ein so geistreich ausgeklügeltes Motiv kann unmöglich zweimal an verschiedenen Orten erfunden worden sein. Und man darf nur fragen, wo das Ursprungsland dieser Erzählung zu suchen ist. Nun spricht folgendes für Indien als die Heimat der Geschichte. Solche Erzählungen von weisen Urteilssprüchen sind geradezu das eigentliche Lebenselement des indischen Volkes[55]. Ferner ist die hebräische Abwandelung in dem einen Zuge nicht gut begründet, als sich hier zwei *Dirnen* um ein Kind streiten; der Erzähler hat gerade diese Personen gewählt, offenbar, um einen Vater, der bei der Sache mitzureden hätte, auszuschalten; aber er hat übersehen, daß eine Dirne keinen Grund hat, weshalb ihr ein ihr nicht selber gehöriges Kind wertvoll sein könnte: warum in aller Welt soll sie sich mit der Pflicht, ein fremdes Kind aufzuziehen, beschweren? Viel besser aber erzählen diejenigen indischen, wenn auch später

Zeit angehörigen Fassungen, in denen es sich um die beiden hinterlassenen Frauen desselben Mannes handelt, die mit dem Kinde zugleich ihre eigene Stellung als Herrin und Erbin festhalten wollen; die kinderlose Witwe hat nach indischem Recht am Hause des Mannes kein Anrecht. Völlig unglaubhaft aber erscheint, daß die schlechter begründete Erzählung der besseren vorausgegangen ist[56], daß aber die ältere Fassung *in der Literatur* der jüngeren um viele Jahrhunderte folgen kann, haben wir an der Tobialegende gesehen[57]. Wir werden also diese Geschichte für das älteste Beispiel eines aus Indien nach dem Westen gewanderten Märchens zu halten haben[58].

Beiläufig sei erwähnt, daß sich in den Apokryphen eine zweite, allerdings der soeben erwähnten an Geist bei weitem untergeordnete Erzählung von einem weisen Richterspruche findet: es ist die vom Urteil des jungen Daniel in der Geschichte der Susanna.

Bei aller dieser Herrlichkeit des Königs ist es begreiflich, daß das Märchen seinen Lieblingen, auch wenn es sie als Kinder oder halbe Kinder denkt, zum Schluß gern die Königskrone verleiht oder sie wenigstens zu Ministern befördert oder ihnen die Königstochter zuspricht: so wird der Jüngling Saul gesalbt, Joseph wird Erster nach dem Pharao, dem Hirtenknaben David wird die Prinzessin versprochen; junge Mädchen wie Esther oder das ausgesetzte Kind in der Allegorie des Hesekiel[59] werden zu Königinnen erhoben. So ist auch eine echte Märchenfigur der König, der vor allem Volke ausrufen läßt, wer den starken Feind bezwinge, solle die Hand der Königstochter erhalten, und der dies Versprechen nicht hält, oder der dem jungen Helden, den er im stillen beneidet, seine Tochter gelobt, aber unter einer Bedingung, bei der er, wie er hofft, sein Leben verlieren muß[60]: beide Motive kommen in den Erzählungen von Saul und David vor[61].

Man sieht aus diesem Beispiel, daß die Gestalt der Königstochter, die dem deutschen Märchen so lieb ist, auch in der israelitischen Erzählung nicht gefehlt hat. Und auch der Zug, daß die in den Märchenhelden verliebte Prinzessin diesen vor den Nachstellungen ihres königlichen Vaters beschützt[62], ist in Israel bekannt gewesen. So berichtet die israelitische Sage von Michal, König Sauls gescheiter Tochter, die ihren geliebten Mann, den David, dadurch rettet, daß sie ihn durch das Fenster entkommen läßt, auf sein Bett einen „Teraphim" (das Bild des Hausgottes) legt, diesen mit einem Kleide verdeckt und dann erklärt, daß ihr Gemahl krank im Bette liege[63]. Ein ähnlicher Betrug im Neugriechischen, wo ein Weib ihren Mann vor der Ermordung dadurch schützt, daß sie ihm rät, einen großen, dikken Holzklotz auf sein Bett zu legen und mit der Decke zuzudecken, sich selbst aber im Zimmer zu verstecken: so täuschte sie ihre Brüder, die ihm nachstellenden „Draken" (Menschenfresser)[64].

Aus dem Vorhergehenden ist verständlich, daß sich das Märchen nicht selten mit der Frage beschäftigt, auf welchem Wege ein Jüngling niederer Herkunft plötzlich zum Königtum gelangen könne. Manchmal kommt man auf die Lösung, das Volk habe, als der Thron verwaist war, die Wahl des neuen Herrschers dem Zufall überlassen; dann heißt es etwa, die Leute der Stadt hätten sich verabredet, wer am nächsten Morgen zuerst am Palast vorüberziehe, solle König werden[65]. Die israelitische Legende erzählt, Saul sei durch das Los zum Könige auserwählt worden[66], ein Zug, der von der Wirklichkeit so weit entfernt ist, daß wir ihn mit Sicherheit aus dem Märchen ableiten dürfen. Und in diesen Zusammenhang dürfen wir – ein auf den ersten Blick freilich sehr seltsam klingender Satz – vielleicht auch die Erscheinung der *Taube bei der Taufe Jesu* einstellen.

Die Evangelien erzählen bekanntlich, daß bei Jesu Taufe der Heilige Geist als (wie) eine Taube auf ihn herniedergekommen und zugleich eine himmlische Stimme erschollen sei, die ihn für Gottes geliebten Sohn erklärt habe. Die uns überlieferten Berichte schwanken in sich selber darüber, ob diese Offenbarung als ein objektives Geschehen oder ein subjektives, inneres Erleben zu denken sei, ob die Stimme wirklich vom Himmel erklungen[67] oder ob sie nur gehört[68] worden und ob die Taube allen[69] oder nur Jesu[70], und – wie es im Johannesevangelium heißt – Johannes dem Täufer sichtbar geworden sei[71]. Die Erklärer der Gegenwart pflegen, einem Teil der Berichte und ihrem eigenen, noch immer nicht ganz überwundenen rationalisierenden Zuge folgend, als geschichtlichen Kern eine Vision Jesu anzunehmen[72]. Aber gegen diese Behauptung spricht, daß die Darstellung des Heiligen Geistes als einer Taube damals keineswegs so natürlich war, wie man es doch bei einer solchen Vision voraussetzen müßte: im Alten Testament kommt dies Symbol für den Heiligen Geist überhaupt nicht vor, und auch den Rabbinen ist es unbekannt gewesen: die Stellen, auf die man die umgekehrte Behauptung hat stützen wollen, sind sämtlich nicht stichhaltig[73]. So ist zunächst das Ergebnis, daß die Erscheinung des Geistes als einer Taube bisher unerklärt geblieben ist[74].

Will man weiter kommen, so wird man die Möglichkeit ins Auge zu fassen haben, daß, entgegen dem Urteil der gegenwärtigen Erklärer, die objektive Auffassung der Offenbarung das Ursprüngliche bietet, und ferner, daß hier, ähnlich wie in den Kindheitsgeschichten Jesu, eine nachträglich auf ihn übertragene und für ihn umgedeutete Geschichte im Hintergrunde steht, wonach wirklich einmal eine Taube erschienen ist und sich auf einen Menschen niedergelassen hat. Nun dürfen wir noch vermuten, welche Gestalt diese vorchristliche Erzählung besessen haben mag. Bei der Erscheinung der Taube erwähnt der Bericht der Evangelien zugleich eine himmlische Stimme, die, nicht anders wie jene, als Wirklichkeit gedacht werden müßte: solche Stimmen vom Himmel sind in rabbinischen Wundergeschichten häufig[75] und erschallen auch schon im Märchen[76]. Nun gehört beides, Erscheinung und Stimme, in der Taufgeschichte offenbar zusammen: was jene bedeuten soll, das wird von dieser in Worten ausgesprochen: Jesus wird durch beides als Gottes „geliebter Sohn"[77], der „Sohn Gottes"[78] bezeichnet; das ist an dieser feierlichen Stelle eine Umschreibung des Christustitels. Diese Auffassung des Taufwunders spricht am deutlichsten das Johannesevangelium aus, das darin wohl einer älteren Überlieferung folgen wird. Johannes dem Täufer ist, so wird hier vorausgesetzt, zuvor die Offenbarung zuteil geworden, unter allen denjenigen, die zu ihm kommen, um sich von ihm taufen zu lassen, werde sich auch der einstweilen noch unbekannt unter den Menschen wandelnde Gottessohn befinden; derjenige aber, auf den der Geist werde herabfahren sehen, der werde der Christus sein[79]. Dies aber hat Johannes dann geschaut: er sah den Geist auf Jesus vom Himmel als eine Taube hernniederfahren[80], und nun bezeugt er es allem Volke: *dieser ist es*[81]. Mag nun auch hieran die Hervorhebung gerade Johannes des Täufers einer späteren Zeit angehören, so ist doch die Auffassung, daß der heimliche Christus durch die auf ihn hernniederschwebende Taube offenbar werde, von diesem Urteil auszunehmen; ganz ähnlich lauten ja die Worte der göttlichen Stimme im Matthäusevangelium[82]: „Dieser ist mein geliebter Sohn, an dem ich Wohlgefallen habe". *Das Herabkommen der Taube auf Jesus hat also den Zweck, ihn öffentlich als den Christus zu proklamieren.*

Nun wird die anzunehmende ältere Form der Geschichte an Stelle des jüdisch-christlichen „Christus" von einem *Könige* gesprochen haben, wie denn auch sonst in den Kindheitsgeschichten Jesu einige sind, in denen die Gestalt Jesu Christi für einen vormaligen König eingetreten ist: man denke besonders an die Erzählung von den Weisen aus dem Morgenlande[83]. Wir suchen also eine Geschichte, in der ein bisher Unbekannter dadurch zum Könige erklärt wird, daß eine Taube auf ihn herniederschwebt. Diese Erzählung ist aber wirklich vorhanden und ein weit verbreitetes Märchen, das etwa folgendermaßen erzählt: als der alte König gestorben ist, haben die Leute der Stadt beschlossen, denjenigen auf den Thron zu erheben, auf dessen Haupt sich ein Vogel (den man vielleicht vorher hat aufsteigen lassen) herablassen werde; auch von einer Taube ist in diesem Zusammenhange, wenn auch verhältnismäßig selten, die Rede. *Der neue König, durch einen Vogel, der auf ihn herniederkommt, als solcher bezeichnet: das ist also wirklich ein häufig bezeugtes Erzählungsmotiv*[84]. Man würde also anzunehmen haben, daß dies Motiv schon zur Zeit der ersten christlichen Gemeinde bestanden und daß es ihr nahegelegen habe, die Gestalt des Königs, der durch ein vom Himmel kommendes Zeichen aus den Menschen erwählt wird, auf Jesus, Israels wahren König, zu übertragen; dabei habe man die prophetische Taube sehr passend auf den Heiligen Geist gedeutet und so sei diese zu dessen Symbol geworden.

Vielleicht werden es Spätere nicht verschmähen, die zugehörigen Märchen und Legenden zusammenzustellen und unsere Frage zu prüfen.

In den von Königen handelnden Märchen ist es manchmal ergötzlich, daß sie so gerne Hoheit und Würde des Königs vergessen und ihn *wie jeden anderen Menschen* handeln lassen[85]. Man höre, wie König Ahab gelegentlich geschildert wird. Ärgerlich und verstimmt, weil er einen Handel nicht hat ausführen können, kommt er heim, legt sich zu Bette, zieht die Decke übers Gesicht und rührt keinen Bissen an, bis ihn seine hohe Gemahlin durch herben Spott und argen Rat wieder aufrichtet[86]. Derselbe fährt ein andermal bei einer Dürre mit seinem Hausminister aus, um hochselbst Gras für die Rosse und Maultiere des königlichen Marstalls zu suchen; dabei teilen sie sich in das Land: Ahab geht allein auf dem einen Wege, der Minister auf dem andern[87]. Auch Joseph würde als Erster nach dem Pharao in Wirklichkeit wohl nicht selber das Korn verkauft, sondern dies Geschäft seinen Dienern überlassen haben[88]. Und eine Sage von Davids Verfolgung durch Saul[89], sowie die von König Eglons Ermordung[90], zeigt den Herrscher gar an einer Stelle, wohin selbst er – allein geht. Etwas

Unehrerbietiges empfindet die volkstümliche Überlieferung dabei gar nicht. Auffällig ist auch, wie oft das Märchen den Herrn König und die Seinigen zum Fenster hinaussehen läßt: allzuviel zu tun – so stellt es sich vor – haben sie wohl nicht, und wenn etwas Neues draußen vorgeht, so stecken sie neugierig den Kopf hinaus[91]. Ein alttestamentliches Beispiel dafür ist König Abimelech von Gerar, der den soeben eingewanderten Isaak durchs Fenster beobachtet und dabei die Entdeckung macht, das Weib, das jener mit sich führt, könne offenbar seine Schwester nicht sein[92]. – Ebenso mischt das Märchen in seiner Kindlichkeit etwa streng amtliche Formen und seine unbefangenen Gedanken ineinander. Zu Anfang des Estherbuches wird berichtet, wie ein königlicher Erlaß nach allen Regeln des Rechts zustande kommt, aber der Inhalt dieses Befehls ist dieser: „jeder Mann soll Herr in seinem Hause sein und ‚bei sich zu Hause frei‘ reden dürfen"[93]. Ein solches Gesetz, das den Ehemännern ihr Hausrecht wahrt und den Ehefrauen den Mund verbietet, würde der Staat in Wirklichkeit freilich schwerlich geben! Ebenso beginnt der Erlaß des Königs von Niniveh, worin der ganzen Stadt auf die Predigt des Jona hin eine allgemeine Bußhandlung befohlen wird, zunächst in ganz amtlicher Sprache: „Auf Befehl des Königs und seiner Großen also", und fährt dann kindlich fort: „Menschen und Tiere, Rinder und Schafe sollen nichts genießen, nicht weiden noch Wasser trinken, sondern Sack anziehen (...) und mit aller Macht Gott anrufen, und sich jeder von seinem bösen Wege bekehren und von dem Frevel an ihren Händen; wer weiß, ob es sich nicht Gott wieder gereuen läßt, daß er von seiner Zornesglut abläßt und wir nicht untergehen"[94].

MÄRCHENHAFTE ZÜGE
IN DER URGESCHICHTE

Schon im vorhergehenden sind uns einige märchenhafte Züge begegnet, die uns in der biblischen Urgeschichte überliefert sind. Dahin gehört vor allem die Vorstellung von einem schönen Wunderlande in weiter Ferne, in dem die Menschen einst geweilt haben, mit seinen gewaltigen Wassern und herrlichen Bäumen, besonders dem „Baume des Lebens"[1]; und auch die Schlange, die als ein dämonisches Tier gedacht wird[2] und deren unheimliche Gestalt und Nahrung die Erzählung zu erklären sucht, ist nur aus der Betrachtungsweise der primitiven Völker zu verstehen[3]. Dazu kommen nun noch andere Motive ähnlicher Art.

Die Paradieseserzählung des Jahvisten, der die genannten Züge angehören, hat als Ganzes den Zweck, den gegenwärtigen Zustand des Menschen zu erklären, ist also „ätiologischer" Art. Der Mensch, der hier als Bauer vorgestellt wird, hat viel Elend und Mühsal auf seinem Acker, und ebenso wie er hat das Weib, seine Genossin, in den Mühen und Nöten ihres Geschlechtes mancherlei zu dulden; und dieses Geschick ist ohne Hoffnung, es endigt erst mit dem Tode. Die Geschichte erzählt dann, wie es zu diesem Zustand gekommen ist. Einst war es anders: da war der Mensch glücklich, er hatte noch nicht den mühseligen Beruf des Bauern, sondern er war Gärtner im Paradiese, und auch das Weib war noch nicht die Gebärerin: Mann und Weib hatten damals ihr Geschlecht noch nicht entdeckt, sondern lebten wie Kinder zusammen: „sie waren nackend und schämten sich nicht voreinander". Aber dies uranfängliche Glück haben sie durch eine Missetat verscherzt. Die Gottheit, in deren Bereich sie weilten, hatte ihnen verboten, von „dem Baume der Erkenntnis" zu essen, um sie nicht allzusehr zu erheben; sie aber haben, durch die böse Schlange verführt, den Befehl übertreten und so zwar die bessere „Erkenntnis" erlangt: sie sind aus dem dumpfen Kindesalter zum Lichte der Vernunft gekommen, aber sie sind um dieser Sünde willen aus dem Paradiese vertrieben, und ihr künftiges Leben ist ihnen verflucht worden.

Es ist klar, daß ein Geschlecht, das sich in solchen Betrachtungen über sein eigenes Leben ergeht, auf einer verhältnismäßig hohen Stufe geistiger Kultur angelangt ist und daß also eine derartige Erzählung nur mit Vorbehalt unter die „primitiven" gerechnet werden kann. Auch hebt sich die vorliegende hebräische Ausprägung der Geschichte durch den großen Ernst, mit dem sie von der Sünde spricht, aus ähnlichen Erdichtungen hoch empor. Trotzdem enthält sie außer den schon besprochenen noch mancherlei *Motive, die dem Märchen verwandt* sind.

„Es hat wohl der Phantasie eines mühselig um sein Dasein ringenden Volkes stets nahe gelegen, in Vorstellungen von einem Leben in reinster Glückseligkeit sich zu ergehen, in dem sich von selbst alle Wünsche – besonders die materiellen – erfüllen: Märchen von einer seligen Urzeit hat es überall gegeben. Wie die Bibel im Anfang das Paradies, so schildern alte Schriftsteller das goldene Zeitalter"[4]. Oder, um noch ein anderes Beispiel hinzuzufügen, auch die persische Sage weiß von Jima, dem Könige, unter dem es weder Krankheit noch Tod und weder Hunger noch Durst gegeben hat[5].

An solche Schilderung schließt sich dann anderswo auch die Erzählung, daß die Menschen dieses Glück der Urzeit durch ihre Sünde verscherzt haben: Jima hat sich dem Hochmut ergeben und so sein Reich an den Dahâka verloren[6].

Die hebräische Überlieferung flicht hier das Motiv von *dem übertretenen Verbote* ein, das im Märchen vielfach auftritt[7], im deutschen z. B. in der Erzählung vom „Marienkinde"[8]. Dem Gedanken, daß die ersten Menschen von allen Bäumen des Gartens genießen dürfen und nur den einen nicht antasten sollen, liegt die in primitiven Erzählungen so oft vorkommende Formel „alle – außer einem" zugrunde[9].

Das *Weib* ist es, das zuerst verführt ward und dann über den Menschen das ganze Unheil brachte. Ein griechisches Märchen erzählt von Pandora, die von den Göttern zur Strafe für die Menschen erschaffen und mit allen weiblichen Vorzügen begabt, aber zugleich mit einem Fasse beschenkt worden war, in dem alle Übel enthalten waren, und die dann dem Epimetheus, dem Bruder des Menschenschöpfers Prometheus, zugeführt wurde; dieser ließ sich betören und nahm Pandora auf; sie aber hob den Deckel des Fasses auf, so daß alle Übel herausflogen und sich unter den Menschen verbreiteten[10]. Auch hier liegt also das Motiv zugrunde, daß die Not des Lebens über den Menschen durch das Weib gekommen ist.

Zum Schluß wird der *Kerub* vor das Paradies gestellt[11]; ebenso wie der Garten der Hesperiden durch einen Drachen bewacht wird[12]. Solche Zauberwache spielt in Sagen und Märchen eine große Rolle[13]. So ist also der Stoff dieser Erzählung in manchem märchenähnlich. Zudem kann man im gegenwärtigen Texte an gewissen Spuren erkennen, daß die Geschichte vor Zeiten noch kindlicher und urwüchsiger gewesen sein muß. Danach ist der Gott, der hier auftritt, ursprünglich nicht der allmächtige und allwissende Schöpfer, sondern eine bei weitem geringere Gestalt: in dem Garten, der sonst „der Garten Jahves" oder „Gottes" heißt[14], war seine eigene Wohnung; daselbst ergeht er sich in der Frühe des Morgens im kühlen Lufthauch; den Baum, den er den Menschen verbietet, wird er sich ursprünglich selber vorbehalten haben, wie auch die Götter der Griechen Ambrosia essen, um ewiges Leben zu haben. Die Schlange ist ihm feindlich gesinnt, trotzdem hat er sie nicht aus dem Garten vertrieben; hat er zu spät gemerkt, welchen Schaden sie anrichten konnte? Ganz eigentümlich ist auch, daß seine Drohung an die Menschen, sie würden an dem Tage, wo sie von dem Baume essen, des Todes sterben, nicht in Erfüllung geht, während sich die Worte der Schlange, die diese Voraussage Lügen strafen, durchaus bestätigen. Ebenso erweist sich ihre Aussage, daß die Menschen durch den Genuß des Baumes ein gottähnliches Wissen erhalten würden, als Wahrheit: ihre Augen öffnen sich wirklich! Demnach wird in der älteren, vorauszusetzenden Erzählung der betreffende Gott die Unwahrheit, die Schlange aber das Richtige gesagt haben: er hat den Baum, um den Menschen davon ferne zu halten, für einen Giftbaum ausgegeben, sie aber hat ihn über seine wahre Natur aufgeklärt. Auch die geschehene Übertretung hat er nicht etwa mit allwissenden Augen von ferne geschaut, sondern nur bei Gelegenheit entdeckt. Vielleicht ist auch das Geschlechtliche, das die gegenwärtige Erzählung keusch verhüllt, in der älteren Erzählung viel derber hervorgetreten; da mag mit der verbotenen Frucht der Liebesgenuß gegeben gewesen sein, wie denn in der Liebesdichtung des Morgenlandes das Pflücken der köstlichen Frucht ein beliebtes Bild der Liebe ist[15].

In dieser Form aber, die wir freilich nur von weitem erraten und nicht vor Augen stellen können, wird die Erzählung noch viel deutlicher vom Hauch des Märchens umwittert gewesen sein.

Ebenso und vielleicht noch stärker treten die Märchenfarben in der kleinen *Geschichte von den Entstehungen* hervor, die im Texte des

Jahvisten der Paradieseserzählung vorangestellt und ihrer Einführung eingearbeitet ist[16]. Auch hier ein Gott, der den Menschen nicht etwa durch sein gebietendes Wort aus nichts hervorbringt, sondern der ihn vielmehr, wie es sich auch andere Völker denken[17], mit seinen Händen aus feuchter Erde formt und ihm dann den eigenen Odem in die Nase bläst, der dann aber nachträglich sein Geschöpf noch nicht für „gut" befindet, da es notwendig eine „Gesellschaft" haben muß, und der nun zunächst Versuche mit den Tieren anstellt, ob der Mensch sie vielleicht als seinesgleichen anerkennen würde, bis er endlich auf den weisen Einfall kommt, ein Wesen aus der Rippe des Menschen selber zu bilden. Und wie beschränkt ist der Gesichtskreis dieser Erzählung! Hier ist von der Schöpfung von Himmel und Erde noch keine Rede[18] – soweit hat sich damals das Nachdenken Israels noch nicht erstreckt – sondern der Mensch fragt hauptsächlich nach seiner eigenen Entstehung, sodann nach dem Werden dessen, was er in seiner nächsten Umgebung um sich sieht: wie der Acker geworden sei, auf dem er arbeitet, die Tiere des Feldes und das Weib, mit denen zusammen er lebt. Alles dies ist aus primitivem Denken hervorgegangen.

In der Geschichte vom *babylonischen Turmbau*[19] ferner ist märchenhaft der Plan der Menschen, sich einen Turm zu bauen, der so hoch ist, daß seine Spitze in den Himmel reicht; ein solches Gebäude aber werde, so hoffen sie, überall sichtbar sein und sie daher vor der Zerstreuung über die ganze Erde hin bewahren. Und ganz primitiv klingt auch die Besorgnis Gottes, den Menschen werde, wenn ihnen dies Werk gelinge, fortan nichts mehr verwehrt werden können, was sie auch ersinnen mögen. So zerstreut sie dann Gott in einer ähnlichen Furcht vor ihrer künftigen Macht, wie er auch in der Paradiesesgeschichte gegen sie eingeschritten ist[20] und wie er ein andermal, als göttliches Wesen sich mit ihnen mischte, ihre Lebenstage verkürzt hat[21].

Die *Sintfluterzählung* gehört ihrem ganzen Aufriß nach einem bekannten Märchentypus an: eine Landschaft wird von einer schweren Plage betroffen, ein Gerechter aber von einem höheren Wesen gerettet; man erinnere sich dabei der biblischen Sodomgeschichte[22]. Märchenhaft ist in der Sintfluterzählung des Jahvisten besonders der kindliche Zug, daß eine allgemeine Flut über die ganze Erde kommt, als es vierzig Tage und Nächte geregnet hat, daß Noah seinen Glauben dadurch beweisen muß, daß er ein Schiff auf trockenem Lande

baut[23] – auch dies ein echtes Märchenmotiv[24]! – und besonders, daß
Gott selber in seiner Gnade hinter ihm die Türe der Arche schließt[25].

Keinesfalls aber darf man übersehen, daß alle diese primitiven
Züge nur die Grundlage der Urgeschichte der Bibel bilden und daß
die höhere Religion ihnen ihren Tiefsinn und ihren sittlichen Ernst
hinzugefügt hat; davon soll im Volksbuche „Mythus im Alten Testament" die Rede sein. Gerade diese Verbindung aber des Kindlichen
mit der Hoheit der Jahvereligion macht den eigentümlichen Reiz und
die ewige Bedeutung dieser Erzählungen aus.

Übersicht über das Ganze nach Form und Inhalt

Der vorgelegte Stoff ist so außerordentlich mannigfaltig, daß die Beobachtungen noch einer Zusammenfassung und Anordnung bedürfen.

Zunächst die *Kennzeichen,* nach denen die im vorhergehenden zusammengestellten Erzählungen sich als Märchen offenbaren.

Besonders bezeichnend ist für das Märchen seine eigentümliche *phantastische Art.* Und wie viel seltsame Erzählungen sind hier uns entgegengetreten! Da wächst ein Baum so hoch und breit, daß alle Vögel des Himmels in ihm nisten und alle Tiere des Feldes unter seinen Zweigen gebären[1]. Da reden nicht nur die Menschen, sondern auch die Pflanzen[2]: und selbst die Glieder des Körpers streiten miteinander[3]. An der Wand erscheint eine geheime Schrift, von übermenschlichem Finger geschrieben[4]. Dämonen ringen mit Menschen in der Nacht[5] oder stellen menschlichen Frauen in brünstiger Liebe nach[6]. Oder ein Mensch, der in das Meer geworfen ist, wird durch einen Fisch, der ihn verschlingt und wieder ausspeien muß, vom Tode gerettet[7]. Ein anderer schwebt auf feurigen Wagen zum Himmel empor[8]. Ein Hirtenknabe steigt auf den Thron[9], und ein junges Mädchen von unbekannter Geburt wird Königin[10]. Sonne und Mond stehen still, wenn der Gottesmann es gebietet[11]; das Meer spaltet sich vor seinem Stabe[12], und Tote kommen ins Leben zurück[13]. Dies alles aber und vieles andere mehr wird in den meisten dieser Erzählungen – nur die Fabeln, Parabeln und Allegorien sind dabei auszunehmen – als glaubwürdige Geschichte berichtet. Die Menschen im Paradiese erstaunen nicht, als die Schlange den Mund auftut oder als die Gottheit selbst vor sie tritt, ebenso wie sich Bileam in ein Gespräch mit seiner Eselin einläßt, als ob es gar nicht anders sein könnte[14]. Diese eigentümliche *Leichtgläubigkeit* des Märchens zeigt sich auch sonst überall. Die Moabiter halten Wasser, über dem die Sonne scheint, für Blut[15]; wir Aufgeklärten, aber nicht das Märchen fragt: sollten sie im eigenen Lande so wenig Bescheid gewußt haben? Wir finden den

Betrug Jakobs, der sich Felle vorbindet, um seinem haarigen Bruder Esau ähnlich zu sein[16], allzugrob; das Märchen glaubt daran. Und ebensowenig nimmt es daran Anstoß, daß Joseph in Ägypten das Vaterhaus völlig vergißt[17] und daß seine Brüder das Geld, das sie in ihren Säcken finden, gleich für ein Geschenk der Gottheit halten[18]. Solche Leichtgläubigkeit aber fällt uns um so mehr auf, als sich daneben zuweilen ein erstaunlicher *Wirklichkeitssinn* zeigt: man erinnere sich z. B. an die Schärfe, mit der hier die Stände, etwa die des Hirten und Jägers, beobachtet sind[19] oder mit denen die Verhältnisse innerhalb der Familie wiedergegeben werden[20]. Dies beides zusammen aber bezeichnet eben das primitive Denken, aus dem das Märchen hervorgegangen ist: genaues Beobachten der wirklichen Dinge zu einem gewissen Teil und daneben das ungehemmte Abschweifen der Phantasie zu einem andern.

So können wir denn auch die verschiedenen Wurzeln, aus denen das Märchen erwachsen ist[21], in den von uns zusammengestellten Erzählungen des Alten Testaments erkennen. Da gibt es Geschichten, die aus *Träumen* entstanden sein mögen: dahin wird man vor allem die Erzählungen vom nächtlichen Kampfe eines Menschen mit einem Dämon, der bei Sonnenaufgang verschwinden muß[22], rechnen, oder die Vorstellung von einem seligen Götterlande ohne Leid und Schmerz[23], oder diese, daß der Mensch von überirdischen Wesen in ferne Länder entrafft wird[24] oder zwischen Himmel und Erde schwebt[25]. Andere Erzählungen haben in verständlichen *Wünschen* des menschlichen Herzens ihren Ursprung: der unter dem unentrinnbaren Geschick des Todes seufzende Mensch fabelt von einem Baum oder einem Wasser, die ihm ewiges Leben verleihen[26]; der an den Erdboden gebannte von einem Wagen, auf dem man durch die Lüfte schweben kann[27]. Und wie begreiflich ist es, daß er gerne von einem Ölkrug hört, der niemals das Öl verliert, da doch hienieden die Vorräte nur zu rasch alle werden[28], oder daß er wünschte, der von einem bösen Tiere Verschlungene möchte heil und gesund wieder hervorkommen[29]! Dazu kommt der Glaube der Urzeit, der *alle Dinge mit menschenähnlichem Leben* ausstattet: die Bäume gehen hin und wählen sich einen König[30], der Dornstrauch freit für seinen Sohn um die Tochter der Zeder[31], die Schlange ist klüger als der Mensch in seiner ersten Zeit[32], die Eselin Bileams schaut den Engel eher als der Gottesmann selber[33], selbst Räder sind gelegentlich belebt[34], und ein Flammenschwert ist ein dämonisches Wesen[35].

Auch im Märchen Israels treten zudem die *Dämonen, Drachen und Riesen auf:* übermenschliche Wesen lieben Menschentöchter[36] oder erscheinen, Gastfreundschaft begehrend, in menschlicher Hütte[37]. Und auch in Israel weiß das Märchen von gewissen *Zuständen der Seele:* der Sterbende weissagt[38], Träume sagen die Zukunft voraus[39], die Kraft ist an das Haar gebunden, die Blutstropfen reden[40]: besonders hat der Glaube an allerlei *Zauberei* im ältesten Israel eine große Bedeutung besessen, was noch an vielerlei Zaubermärchen zu erkennen ist[41]. Sehr viele andere Märchen gehen von *Erfahrungen des Alltagslebens* aus und stellen Zustände der Familie oder der Berufe dar; wir erinnern dabei aufs neue an die schönen Standesmärchen der Hebräer[42] und die mancherlei Motive, die dem Leben der Könige entnommen sind[43]. Zuweilen geben *Sitten der Vorzeit* zu Erzählungen Anlaß; man denke dabei an die Märchen von ausgesetzten Kindern[44], vom Kinderopfer[45] und vom Brautraub[46]. In anderen Geschichten wiederum tritt das *Nachdenken* der ältesten Zeit hervor; dahin gehören besonders die mancherlei „ätiologischen" Märchen, die uns begegnet sind: die biblische Urgeschichte fragt tiefsinnig, woher das Leid in die Menschheit gekommen sei[47], aber stellt die kindliche Frage daneben, warum die Schlange auf dem Bauche gehen müsse[48]. Auch über die Entstehung der Künste der Menschen hat man nachgedacht und die Ahnherren, von denen sie stammen, zu nennen gewußt[49] und sich schließlich gar zu den letzten Fragen, woher Mann und Weib und Tiere[50] und woher Himmel und Erde selber herrühren, erhoben[51]. Alles dies aber ist so mannigfaltig, daß es sich in kein System zusammenfassen läßt. Nur durch das primitive Denken, aus dem es erwachsen ist, wird es zusammengehalten. Jeder Versuch, diese so weit zerstreuten Einzelheiten zu einem einheitlichen Ganzen zusammenzuschmieden, muß notwendigerweise scheitern[52].

Auch darin zeigen diese Erzählungen ihre Märchenart, daß sie es lieben, ihre *Helden ohne Namen* zu lassen[53]. So werden nicht benannt die beiden Dirnen, die vor Salomo streiten[54], das Weib aus Sunem, das den Elisa aufnimmt[55], die ägyptischen Könige, zu denen Abraham[56] und Joseph[57], gekommen sind, „Potiphars Weib"[58], Bäcker und Mundschenk des Pharao[59], die beiden Propheten zu Bethel[60] usw. In anderen dieser Erzählungen treten die Handelnden mit Namen auf, die zu jener Zeit gebräuchlich gewesen sein müssen; für solche Märchennamen sind zu halten Jakob und Esau sowie der

Aramäer" Laban – ein „Aramäer" kann im hebräischen Märchen ebensowenig befremden wie etwa im deutschen Märchen ein „Jude"[61], im neugriechischen ein „Mohr"[62] und in *Tausend und Einer Nacht* die Juden, Christen oder Neger; solche Vertreter anderer Völker kommen naturgemäß in denjenigen Märchen vor, die aus Gegenden stammen, in denen Völker nebeneinander wohnen oder in die einzelne Fremde zu gelangen pflegen. Auch der Name Abraham gehört wohl hierher[63] und die meisten der Frauen der Patriarchen: Sara, Rebekka, Dina, Tamar[64]. Doch werden die Namen der Orte, da die Dinge geschehen sein sollen, meistens genannt: Hebron[65], Penuel[66], Machanaim[67], Sodom[68]: letzteres ein erdichteter Name. Anders ist es, wenn die Märchenstoffe auf geschichtliche Personen übertragen werden, deren Namen dann natürlich mit vorkommen.

Auch die Beobachtung, die man schon längst an den Märchen gemacht hat, daß sie sich *unter den verschiedensten Völkern und Ländern* wiederholen, sei es, daß sich die Motive überall von selbst erzeugt haben, sei es, daß die Erzählungen, immer neu umgeprägt, in die Nähe und Ferne gewandert sind[69], hat sich uns an den alttestamentlichen Märchen bewährt. Wie viele Gegenstücke aus andern Völkern und Religionen haben wir aufgezeigt, einen Stoff, den wir leicht um das Vielfache hätten vermehren können. Auch einige „Wandermärchen" sind uns dabei begegnet: wir erinnern an die Geschichten von dem dankbaren Toten[70], von Jephthas Opfer[71], von *Potiphars Weib*[72], von Salomos Urteil[73], Jona und dem Fisch[74]. Dabei ist uns hie und da die Ähnlichkeit mit indischen Märchen aufgefallen und die Vermutung gekommen, daß einzelnes davon aus dem ungeheuren Meere der Märchenüberlieferung Indiens geschöpft sei[75]; das scheint besonders bei dem Märchen von Salomos Urteil der Fall zu sein[76]. Wie dem aber auch sei, das Gesamtbild steht fest: das Volk Israel hat fast auf allen Stufen seiner Geschichte immer wieder den Einfluß der Fremde erfahren, und das zeigt sich auch in seinen Märchen. Am hellen Lichte des Tages liegt es besonders, daß die Erzählung von Achikar, die aus dem Osten stammt, in aramäischer Sprache von den Juden in der ägyptischen Grenzstadt Elephantine gelesen worden ist[77].

Nun über das Märchen in seiner *eigentümlich-israelitischen Ausprägung*. Wir fragen zunächst, in welcher Form wir uns seine Fortpflanzung in *mündlicher* Überlieferung vorzustellen haben. Wer heutzutage von „Märchen" hört, denkt zunächst an Geschichten, die man *den Kindern* erzählt[78]. Das gilt bis zu einem gewissen Grade auch für Israel; daß auch hier gerade die Kinder begierig gewesen sind, die Märchen und Sagen zu vernehmen, würden wir ohne weiteres annehmen, auch wenn es nicht ausdrücklich bezeugt wäre[79] und wenn es nicht einige der Märchen selber durch ihre besondere Vorliebe für die Jugend und für kindliches Wesen verrieten[80]. Ferner wird in dem Volksbuch über *Sage und Legende im Alten Testament* gezeigt, daß der in hohem Grade künstlerisch ausgebildete Stil der poetischen Erzählungen Israels sich nur unter der Voraussetzung erklären läßt, daß es auch hier wie in anderen Völkern des Morgen- und Abendlandes einen Stand der umherziehenden *Volkserzähler* gegeben hat, über den wir freilich im Alten Testament kein ausdrückliches Zeugnis besitzen[81]. An solche Kreise dürfen wir denken, wo wir in den Märchenerzählungen eine besondere Kunst gewahren. So namentlich in der Josephgeschichte, in der das verhältnismäßig einfache Motiv von dem jüngsten, durch die älteren verfolgten Bruder durch viele Zutaten aufs reichste ausgeführt worden ist und doch die Einheit des Ganzen gewahrt bleibt: das Vorbild einer „Märchennovelle"[82]. Wie viel einfacher oder kunstloser sind dem gegenüber etwa die Geschichten von Jona und vom Propheten in Bethel[83], wo die verschiedenen Motive nach Art des „kontaminierten Märchens"[84] (auch „Märchenkette" genannt)[85] hintereinander abgehandelt werden, ohne zu einer höheren Einheit verschmolzen zu sein. Zudem besitzen wir im Alten Testament eine ganze Reihe von Märchengedichten[86], in denen die ursprünglich in Prosa gehaltenen Märchenerzählungen in die hohe Poesie emporgestiegen sind. Solche Dichtungen, im Stil manchmal den babylonischen Epen[87] zu vergleichen, führen etwa das alte einfache Märchen pomphaft[88] oder phantastisch[89] aus. Auch eine eigentliche *Fabeldichtung* muß es gegeben haben, die dem Märchen die Motive entnahm und dadurch eine Wahrheit auszusprechen verstand[90]. Daß aber eine solche Dichtungsart sehr ernsthaft genommen wurde, läßt sich daran erkennen, daß auch die Propheten zuweilen in diesen Schatz greifen[91], und für wie vornehm sie galt, geht daraus hervor, daß man selbst von Königen erzählt, sie hätten zu Königen in Fabeln gesprochen[92].

So verschiedenartig, wie die Stoffe sind, welche den israelitischen Märchen zugrundeliegen, so mannigfaltig ist auch der Ton, in dem sie reden. Zwar die Vorliebe für die Gebilde einer nach unseren Begriffen auffallend wenig gezügelten *Phantasie* gibt überall, freilich lauter

oder leiser, den Grundton ab. Daneben klingt, oft sich damit verbin-
dend, eine liebenswürdige *Kindlichkeit* durch, die sich über die
Unmöglichkeit des Berichteten harmlos hinwegsetzt. Aber wie viele
andere Töne können dabei mitschwingen! Da gibt es Erzählungen
von roher *Derbheit*, besonders im Geschlechtlichen, man denke an
Moses Überfall[93] und an Lots Töchter[94], und solche, in denen sich
eine *untersittliche Freude am wohlgelungenen Betruge* offenbart wie
die Jakobgeschichte[95] oder in denen sich eine *sehr untergeordnete
Religion* nackt genug ausspricht wie die obengenannte Mosege-
schichte oder die Penuelerzählung[96]. In starkem Gegensatz zu solchen Märchen aber stehen andere, welche die Rache über den Mörder
mit großem Ernst verkündigen[97], oder die hohe Tugend der Gastfreundschaft preisen[98] und die göttliche Strafe für die Verletzung des
Gastrechts *schaudernd* berichten[99]. Einige der Erzählungen atmen
wilde Leidenschaft – so z. B. die Dinageschichte[100] –, andere sind mit
sinnlichen Farben ausgemalt, die z. B. Hesekiel bei seiner Allegorie
vom ausgesetzten Mädchen nicht gespart hat[101], andere – man denke
an die Jephthaerzählung[102] – haben *tragische Größe*. Wieder andere
und nicht wenige sind zart und sinnig: besonders die Kindheitsgeschichten[103]; andere, z. B. vom Frieden der Urzeit[104], von *weihevol-
ler Schönheit*. Daneben *spöttisch-stachlige* Parabeln wie die vom
Dornstrauch als König oder als Werber[105], oder solche, in denen sich
wie in der Nathanparabel *zärtliche Liebenswürdigkeit* mit *sittlichem
Ernste* mischt[106]. Zur höchsten Stufe aber steigt das Märchen empor,
wenn es sich wie in der *schwermütigen* Paradiesesgeschichte mit
kindlichem *Tiefsinn* erfüllt[107], oder wenn die Josepherzählung[108] und
die Jonalegende[109] ein *buntes* Geschehen mit *frommen Gedanken*
durchdringen. Wahrlich, eine vielfarbige Welt!

Besonders bezeichnend für israelitische Art scheint dabei die Vorliebe für das aus der Regel fallende, Eigentümliche, Seltsame zu sein,
wie sie uns namentlich in den Erzählungen, die von einzelnen Personen handeln[110], entgegentritt. Dazu fällt in den durch Israel umgebil-
deten Geschichten eine eingehendere und klarere Erfassung des See-
lenlebens auf, die sich z. B. in der Josephnovelle zeigt und die israelitische Erzählungskunst hoch über die primitive Art emporhebt,
worin gerade die psychologische Begründung oft viel zu wünschen
übrig läßt. Dazu kommt die liebenswürdige Art, mit der sich die
Märchen in das Seelenleben der Frauen versenken und von Kindern
sprechen[111]: das ist ein Zug, der uns Deutsche besonders freundlich

anmutet. Im ganzen scheinen die in Prosa gehaltenen Volksmärchen sehr schlicht und einfach gewesen zu sein, während sich allerdings die poetisch erzählten durch ihre Neigung zur Phantastik stark davon unterscheiden. Doch sind uns zu wenige Märchen in ihren ursprünglicheren Fassungen erhalten, als daß sich darüber bestimmter reden ließe[112].

Selbstverständlich ist, daß die Märchenstoffe, die wir aus dem Alten Testament zusammengestellt haben und die sich über eine Zeit von fast tausend Jahren erstrecken, nicht alle gleichzeitig in der lebendigen Volksüberlieferung bestanden haben. Es wird eben in Israel ebenso gewesen sein wie überall, daß die volkstümlichen Erzählungen eine gewisse Zeit beliebt sind und blühen, dann aber vergessen werden und neuen Erzeugnissen Platz machen. Jedenfalls aber darf man davor warnen, die Geschichte dieser Wandelungen einfach nach der Zeit, in der uns die Stoffe in der Bibel, mehr oder weniger zufällig, bezeugt sind, anzusetzen, da ja solche Märchen, von der Literatur nicht beachtet, im Volke jahrhundertelang bestehen können.

Was wir besser überschauen, das ist die Geschichte der Aufnahme dieser Erzählungen in die Literatur. Denn, obwohl die Märchen Israels ebenso wie die altgriechischen[113], wenn auch diese aus anderen Gründen, niemals gesammelt worden sind, so haben sie doch an manchen Stellen der israelitischen Literatur einen verborgenen Unterschlupf gefunden. So sind *Fabeln mit politischem Inhalt* in die Geschichtserzählungen eingestellt und mit ihnen zugleich überliefert worden[114]. Und auch die *Propheten* haben die alten, schönen Märchenbilder nicht verschmäht. In ihren Parabeln[115] und Allegorien[116] verwenden sie eindrucksvolle Märchenstoffe; in ihre Gesichte schleichen sie sich ein[117]; und selbst bei der Ausmalung der Zukunft werden die leuchtenden Farben des Märchens gelegentlich mit verwandt: da wird das Jerusalem der Zukunft als Märchenstadt geschildert, strahlend von Gold und Edelsteinen[118]; der hohe Berg, auf dem die verklärte Stadt dann liegt, einst ein Märchenberg, stellt jetzt Jahves Erhabenheit über alle Welt dar[119]; und der Friede der Endzeit, die Sehnsucht des prophetischen Herzens, erscheint als die Wiederholung des goldenen Zeitalters[120]. So sind dann die phantastischen, schwungvollen oder barocken Märchenmotive auch zu den Nachkommen der Propheten, den Apokalyptikern, gekommen[121], und ein Teil davon ist selbst in der Spekulation des Neuen Testaments erhalten geblieben: Christus sagt im Evangelium Johannes: „ich bin das

Brot des Lebens"[122]. Ferner haben die *Dichter*, besonders die Psalmisten, zuweilen selbst die trockenen Spruchdichter, ihre Schöpfungen mit den wundervollen Gebilden der Märchenwelt geschmückt. Denn wie konnten sie etwa Jahves Allgegenwart gewaltiger darstellen als unter dem Bilde einer „magischen Flucht"[133] oder der Klage in Todesnot stärkeren Ausdruck geben als mit der Beschreibung der Fahrt zur Unterwelt[124]? Wie ließ sich Gottes Auftreten in der Welt majestätischer ausmalen als mit den Farben des alten Riesenmärchens: „er schreitet dahin über die Höhen"[125]? Und wenn die Weisen das Schönste über ihre Weisheit aussagen wollten, wußten sie kein herrlicheres Wort als dieses, sie sei der wahre „Lebensborn"[126]. – Alles dieses aber sind nur Nebenwege. Der Hauptweg, auf dem das Märchen Israels auf uns gekommen ist, ist dieser, daß es sich mit geschichtlichen Erinnerungen verbunden und so zur *Sage* und *Legende* umgewandelt hat: *die Hauptmasse der Märchenstoffe hat sich erhalten, auf geschichtliche Personen übertragen.* So sind Mose und Elia, Saul und David, Gideon und Jephtha die Helden von Märchen geworden. Und auch den neutestamentlichen Personen ist es nicht anders ergangen[127]: auch sie hat die Liebe der ältesten christlichen Gemeinde mit einem Blumenkranze geschmückt, der auf den Auen des Märchens gepflückt war. Dieser Vorgang wird in dem Volksbuch *Sage und Legende im Alten Testament* geschildert.

Wer sich aber in diese Geschichte des Nachlebens des Märchens in der israelitischen Überlieferung versenkt, dem muß immer wieder vor Augen treten, welche *starken Veränderungen* es sich dabei hat gefallen lassen müssen. Zwar ein Teil dieser Erzählungen ist ohne größere Umwandelungen geblieben; das sind diejenigen, die rein weltlicher Art waren und auf geschichtliche Personen Israels übertragen worden sind: Musterbeispiel eines solchen Märchens ist etwa die Geschichte vom Urteil Salomos[128]. Aber ein anderer Teil hat um so stärkere Veränderungen erfahren. Und auch der letzte Grund dieser Umwandelungen ist deutlich: es ist der Gegensatz, in den die hohe Religion Jahves, je länger je mehr, zu diesen Erzählungen der Urzeit getreten ist. Das Märchen z.B. kannte untergeordnete göttliche Wesen, Jahve aber ertrug keinen anderen Gott neben sich. So hat die Gestalt Jahves oder seines Boten die niederen Wesen in diesen Erzählungen verdrängt: Jahve ist z.B. für den Brunnengott eingetreten, der Hagar erschien[129], und selbst für den Dämon, der Moses überfiel[130], mit Jahves Boten kämpft Jakob nach Hosea[131]; und ein Engel Gottes hilft dem jungen Tobia, nicht, wie es das heidnische Märchen erzählte, der Geist eines Toten[132]. Oder die Märchenwesen sind geblieben, aber in Jahves Dienst gezwungen: der Kerub steht vor dem Paradiese, aber in seinem Auftrage[133], der Satan treibt sein unheimliches Werk, aber nur mit seiner Erlaubnis[134]. So sind ursprüngliche Märchenmotive zu Symbolen der höheren Religion geworden: jetzt stellt das Geisterheer, das den Gottesmann begleitet, Jahves Schutz dar, unter dem er steht[135]; die Feuermauer, die Jerusalem einst umgibt, soll zeigen, wie Jahve in der Endzeit seine heilige Stadt vor allem Bösen bewahrt[136]; der belebte Wagen wird sein Sitz und versinnbildlicht seine Allgegenwart[137]. Durch dies Eintreten des Gottes in die Märchen ist manchmal ihr ganzer Ton erhöht worden, so daß ihre ursprüngliche Märchenart stark verwischt ist: dies gilt namentlich für die biblische Urgeschichte. Oder sittliche Gedanken werden aus dem überlieferten Stoff hervorgezogen oder ihm hinzugefügt: die Geschichte vom Streite eines Mannes mit seinem Weinberg muß dazu dienen, das schwere Unrecht der Undankbarkeit darzustellen[138]; in dem Märchen vom Weltbaum wird das gerechte Gericht über den Hochmut geschildert[139], in der Allegorie vom ausgesetzten Mädchen Jerusalems Untreue gegen den Gott, der es angenommen hat[140]. Daher erklärt es sich also, daß so viele israelitische Märchen nur in der Form von Parabeln, Fabeln und Allegorien auf uns gekommen sind[141]. Wo ein Stoff aber Dinge enthielt, welche die Jahvereligion nicht ertrug, sind sie ausgemerzt worden: so ist z. B. in der Tamarerzählung, offenbar schon in sehr alter Zeit, der Gedanke der Liebe eines Dämons gegen ein irdisches Weib ausgelassen worden[142]; ebendarum ist eine Geschichte wie die von den Engelehen[143] zu einem fast unkenntlichen Bruchstück verkürzt worden. Besonders deutlich ist es, daß die Jahvereligion die Zaubermärchen gereinigt hat: die Zauberhandlungen sind durch das Gebet ergänzt und schließlich ganz ersetzt worden[144]. Und so erkennen wir den Grund, weshalb uns im Alten Testament nirgends Märchen in reiner Gestalt überliefert sind: der Ernst und die Hoheit der israelitischen Religion hat sie abgewehrt und nur in Abwandelungen ertragen.

Demnach ist die Geschichte der Jahvereligion einem gewissen Teile nach auch die Geschichte des Kampfes gegen die Märchen.

Was wird das Schicksal der alttestamentlichen Märchenforschung in der nächsten Zeit sein? Werden sich frische, unerschrockene, aber zugleich bedächtige Geister finden, die mutig in bisher unerforschtes Gebiet eindringen, zugleich aber die der Erkenntnis gesteckten Schranken wahren und der eigentümlichen Hoheit der biblischen Religion nichts vergeben, ja, gerade diese herausstellen? Werden auch die Kreise der alttestamentlichen Gelehrten, die sich seither gegen literaturgeschichtliche Forschung ablehnend verhalten haben, endlich die Bedeutung der Sache begreifen? Und, so fragen wir vor allem, werden die maßgebenden Behörden der deutschen Staaten und Kirchen, wenn sich, wie wir hoffen, nach der glücklichen Beendigung dieses furchtbaren Krieges allenthalben in deutschen Landen neues Leben regt, es endlich einsehen, daß eine wahre, geschichtliche Bibelwissenschaft nur in voller Freiheit bestehen kann und auch diesem soeben entstehenden Zweige freie Luft gewähren? Es ist der heiße Wunsch unserer Herzen, daß der große Moment ein großes Geschlecht finden möge, in dem auch die Bibelforschung aller Arten, ungehemmt und unbeargwöhnt, auf deutschem Boden neue Blüten treibt.

NACHWORT

Das Alte Testament und die Märchen
Hans-Jürgen Hermisson

Gibt es das Märchen im Alten Testament? Hermann Gunkel hat, seinem Titel zum Trotz, die Frage schließlich entschieden verneint, wie der Leser zu seiner Beruhigung oder Beunruhigung schnell bemerkt haben wird. „Der hohe und strenge Geist der biblischen Religion hat das Märchen *als solches* fast an keinem Punkte ertragen, und diese seine beinahe *vollständige Ausrottung* aus der heiligen Überlieferung *gehört mit zu den großen Taten der biblischen Religion*", so lautet das Verdikt über das Märchen schon in der Einleitung (S. 23)*, und am Ende erfährt man, daß „der Ernst und die Hoheit der israelitischen Religion" die Märchen „abgewehrt und nur in Abwandlungen ertragen" hat (S. 187). Es gibt also nach Gunkel das Märchen im Alten Testament nur noch uneigentlich, in „Märchenmotiven" und zu anderen Erzählgattungen umgestaltet.

Wer sich dabei beruhigt, der sei freilich gewarnt. Denn wem es auch hier nur um die naive Sorge geht, daß alles „wirklich so passiert" ist, wie es im Alten Testament berichtet wird, dem ist leicht zu helfen: Selbstverständlich ist nicht alles „wirklich so passiert", und bei Jothams schöner Geschichte von den Bäumen, die einen König suchten (Ri 9), hat diesem Urteil auch noch niemand widersprochen. Es geht also bei der Frage nach dem Märchen im Alten Testament nicht zuerst um die Wahrheit des Alten Testaments: *Wenn* es hier Märchen oder Märchenhaftes gibt, so ist seine Glaubwürdigkeit dadurch nicht im geringsten betroffen.

Es geht aber um das Märchen, das sich bei Gunkel eine so auffäl-

---

* Die in Klammern angegebenen Seitenzahlen verweisen jeweils auf den voranstehenden Text Hermann Gunkels.

lige Abwertung gefallen lassen muß. Darum ist seine Sicht der Dinge einmal an der Gegenthese zu prüfen: Das Alte Testament hat die Märchen nicht abgewandelt, sondern es hat sie, vielleicht mit wenigen Ausnahmen, gar nicht gekannt. Und die mögliche Konkurrenz zwischen dieser und jener Wahrheit, der des Alten Testaments und der des Märchens, wäre außerhalb des Alten Testaments auszutragen.

Mit solcher These begibt man sich freilich auf das Glatteis der Definitionen; aber das ging Gunkel nicht anders. *Was ist eigentlich ein Märchen?* Gunkel bleibt trotz einer ganzen Reihe von Begriffsbestimmungen merkwürdig unscharf, anders als bei den benachbarten Gattungen Mythos oder Sage oder Legende, aber das liegt offenbar in der Sache. Er versucht es zuerst mit der *Herkunft:* „die Erzählungen urwüchsiger Völker" (S. 14) oder „die poetischen Erzählungen der Naturvölker" (S. 19) seien Märchen. Aber schon hier möchte man fragen, ob denn (oder in welchem Sinne wohl) Israel ein „Naturvolk" war, und darüber hinaus, welchen Sinn die doch wohl beabsichtigte Unterscheidung zwischen Natur- und Kulturvolk eigentlich hat. Wir müssen darauf zurückkommen; zuerst aber einige weitere Bestimmungsversuche. Da ist die auch heute allgemein akzeptierte und wichtige *Differenz zur Sage,* wonach die Märchen nicht „an geschichtlichen Zeiten und Personen und im allgemeinen auch nicht an gegebenen Orten haften" (S. 20); aber dabei handelte es sich nur um die differentia specifica des Märchens unter den „poetischen Erzählungen der Naturvölker". Andere Märchenabgrenzungen sind an der psychomentalen Herkunft seiner Motive orientiert: Gunkel nennt Träume, Wünsche und den Glauben der Urzeit an die Beseelung oder menschenähnliche Ausstattung aller Dinge als die *Wurzeln* des Märchens (S. 32ff.); (S. 180). Daneben gibt er *Erzähleigenarten* an: Die phantastische Art des Märchens und die Wundergläubigkeit („Leichtgläubigkeit") seiner Personen (S. 179). Oder er sucht den „*Ton*" des israelitischen Märchens zu bestimmen (S. 183f.), kann aber in dieser Hinsicht nur die Vielfarbigkeit und außerordentliche Verschiedenheit der Erzählungen konstatieren.

Die einzelnen Wesenszüge oder Herkunftsbestimmungen des Märchens entstammen der Märchenforschung seiner Zeit, und man muß zum einen fragen, wiewiet sie sich in der weitergehenden Erzählforschung bewährt haben, zum andern, ob und wiewiet sie sich auf das alttestamentliche Material anwenden lassen. Aber noch wichtiger waren Gunkel offenbar die Erzählgegenstände selbst: die *Motive,* die man sonst im Märchen, nun aber auch im Alten Testament antrifft. Da gibt es also Dämonen, Drachen und Riesen, da gibt es sprechende Tiere und Pflanzen, und da gibt es den Zauberglauben – um nur das Wichtigste zu nennen: Gegenstände des Märchens, ohne Frage, die auch das Alte Testament mehr oder weniger deutlich vorstellt. Damit schien es evident, daß solche Stoffe dem Märchen entstammen müßten; aber gerade das ist, wie wir noch sehen werden, die Frage.

Was ist eigentlich ein Märchen? Die Antwort fällt deswegen schwer, weil der Sprachgebrauch uneinheitlich ist. „Märchen" der Brüder Grimm, „Märchen" aus Tausend und Einer Nacht, „Märchen" der Weltliteratur – schon diese bekannten Sammlungen vereinen ja ein außerordentlich verschiedenes Erzählgut. „Märchen" ist oft tatsächlich nur ein vager Sammelbegriff für allerlei Volkserzählungen unterschiedlichster Art; über das Märchen und seine Eigenart ist damit nichts zu erfahren. Daneben aber spricht man von „eigentlichen" Märchen, und was damit gemeint ist, entspricht viel genauer unserem Sprachgebrauch oder auch den Beispielen, die uns bei dem Stichwort Märchen unmittelbar einfallen. Die „eigentlichen" Märchen haben eine bestimmte Erzählform und eine ganze Reihe von definierbaren Merkmalen. Solche Charakteristika des Märchens und darüber hinaus seine eigene, unverwechselbare Welt hat in neuerer Zeit vor allem der Schweizer Märchenforscher Max Lüthi in einer Reihe von Veröffentlichungen beschrieben, und wenn man nicht wieder vergessen will, was wir ihm und überhaupt der modernen Märchenforschung[1] verdanken, muß man sich schon an das Märchen im engeren Sinn halten.

Die Merkmale der Erzählform Märchen sind weithin bekannt und rasch Allgemeingut geworden. Grundlegende Einsichten hat die Forschung seit dem 19. Jh. im Vergleich mit der Erzählform Sage gewonnen, wie man schon bei Gunkel sehen kann: Die fehlende Bindung an geschichtliche Zeit und Personen und bestimmte Orte gehört auch heute zu den bezeichnenden Unterschieden. Das hat aber tiefere Bedeutung und hängt damit zusammen, daß die Welt des Märchens und die der Sage sich fundamental unterscheiden. Die Welt des Märchens ist die *ferne, nicht die eigene Welt*. Dort in der Ferne, besonders im Märchenwald, begegnet der Held dem Unheimlichen, den außerirdischen Mächten, dort besteht er das Abenteuer, um heimzukehren in die normale Alltagswelt und um hier den Lohn der Mühen zu genießen. Demgemäß gehört zum Märchen grundsätzlich der *glück-*

liche Ausgang. Mit alledem beschreibt das Märchen für die Erzählgemeinschaft keine geschichtliche Wirklichkeit: Es beansprucht, wie man gerne sagt, keine Glaubwürdigkeit, im Unterschied zur Sage, die geglaubt sein will. Daran darf einen nicht stören, daß der Glaube an die Wirklichkeit des in Sagen Erzählten immer schon umstritten ist und sich verlieren kann: *Dadurch* wird aus der Sage noch kein Märchen! Denn es handelte sich noch immer um die dann eben unglaubwürdig gewordene Erfahrungswelt der eigenen Gemeinschaft; die Welt des Märchens aber ist von vornherein als eine *fiktive Welt* entworfen. Deshalb ist für das Märchen noch etwas bezeichnend, was man gerne auf den Satz bringt: „Gott kommt im Märchen nicht vor". Das heißt, er ist keine der handelnden Personen und greift auch nicht in das Geschehen ein; es handelt sich um eine fiktive, erwünschte, nicht aber um eine geglaubte Welt.

Das sind nur die wichtigsten Kennzeichen des Märchens, und an ihrer Bedeutung ändert es gar nichts, daß einem diese oder jene Ausnahme einfallen mag: Selbstverständlich gibt es fließende Übergänge zwischen den verschiedenen Erzählformen, gibt es auch die Möglichkeit zu allerlei Mischungen; erlaubt ist, was gefällt und was den erstrebten Zwecken dient. Aber wenn man nach dem Charakteristischen und Eigenen einer Erzählform fragt, muß man solche Kombinationen beiseite lassen.

Man hat das Märchen freilich auch dadurch identifizieren wollen, daß man, wie schon Gunkel, nach den märchenbildenden Kräften fragte und das menschliche *Wünschen* dafür benannte. Das ist allerdings eine mächtige Triebfeder zum Entwurf fiktiver Welten: Wunschvorstellungen, „eine Welt über Zeit und Raum und menschlicher Unzulänglichkeit"[2], objektivieren sich gerne im Märchen. Aber mit der Allgegenwart menschlichen Wünschens ist die Allgegenwart des Märchens schwerlich zu beweisen, weil die Wünsche die Väter vieler Gedanken sein können und sich in mancherlei Gestalten ausdrücken. Wir kommen aber damit auf eine Schwierigkeit. Die oben in aller Kürze dargestellten wichtigsten Charakteristika des Märchens sind am europäischen Volksmärchen gewonnen worden – ist damit die Erzählwelt fremder Kulturkreise nicht per definitionem ausgeschlossen? Gunkel wollte ja die Märchen der Brüder Grimm nicht als Maßstab nehmen und das Wort Märchen „in einem allgemeineren Sinne" verwenden (S. 19). Das ist ihm natürlich unbenommen, nur hat er, wie sich noch zeigen muß, mit seinem weitherzigen Märchenbegriff eine kunterbunte Sammlung von Erzählungen und Erzählmotiven zusammengebracht. Das untersuchte europäische Erzählgut ist andererseits weit genug, daß man nach vergleichbaren Gestaltungen in den Überlieferungen fremder Kulturkreise suchen kann. Man findet dort auch das „Märchen" – allerdings seltener, als es gewöhnlich scheint.

Die Frage nach dem Ursprung und der Entstehung des Märchens hängt mit der definitorischen natürlich zusammen, aber hier begibt man sich vollends auf das Feld der Glaubensbekenntnisse. Während die einen den Ursprung des Märchens in der Steinzeit suchen, verweisen die anderen auf die Quellen und entdecken die Anfänge unserer Märchen im frühen europäischen Mittelalter. Der Streit ist hier nicht zu führen, aber wenn Gunkel den Ursprungsort bei den Erzählungen der Naturvölker suchte, so stand ihm (wie der Märchenforschung seiner Zeit) dabei ein bestimmtes Entwicklungsmodell vor Augen: Was man auf der Urstufe *noch* geglaubt hat, wird später zu einer bloß poetischen Figur. Die Riesen, Dämonen, Hexen, Zauberkräfte und dergleichen mehr, die Beseelung und menschliche Handlungsart von Baum und Tier, das alles war nach Gunkel für die Naturvölker noch geglaubte Wirklichkeit. Für spätere und höher entwickelte Generationen wurde es zur Poesie, zur Metapher oder aber zum Kinder- und Ammenmärchen. Die Naturvölker sah Gunkel mit seinen Zeitgenossen auf einer *kindlichen* Entwicklungsstufe, wie sie sich später noch in jedem Einzelleben wiederholt. Kinder glauben darum die Märchen, Erwachsene sind darüber erhaben. Diese Geringschätzung des Märchens paßt gar nicht zu Gunkels Entdeckerfreude, und wenn sie sich in sein Modell der Abwertung des Märchens durch die alttestamentliche Hochreligion einfügt, so wird sie doch dem Märchen nicht gerecht. Denn die fiktive Welt des Märchens ist, wie gesagt, kein Gegenstand des Glaubens, sondern ein Kunst- oder Kulturgebilde. Wäre das anders, so müßte diese Welt ja räumlich und zeitlich und personal fixierbar sein (ein auch für Gunkel wichtiges Unterscheidungsmerkmal), also mit der eigenen Welt verbunden, kurz: in einer Sage gestaltet werden.

Den Glauben der „Urzeit" aber kennen wir, wenn überhaupt, nur aus defizitären Überlieferungsresten oder der diffamierenden Darstellung der Nachgeborenen: die Götter der Väter werden mitunter die Dämonen der Söhne. Sucht man nur die näherliegende Vorzeit Israels, so ist kein Zweifel, daß alttestamentliche Geschichten, mehr oder minder deutlich, allerlei Glaubenselemente der kanaanäischen Vorbewohner des Landes bewahrt haben, nur waren auch die Kanaanäer beileibe kein „Naturvolk" – weniger noch als die einwandernden Israeliten. Woher die einzelnen Motive stammen, läßt sich ganz und gar nicht pauschal beantworten. Einige Beispiele: Das Motiv der *Riesen* hat zumindest eine Wurzel in einem ätiologischen Beweggrund: Steinerne Kunst- oder Naturgebilde von riesigen Ausmaßen, die man hier und da im Lande vorfand, suchen ihren Urheber. Der *Dämonenglaube* ist nicht ein urzeitliches, sondern ein allgemeinmenschliches Phänomen, wenn auch in unterschiedlichem Maß und unter verschiedenen Namen. Oder die *Tier-* und *Pflanzenfabeln* – Gunkels Musterbeispiele für Märchenstoffe im Alten Testament (S. 29ff.) –: Brauchen sie wirklich den Rekurs auf den Urzeitglauben an „Beseelung" und menschliches Verhalten von Tier und Pflanze? Der Fabelerzähler ist ja viel eher ein aufgeklärter Moralist, der menschliches Verhalten auf die Tierwelt projiziert, um seiner Lehre die verfremdete Gestalt zu geben – manchmal vielleicht aus politischer Rücksicht, aber in der Regel der Wirkung wegen. Anthropomorphismen braucht sogar die moderne Naturwissenschaft, wenn sie etwa vom Bienen- oder Ameisenstaat oder von der Sprache der Tiere redet, aber der Fabelerzähler ist an den Naturphänomenen selbst gar nicht interessiert, sondern er entwirft sie nur als einen Spiegel des Menschlichen. Vielleicht sah er darüber hinaus Analogien von tieferer Bedeutung, aber das wird man ihm heute um so weniger vorhalten, als die strikte Trennung von Mensch und Natur auch uns auf vielfältige Weise fraglich geworden ist. Positiv genommen mag in der Fabelbildung also auch ein Gespür für die Einheit der Welt wirksam werden, das dem Idealismus abhanden gekommen war und erst der Neuzeit von ferne dämmert; das alte Israel hatte solches Wissen bewahrt: nicht als ein Naturvolk, sondern als ein Kulturvolk – wenn diese Unterscheidung denn überhaupt sinnvoll ist und nicht ihrerseits die Projektion einer Idee[3].

Wir sind damit schon bei einzelnen Erzählmotiven, aber bevor sie weiter erörtert werden können, ist eine wichtige Klarstellung nötig. Gunkels Ergebnis lautete ja im Blick auf das Alte Testament: keine Märchen, wohl aber eine Fülle von Märchenmotiven, die er nach dem Maßstab identifizierte, daß man das Motiv auch im Märchen antreffen kann – sprechende Tiere zum Beispiel. Gunkel setzte dabei voraus, daß solche Motive aus wirklichen Märchen stammen, die zwar nicht im Alten Testament erhalten sind, wohl aber im alten Israel im Schwange waren. Keine Märchen, nur Märchenmotive – das Motto ist dann zum Gemeinplatz der alttestamentlichen Forschung geworden, ohne daß man sich über die vorausgesetzten Märchen im alten Israel weitere Gedanken machte. Das hätte man aber tun müssen, denn ohne solche Ursprungsmarke wären die Motive gar keine Märchenmotive. Sie wären allgemeine Motive der Volksliteratur, wie eine einfache Überlegung beweist. Dieselben Gestalten und Motive, die Gunkel für das Märchen im alten Israel namhaft machte: Dämonen, Riesen, Hexen, Drachen, Zauber, sprechende Tiere und vieles andere mehr, erscheinen ja auch in Sage, Legende, Mythe oder teilweise in der Fabel. Sie sind also alles andere als gattungsspezifische Motive und können deshalb auch nicht als Beleg für die Existenz einer bestimmten Erzählgattung verwendet werden. Da wir solche Motive im Alten Testament in Sagen antreffen, besteht überhaupt kein Grund, sie dort als einen fremden und märchenhaften Einschlag zu identifizieren. Wenn der Jahweglaube Dämonen und Hexen aus der Überlieferung zu tilgen sucht, so nicht, weil sie zum Märchen gehört hätten, sondern weil sie nicht mit dem ersten Gebot zu vereinbaren waren. Oder die Riesen (S. 105ff.): Sie sind Gestalten der Vergangenheit nicht deswegen, weil sie zu vergangenen Märchen von Naturvölkern gehörten, sondern weil Israel nur noch ihrer vermeintlichen Hinterlassenschaft in Steindenkmälern der Megalithkultur begegnete (der „Riese" Goliath ist ein anderer Fall: er war nur ein Hüne und Einzelkämpfer der Philister). Man kann darüber streiten, ob am Anfang der Pnuel-Geschichte (S. 79ff.) der Kampf mit einem (Fluß-) Dämon stand, auch wenn das für die Innenperspektive der Erzählung und ihrer ursprünglichen Erzählgemeinschaft nicht sehr wahrscheinlich ist; aber man kann nicht darüber streiten, daß hier eine Sage und kein Märchen vorliegt: Jakob, Pnuel, die Jabbok-Furt – das alles sind elementare Größen der Erzählgemeinschaft, damit bezeichnet sie ihren Ahnherrn und ihren geschichtlichen Lebensraum, und die Geschichte von Jakobs Kampf am Jabbok erzählte man nicht aus Lust zu fabulieren, sondern zur Orientierung in der eigenen Welt. Es gibt auch keinen Grund für die Annahme, daß die Geschichte erst nachträglich von einem Märchen zur Sage umgestaltet worden sei. Ähnliches könnte man für allerlei Ätiologien, für Geschichten über die Sitten der Vorzeit oder über das Problem der Kinderlosigkeit und für die sogenannten „Standesmärchen" sagen: Das alles sind keine Märchen, sondern Volkserzählungen, vielfach Sagen, zur Bewältigung und Ordnung *der Welt, in der man lebt*. Wir kennen die Märchen des alten Israel nicht, und wenn es sie denn gegeben hat, so lassen sie sich jedenfalls mit den Motiven nicht nachweisen. Umgekehrt würden solche Motive des Volksglaubens erst durch ihre Realisierung im Märchen zu *Märchen*motiven; für sich genommen sind sie in vielen Formen verwendbare Erzählmotive der Volksliteratur, Bausteine des Erzählens. Nur wenn sie spezifisch märchenhafte Züge angenommen und bewahrt hätten, wäre die Bezeichnung „Märchenmotive" – über die bloße Konvention hinaus – sinnvoll und erhellend. Aber das trifft für die hier genannten Motive im Alten Testament nicht zu.

Über Entstehung und Herkunft solcher Motive müßte man in jedem Fall gesondert nachdenken. Oftmals handelt es sich um Elemente des alten Weltbildes, die dem Mythos und nicht dem Märchen angehörten: so der Berg in der Mitte der Welt als Versammlungsstätte der Götter, so die bei der Weltschöpfung besiegten Chaosdrachen als mythische „Personifikation" des Urmeeres, so auch der Weltenbaum und vieles andere. Vieles wird von vornherein ein poetisches Bild gewesen sein (so die „Flügel der Morgenröte" Ps 139, 11; S. 33), was freilich nicht ausschließt, daß ein solches Bild auch einmal erzählerisch weiter ausgestaltet werden konnte. Der Weg in den Himmel und in die Unterwelt ist nicht das Überbleibsel eines Märchens, sondern eine rhetorische Figur auf der Grundlage des „dreistöckigen" Weltbildes (so Dtn 30, 12; Am 9,2; Ps 139,7f.; S. 60ff.), oder es ist die reale Todeserfahrung des Todkranken (so in den Klage- und Dankpsalmen). Die Kraft in den Haaren Simsons (S. 123) ist eine Erzählfigur, die sich der Verbildlichung des Nasiräergelübdes verdankt: Der Geweihte muß sein Haar wachsen lassen. Gewiß mag dahinter wieder ein anderer, noch urtümlicherer Glaube stehen, und es ist gewiß nicht zu bestreiten, daß sich bestimmte psychomentale Gegebenheiten unabhängig in verschiedenen Kulturen und anderen Völkern auf ähnliche Weise verbildlichen können. Es ist aber die geglaubte oder mehr noch: die erfahrene eigene Welt, und wenn Gunkel alle solchen Motive aus dem Märchen herleitet, so hängt das mit seiner und seiner Zeitgenossen Sicht von Wesen und Ursprung des Märchens zusammen. Was er hier dem Glauben der *Naturvölker* zuweist, ist allerdings weithin dem modernen Weltbild fremd, gehört aber zu Glaube und Welterfahrung des alten *Israel*. Das gilt natürlich auch für die *Wunder* der Mose- und Prophetengeschichten: es sind ja die Machttaten auf göttliches Geheiß oder in der Bewährung göttlich verliehenen prophetischen Charismas, schon insofern vom Zauber unterschieden; überdies wäre der „Zauberer" nicht bloß eine Märchen-, sondern auch eine Sagenfigur. Oder Bileams redende Eselin ist allein schon deshalb nicht eines der redenden Tiere des Märchens, weil ihr die Sprache nicht als natürliche Gabe zur Verfügung steht, sondern eigens für diesen Zweck von Gott verliehen wird. Wieder gibt es keinen Grund zu der Annahme, daß ein märchenhafter Stoff erst religiös getauft worden sei: Daß Jahwe über Menschen und Tiere gebietet und wundersame Gaben und Kräfte verleihen kann, gehört zum Glauben des alten Israel – auch da gewiß in unterschiedlichem Maß, aber man muß nicht nach einer geistigen Ebene *unterhalb* des Jahweglaubens suchen.

So müßte man jedes einzelne Erzählmotiv auf seine Entstehung und Leistung prüfen. Wenn uns auch vieles dabei verborgen bliebe, nirgends fände sich die spezifisch märchenhafte Prägung eines Motivs. Das zeigen gerade die oben besprochenen Motive, die wie die Wunder und die Sprache der Tiere vielfach als besonders märchentypisch gelten und doch solche Verwandtschaft nicht belegen können.

Wir müssen deshalb die Frage nach Märchen im alten *Israel* offenlassen. Es mag sie gegeben haben, aber da sie im *Alten Testament* als unserer bis auf die letzten vorchristlichen Jahrhunderte einzigen Quelle für Israels Literatur nicht vorkommen, läßt sich das nicht mehr ermitteln. Denn das Märchen ist als *Erzählung* nicht bloß „Stoff" oder „Motiv", sondern eine literarische Einheit mit einer bestimmten Form, einer bestimmten Erzählhaltung und vor allem einer eigenen Welt, die man über die gemeinsamen Motive der Volksliteratur nicht erreicht.

Muß man sich dann mit der Anzeige eines Defizits oder wenigstens mit einem non liquet zufriedengeben? Die Suche nach dem Märchen und der ihm zugrundeliegenden Erzählhaltung fördert immerhin etwas begrenzt Vergleichbares zutage. Gunkel hatte ja zu Recht die geschichtliche Ungebundenheit als ein Merkmal des Märchens im Unterschied zur Sage herausgestellt. Nur ist diese fehlende Bindung an bestimmte Zeit, Ort, Personen nicht gerade für den Glauben (der „Naturvölker" oder welcher Völker auch immer) charakteristisch, und natürlich reicht dieses eine Merkmal für die

Bestimmung des Märchens nicht aus. Aber wenn das zugestanden ist, dann wird man mit dieser Unterscheidung darauf aufmerksam, daß es im alten Israel neben der sagenhaften ganz andere Erzählweisen gab, „ungeschichtliche" und „fiktionale". Dazu gehören auch die Fabeln, Gleichnisse oder Allegorien, die hier als eigene und klar abgrenzbare Erzählform beiseite bleiben können. Aber bereits in den Sagen selbst findet man fiktionale oder geschichtlich unspezifische Züge. Man kann sie mit Otto Eißfeld das „novellistische" Element der Sagen nennen[4]; konkret handelt es sich im Beispiel der *Erzvätergeschichten* um die Gestaltung mit familiären Zügen, mit Konflikten und Konfliktbewältigungen im Bereich der Familie, wie sie allenthalben im menschlichen Zusammenleben wiederkehren und zur Welt der Erzählgemeinschaft nichts Spezifisches beitragen. In einem bestimmten Sinn heimatlose Geschichten sind dann die *Wandererzählungen,* ein berühmtes Beispiel dafür die Geschichte von Salomos weisem Urteil, deren Spuren man weit nach Asien verfolgen kann (S. 162ff.). Solche Wandererzählungen sind geschichtlich nicht ganz bindungslos, sofern sie sich je und dann an eine geschichtliche Person hängen und nun, sekundär, der Charakteristik dieser Person und ihrer Welt dienen; aber es ist nur eine lose und wieder auflösbare Beziehung. Wie fließend hier die Grenzen sind, kann man sich an einem anderen Beispiel, der Abraham-Mamre-Sage von Gen. 18, verdeutlichen. Wieder liegt eine Wandererzählung zugrunde (S. 88f.), aber sie muß in einer soziologisch vergleichbaren Welt entstanden sein und kann darum mühelos die geschichtliche Welt der Abrahamgruppe zur Sprache bringen. Umgekehrt haben auch die alten Sagen in der Überlieferung mehr und mehr ihre ursprüngliche geschichtliche Bindung teils verloren, teils ausgeweitet, und gewiß wurden sie *auch* zur Unterhaltung erzählt. Fragt man also nach der Funktion der Erzählungen für die Erzählgemeinschaft, so lassen sich allerlei Übergänge zwischen dem sagenhaften, die eigene Welt charakterisierenden und *in diesem Sinne* geschichtlichen Erzählen und einer nur durch das Allgemeinmenschliche gebundenen Erzählkunst beobachten. Daneben gibt es aber auch Erzählungen, die von vornherein und im ganzen oder ganz überwiegend fiktional sind. Dazu gehören die *Josepherzählung* und das *Jonabuch* oder aus der Spätzeit die *Tobiterzählung;* nur sind diese frei gestalteten Geschichten schon nicht mehr Volksliteratur im eigentlichen Sinn, sondern sie gehören zum didaktischen Erzählgut weisheitlicher oder prophetischer Kreise.

Wieder anders sind die *Daniel-Legenden* zu beurteilen, gewiß ebenfalls fiktionale Erzählungen mit manchen Motiven, die man auch in Märchen antreffen kann. Aber Märchen im eigentlichen Sinn sind alle solche Geschichten nicht. Die Josephgeschichte zum Beispiel führt zwar in die Ferne, aber bekanntlich nicht in ein Märchenland, sondern nach Ägypten, und das auch im Märchen beliebte Motiv vom Aufstieg des Jüngsten gehört zum allgemeinen Formenschatz der Volkspoesie. Man kann schließlich allerlei Geschichten um den König und das Königtum mit den Farben und erzählerischen Mitteln des Märchens vergleichen (1 Sam 9f.; 1 Kön 14, 1ff.; aber auch manche Darstellungen vom Glanz des salomonischen Hofes). Aber in solchen Geschichten begegnen allenfalls „märchenhafte" Züge, und angesichts der sehr unterschiedlichen Art solcher Erzählungen kann man sie nicht einmal in einer Erzählgattung zusammenfassen.

Kehren wir noch einmal zurück zu Gunkel. Er hat in seiner einzigartigen Sammlung zum „Märchen" im Alten Testament eine Fülle von Erzählmotiven und erzählerischen Eigenarten zusammengestellt, die wir andernorts allerdings im Märchen antreffen, aber ebenso, und vielleicht sogar ursprünglicher, in allerlei anderen Gattungen der Volksliteratur. Wenn Gunkel hier von Märchen sprach, so folgte er einer anderen Definition des Märchens, die wesentlich an der Genese und Herkunft orientiert war, die sich aber zumindest für diesen geschichtlichen Raum auch nicht bewährt. Denn Israel war kein Naturvolk und lebte nicht unter Naturvölkern; es begegnete in Kanaan vielmehr den mannigfachen Einflüssen der altorientalischen Hochkultur. Man sollte also auf den Begriff „Märchen" für die fiktionalen Erzählungen des alten Israel besser verzichten, weil die vage Analogie einer Gattung einen recht begrenzten Erkenntnisgewinn brächte; vollends stiftet die Rede von „Märchenmotiven" nur Verwirrung. Aber wenn man von den terminologischen und genetischen Thesen Gunkels absieht, dann bleibt seine Sammlung eine wahre Fundgrube für die mannigfachen Erzählmotive der Volksliteratur, wie sie sich im alten Israel ausgebildet und in Teilen des Alten Testaments niedergeschlagen hat.

Am Ende noch ein Wort zur Abwertung des Märchens bei Gunkel. Er hat richtig gesehen, daß das Märchen nicht die Ausdrucksform alttestamentlichen Glaubens sein kann. Aber das liegt nicht an einem minderen geistigen Rang des Märchens, wie Gunkel annahm, sondern an seinem anderen Gegenstand. Zugespitzt müßte man sagen:

Das Märchen ist nirgends die Ausdrucksform des Glaubens, auch wenn es einmal (wie Gleichnisse, Fabeln und dgl.) zur Veranschaulichung des Glaubens dienen kann. Das Märchen ist Ausdrucksform von Wünschen und Träumen, wohl auch von Ängsten des Menschen, und es entwirft dafür die ferne Welt, das Märchenland. Gott aber kommt in der nahen, eigenen, geschichtlichen Welt des Menschen zur Sprache, und das ist wohl auch bei den sogenannten Naturvölkern nicht anders. Darum muß man zwischen den Formen religiöser Rede und dem Märchen wohl unterscheiden, aber dem Märchen dabei seinen eigenen Rang und Wert lassen. Man soll sich also die Freude am Märchen wie die Freude an den bunten Motiven der Volkserzählung nicht nehmen lassen. Und man kann dann bei Gunkel lernen, die poetischen Erzählungen des Alten Testaments mit anderen Augen und Ohren wahrzunehmen, und wird dabei entdekken, daß die Poesie, die Dichtung, allerdings eine angemessene Sprachform des Glaubens ist[5].

Anmerkungen:

1 Aus der umfangreichen Literatur nenne ich nur einige wichtige Beispiele: H. Bausinger, *Anmerkungen zu Schneewittchen*, in: *Und wenn sie nicht gestorben sind . . . Perspektiven auf das Märchen*, hg. H. Brackert (1980, ²1982) S. 39–70; M. Lüthi, *Das europäische Volksmärchen* (1947, ⁸1985); K. Ranke, *Betrachtungen zum Wesen und zur Funktion des Märchens* (1958), in: *Wege der Märchenforschung*, hg. F. Karlinger (1973) S. 320–360; L. Röhrich, *Märchen und Wirklichkeit* (1956, ³1974).
Umfassend informiert die seit 1975 erscheinende *Enzyklopädie des Märchens*, hg. K. Ranke u. a.
2 K. Ranke, *Betrachtungen* 348.
3 Es geht hier nicht um Zeiträume der Entwicklungsgeschichte, in denen der Mensch noch gänzlich ein Naturwesen war, sondern um menschliche Gemeinschaften mit artikulierter sprachlicher Bewältigung ihrer Welt: das heißt – wie sehr man sich immer mit der Natur verbunden wissen mag – mit einer eigenen Kultur. Man könnte also für die Unterscheidung nur ein unterschiedliches Maß der Entfremdung von der Natur geltend machen.
4. O. Eißfeldt, *Stammessage und Novelle in den Geschichten von Jakob und von seinen Söhnen* (1923), in: *Kleine Schriften I*, S. 84–104.
5 S. 13

ANHANG

Anmerkungen

Die poetischen Erzählungen im Alten Testament

1 Ed. Meyer, *Die Israeliten und ihre Nachbarstämme*, S. 486.

2 In diesem Gebrauche des Wortes „Mythus" unterscheidet sich diese Schrift von Wundt, *Völkerpsychologie* Bd. II, dem sie sonst im allgemeinen folgt. Doch liegt dieser Abweichung nur eine praktische Rücksicht zugrunde. Sollte man also einen andern als den in dieser Schrift befolgten Sprachgebrauch vorziehen, so würde sich doch darum die Sache nicht ändern. Vielleicht aber ist dieser Sprachgebrauch schon allgemein üblich geworden (vgl. z. B. Bethes schönen Aufsatz *Mythus, Sage, Märchen* in den *Hessischen Blättern für Volkskunde* Bd. IV, 1905, S. 97ff.) oder wird es demnächst werden.

3 Bei Wundt „Göttersage" genannt.

Das Märchen im allgemeinen und im Alten Testament

1 Eine ausführlichere Darstellung bietet Wilh. Wundt, *Völkerpsychologie* Bd. II, 3. Teil, S. 60ff. Außerdem sei auf die Schriften von Anti Aarne verwiesen: *Leitfaden der vergleichenden Märchenkunde*, 1913; *Übersicht der Märchenliteratur*, 1914; *Verzeichnis der Märchentypen*, 1910, in den *FF. Communications No. 13. 14. 3.*

2 Vgl. S. 186f.

3 Vgl. Ludwig Laistner, *Das Rätsel der Sphinx*, 1889.

4 Vgl. Thimme S. 64.

5 Vgl. Anti Aarne, *Leitfaden*, S. 20.

6 Vgl. v. d. Leyen S. 85 ff.

7 Hugo Greßmann, *Das Gilgamesch-Epos*, vgl. S. 95, 99, 100 f., 128 f., usw.

8 Vgl. v. d. Leyen S. 96 ff.; Aug. Hausrath und Aug. Marx, *Griechische Märchen*, 1913.

9 Vgl. z. B. v. d. Leyen, S. 93 ff.

10 Vgl. meinen *Genesiskommentar*, 3. Aufl., S. 399.

11 K. Marti, *Dodekapropheton*, S. 246; vgl. auch S. 418 und *Religion des Alten Testaments*, S. 6 ff.

12 Ed. Meyer, *Die Israeliten und ihre Nachbarstämme*, S. 49, 151.

13 Ed. Stucken, *Astralmythen*, 1907.

14 Alfred Jeremias, *Das Alte Testament im Lichte des alten Orients*, 3. Aufl. 1916.

15 Vgl. S. 181 und z. B. Ed. Meyer, *Geschichte des Altertums*, 2. Aufl. Bd. I, 2. Hälfte S. 529 A.

16 Hans Schmidt, *Jona*, 1907.

17 M. Plath, *Theologische Studien und Kritiken* 74. Jahrg., 1901, S. 404 ff.

18 *Archiv für Religionswissenschaft* Bd. XVIII, 1915, S. 240 ff.

19 Vgl. Greßmanns *Älteste Geschichtsschreibung und Prophetie Israels*, S. 61f., 79 f., 200 u. a. und seine Abhandlung über *Sage und Geschichte in den Patriarchenerzählungen* in der Zeitschrift für die alttestamentliche Wissenschaft Jahrg. XXX, 1910, S. 9 ff., vgl. besonders S. 23; ferner sein Buch über Mose, 1913.

20 Eine erste Übersicht über die Märchenstoffe im Alten Testament habe ich in der *Israelitischen Literatur, Kultur der Gegenwart* Teil I, Abteilung VII, S. 73 versucht.

21 Jüdische Märchenstoffe findet der Leser bei M. J. bin Gorion, *Der Born Judas* und *Die Sagen der Juden*.

22 S. 21.

Naturfabeln und Naturmärchen

1 ‚Einfache Anführungszeichen‘ bedeuten Textänderungen; vgl. dazu, wofern nichts Weiteres angegeben ist, Kittels *Biblia Hebraica* und Kautzsch, *Heilige Schrift des Alten Testaments*, 3. Aufl. Drei in Klammern gesetzte Punkte (...) bezeichnen als Glosse ausgelassene Worte.

2 *II. Könige* 14, 9.

3 *Richter* 9, 8–15.

4 Die gewöhnliche Übersetzung „schweben" gibt keinen Sinn.

5 'ani, LXX, Sievers.

6 'ani, Sievers.

7 Vgl. Greßmann, *Die Anfänge Israels* in den *Schriften des Alten Testaments* I, 2, S. 220.

8 Hermann Diels, *Internationale Wochenschrift* IV, 1910, Sp. 993 ff. – Über die Pflanzenfabel bei anderen Völkern vgl. A. Wünsche, *Die Pflanzenfabel in der Weltliteratur*, 1905. Vgl. auch Christopher Johnston, *Assyrian and babylonian beast fables, American Journal of semitic languages and literatures* Bd. XXVIII, 1912 S. 81 ff.

9 *Hebräische Metrik* I. Teil, Nr. 1, S. 389.

10 Vgl. Thimme S. 3 f. und A. Wünsches oben genanntes Buch.

11 Livius II, 32.

12 V. 16 b–19a sind späterer Zusatz.

13 *nua'*.

14 Die Fabel ist bei H. Diels, a. a. O., Sp. 1002 abgedruckt.

15 Thimme S. 122 f.; v. d. Leyen, S. 62.

16 *Hiob* 41, 26.

17 *Hiob* 40, 19.

18 Greßmann, *Anfänge Israels*, S. 220. Über Tierfabeln bei den Babyloniern vgl. O. Weber, *Literatur der Babylonier und Assyrer*, S. 303 ff. Tier- und Pflanzenfabeln enthält auch die Achikar-Sage; vgl. Ed. Meyer, *Papyrusfund von Elephantine*, S. 112.

19 *Jesaia* 14, 8.

20 *Sacharia* 11, 2.

21 *Joel* 4, 16.

22 *Psalm* 114.

23 *Jesaia* 55, 12.

24 *Psalm* 104, 21.

25 *Hiob* 38, 41; *Psalm* 147, 9.

26 *Sprüche* 30, 29 f.

27 *I. Mose* 2, 18 ff. Vgl. S. 174.

28 *Psalm* 24, 7 ff.

29 *Ausgewählte Psalmen*, 4. Aufl. S. 47.

30 *Psalm* 139, 9.

31 *Psalm* 104, 3.

32 *Sacharia* 1, 7 ff.

33 *Sacharia* 6, 1 ff.

34 *Jesaia* 38, 10; *Jona* 2, 7.

35 *Jesaia* 5, 14.

36 *Jesaia* 34, 4; *Offenbarung Johannes* 6, 13.

37 *Jesaia* 34, 4.

38 *Psalm* 104, 2.

39 *Psalm* 103, 20.

40 *Jesaia* 34, 4; 40, 26; 45, 12; *Jeremia* 33, 22; *Psalm* 33, 6.

41 *Jesaia* 40, 26.

42 *Psalm* 19, 5 f.

43 *Hesekiel* 31. Das Versmaß ist fast durchweg der Vierer; dazwischen einige, freilich nicht ganz sichere Dreier. Das Gedicht ist gegenwärtig durch viele Glossen entstellt.

44 *'addir.*

45 Daß sie alle übrigen Bäume überragte, kommt erst im folgenden, V. 8.

46 *bišelahaw* und *bise'appothaw* sind Varianten.

47 *kerob porothaw* vgl. V. 9.

48 *reša' 'aśa-lo.*

49 *keriš'o.*

50 *hišbūthō.*

51 *kol-'ēsīm.*

52 *'allonim* ist für *'elehem* zu lesen und als Glosse zu streichen.

53 Wörtlich: verhüllte ich den Ozean, d. h. ließ ihn trauern.

54 *wattimna'*.

55 *'ulläph*.

56 Die schon früher gefallenen Bäume trösten sich, daß es auch der Edeltanne nicht besser ergangen ist, vgl. 14, 22 f.; 16, 54; 32, 31.

57 *Hesekiel* 30, 8.

58 Vgl. z. B. P. Zaunert, *Deutsche Märchen seit Grimm*, S. 1 ff.; E. Sklarek, *Ungarische Volksmärchen, Neue Folge*, S. 13 ff, 26 ff.; Wundt, *Völkerpsychologie* Bd. II, 3. Teil, S. 192.

59 Wundt, ebenda, S. 193.

60 Vgl. Adalb. Kuhn, *Mythologische Studien* Bd. I, S. 114 ff.; *Bhagavadgita* XV 1ff.; Müllenhoff, *Deutsche Altertumskunde* Bd. V, S. 103 ff.; Mannhardt, *Wald- und Feldkulte* Teil I, S. 54 ff.; v. d. Leyen, *Märchen in den Göttersagen der Edda*, S. 13 ff.; Bugge, *Studien über die Entstehung der nordischen Götter- und Heldensagen*, S. 541 ff.; Richard M. Meyer, *Altgermanische Religionsgeschichte*, S. 474 ff.; E. Sklarek, *Ungarische Volksmärchen*, S. 209: „eine große Pappel, deren Spitze in den Himmel ragte, deren Wurzel in die Hölle reichte."

61 Im finnischen Epos Kalewala (übersetzt von A. Schiefner, II 50 ff.) wird eine Eiche, die so mächtig emporwächst, daß sie Sonne und Mond verdunkelt und die Wolken in ihrem Laufe hemmt, um solcher Bosheit willen von einem vom Meere aufsteigenden Zwerge, der sich dazu in einen Riesen verwandelt, abgehauen.

62 Ebenso ist V. 9 a, wonach *Jahve* den Baum „schön gemacht hat", eine Hinzufügung des Propheten, wofern diese Worte nicht späterer Zusatz zum Texte sind.

63 *Daniel* 4, 7 ff.

64 Vgl. S. 117 f. – Diese Deutung hat auf die Vision selber eingewirkt V. 13; auch der zu der Natur eines Baumes nicht gehörige Zug, daß sein Wurzelstock in eisernen und ehernen Fesseln in der Erde bleiben soll, wird daher eingedrungen sein: Nebukadnezar soll einst wieder zur Vernunft und zur Herrschaft zurückkehren, vgl. V. 23.

65 *Jesaia* 5.

66 Vgl. die Literatur bei Bolte und Polivka, *Anmerkungen zu den Kinder- und Hausmärchen der Brüder Grimm* Bd. II, S. 420; Anti Aarne, *Märchentypen*, No. 155.

67 Vgl. E. Schreck, *Finnische Märchen*, S. 214.

68 *rībō*.

69 *IV. Esra* 4, 13–19. Abweichungen vom lateinischen Texte Violets sind in Häkchen geschlossen.

70 *Jeremia* 5, 22.

71 *I. Korinther* 12, 14–26.

72 *Livius II*, 32.

73 Kretschmer, *Neugriechische Märchen*, S. 334 f. Vgl. besonders H. Jantzen, *Geschichte des deutschen Streitgedichtes im Mittelalter, Germanistische*

Abhandlungen Heft XIII 1896: Streitreden zwischen Wasser und Wein, Herbst und Mai, Henne und Fisch, Herz und Leib usw. Beispiele von Streitreden in der Fabeldichtung bringt A. Wünsche, *Die Pflanzenfabel in der Weltliteratur*, S. 14, 15, 16, 17 ff., 23 u. a.

74 Brockelmann, *Zeitschrift für die alttestamentliche Wissenschaft* Jahrgang XXVI, 1906, S. 31; *Testament des Ruben* 2 f.; *Origenes gegen Celsius* VIII 58.

Märchenmotive von Naturwesen

1 *I. Mose* 4.

2 *IV. Mose* 22, 23 ff.

3 Über redende Tiere bei den Babyloniern vgl. O. Weber, *Literatur der Babylonier und Assyrer*, S. 303.

4 *Ilias* XIX 404 ff.

5 Vgl. Ranke in Greßmanns *Altorientalischen Texten und Bildern* Bd. I, S. 225.

6 Thimme S. 83. Eine besonders nahe Beziehung zum Menschen hat, was wohl verständlich ist, sein Reittier, zu dem Helden sein Roß. Vgl. dazu die Bemerkung von E. Sklarek, *Ungarische Volksmärchen*, S. 294 und als Beispiele etwa *Neue Folge*, S. 104; P. Kretschmer, *Neugriechische Märchen*, S. 242 ff.

7 Leo Frobenius, *Im Zeitalter des Sonnengottes* Bd. I, S. 133 f.

8 M. Preindlsberger-Mrazović, *Bosnische Volksmärchen*, S. 111.

9 *IV. Mose* 22, 32.

10 *I. Samuelis* 6, 7 ff.

11 *II. Mose* 3, 1.

12 *I. Mose* 36, 24.

13 *Hohes Lied* 1, 8; vgl. G. Jacob, *Hohes Lied*, S. 37.

14 E. Sklarek, *Ungarische Volksmärchen, Neue Folge*, S. 199.

15 Greßmann, *Mose und seine Zeit*, S. 31 A. 4., S. 449; Wellhausen, *Reste arabischen Heidentums*, 2. Aufl. S. 202; Grimm, *Deutsche Sagen*, Nr. 350, 380; H. Günter, *Christliche Legende*, vgl. das Register unter „Führung".

16 Ebenso gehorsame Löwen, die den Gerechten kaum anrühren, in der Geschichte von Rabbi Meir und der Ehebrecherin, bei M. J. Gorion, *Born Judas* Bd. I., S. 133f. Ein ähnliches Motiv in der Legende des Hlg. Coemgenus bei H. Günter, *Christliche Legende*, S. 31, vgl. S. 147.

17 *I. Könige* 13, 11 ff.

18 *Jona* 2, 1; 11.

19 *Daniel* 6, 23 ff.; ein ähnliches Motiv im Märchen der Gegenwart bei E. Schreck, *Finnische Märchen*, S. 78; E. Sklarek, *Ungarische Volksmärchen*, S. 198.

20 *Offenbarung des Baruch* 77. Salomos Vogel soll ein Wiedehopf gewesen sein, vgl. O. Dähnhardt, *Natursagen* Bd. I, S. 322 ff. In der mittelalterlichen Oswaldsage tritt ein Rabe als Bote auf, vgl. ebenda, S. 331 f., der Adler bei Salomo ebenda, S. 323, der auch in den estnischen Märchen als Bote der finnischen Zauberer gilt, vgl. Fr. Kreutzwald, *Estnische Märchen*, S. 17, 129.

21 *Baruch* 3, 16 f.

22 In der *Geschichte der messingenen Stadt, Tausend und Eine Nacht,* übersetzt von G. Weil, 2. Abdruck der 3. Aufl. Bd. II, S. 280.

23 *Offenbarung Johannes* 8, 18.

24 Parallelen in dem Religionsgeschichtlichen Volksbuch *Elisas, Jahve und Baal,* S. 12; vgl. H. Günter, *Christliche Legende*, Register unter „Ernährung".

25 *Jona* 3, 7. Ein Gegenstück ist es, wenn in dem neugriechischen Märchen bei Landestrauer auch die Reittiere des Königs schwarz gefärbt werden, vgl. P. Kretschmer, *Neugriechische Märchen,* S. 2.

26 *Jona* 4, 11.

27 *II. Samuelis* 12, 1–4.

28 Genauer nach dem Hebräischen ein weibliches Schaf.

29 *II. Samuelis* 14; vgl. *Jesaia* 5.

30 *II. Samuelis* 12, 1–15, 3.

31 Vgl. Budde, *Die Bücher Samuel,* S. 254 f. Der Text ist zum Schluß stark erweitert, vgl. ebenda.

32 Vgl. z. B. das deutsche Märchen *Der Arme und der Reiche,* bei Grimm Nr. 87.

33 Vgl. S. 27 ff.

34 *Äthiopischer Henoch* 33, 1.; *Hiob* 29, 18.

35 Etwas anders *Herodot II,* 73. Vgl. aber auch Budde, *Das Buch Hiob,* S. 176.

36 *Hiob* 40, 15 – 41, 26.

37 Über Leviathan vgl. das Volksbuch *Mythus im Alten Testament.*

38 Die Erklärung des Namens aus einem, übrigens nicht bezeugten ägyptischen Worte *p–ehe–mou* = Wasserochs ist dem gegenüber unwahrscheinlich.

39 *Hiob* 41, 2 f.

40 *Hiob* 41, 25.

41 *Hiob* 41, 26.

42 Vgl. oben S. 32 f.

43 *Hiob* 40, 19.

44 *Hiob* 40, 11–13.

45 *Hiob* 40, 27–29; *kehor lanna'ar,* LXX.

46 Vgl. über diese Schilderung das Volksbuch *Mythus im Alten Testament.*

47 V. d. Leyen S. 61.

48 V. d. Leyen S. 61 f. Zahlreiche Beispiele solcher primitiven Erklärungen von Eigenschaften der Tiere bietet O. Dähnhardt, *Natur-*

geschichtliche Volksmärchen, 2. Aufl. 1904 und *Natursagen* Bd. III, 1. Teil 1910.

49 Im Hebräischen ein Wortspiel: beide tun einander dasselbe an.

50 Vgl. z. B. Procksch, *Genesis,* S. 37.

51 Literatur in meinem *Genesiskommentar,* 3. Aufl., S. 13.

52 *I. Mose* 1, 30.

53 *I. Mose* 6, 11 f.

54 *I. Mose* 9, 1 ff.

55 Hesiod, *Werke und Tage,* 109 ff.

56 *Jesaia* 11, 6–9.

57 Vgl. Staerk, *Der Mythus vom ewigen Frieden, Internationale Monatsschrift* Jahrgang X, 1916, Sp. 1285 ff.

58 Vgl. das religionsgeschichtliche Volksbuch *Mythus im Alten Testament.*

59 *Jona* 4, 6–11.

60 *Sacharia* 4.

61 Diese Vorstellung wird in der Glosse V. 12 vorausgesetzt.

62 Zum Bluten der Bäume vgl. Dähnhardt, *Natursagen* Bd. I, S. 221; Mannhardt, *Wald- und Feldkulte* Teil I, S. 34 ff., 38, 40 ff., 603, Teil II, S. 11, 12, 21; Fr. Kreutzwald, *Estnische Märchen,* S. 60; Schillers *Tell* III 3.

63 *IV. Esra* 5, 5.

64 In der *Geschichte der zwei neidischen Schwestern, Tausend und Eine Nacht,* übersetzt von G. Weil, 2. Abdruck der 3. Aufl. Bd. III, S. 316 ff.

65 *Lukas* 19, 40.

66 *Daniel* 2, 34 f. 45.

67 Insbesondere nach Genuß von Haschisch beobachtet, vgl. v. d. Leyen S. 45.

68 Vgl. v. d. Leyen S. 46. Beispiele bei M. Pancritius, *Anthropos* Band VIII, 1913, S. 855 f.; vgl. ferner E. Schreck, *Finnische Märchen,* S. 41, 131.

69 *I. Mose* 2, 9.

70 *Sprüche* 3, 18; 11, 30; 13, 12; 15, 4.

71 *I. Mose* 3, 22.

72 *Sprüche* 10, 11; 13, 14; 14, 27; 16, 22; *Psalm* 36, 10.

73 Literatur in meinem *Genesiskommentar,* 3. Aufl., S. 8.

74 Vgl. Greßmann, *Gilgamesch-Epos,* S. 135 ff.

75 *Sprüche* 3, 18.

76 *Sprüche* 14, 27.

77 *Sprüche* 10, 11.

78 *Sprüche* 13, 12.

79 *Sprüche* 15, 4.

80 *Sprüche* 16, 22.

81 *Psalm* 36, 10.

82 *Äthiopischer Henoch* 24, 4 ff.; 32, 3 ff.; Vgl. Volz, *Jüdische Eschatologie,* S. 376.

83 *Apokalypse des Mose* 5 ff., vgl. Kautzsch, *Apokryphen und Apokalypsen* Bd. II, S. 516 ff.

84 Die jüdische Überlieferung bei Volz, a. a. O., S. 377; im Neuen Testament besonders in der *Offenbarung Johannes*, vgl. 7, 17; 21, 6; 22, 1. 2. 14. 17. 19.

85 Literatur in meinem *Genesiskommentar*, 3. Aufl., S. 30, 37; v. d. Leyen S. 41 ff.; Thimme S. 91 ff.

86 *I. Mose* 2, 8.

87 *I. Mose* 3, 24.

88 *I. Mose* 3, 24.

89 Vgl. S. 98, 67.

90 *I. Mose* 2, 10–14.

91 Vgl. meinen *Genesiskommentar*, 3. Aufl., S. 36.

92 *Äthiopischer Henoch* 24 f.

93 *Hesekiel* 28, 12 f.

94 Vgl. v. d. Leyen S. 42.

95 Vgl. Volz, *Jüdische Eschatologie*, S. 377 f.

96 *Lukas* 23, 43; *I. Korinther* 12, 4; *I. Petrus* 1, 3 f., *Offenbarung Johannes* 2, 7; 22.

97 *lemōsā'īm*.

98 *Jesaia* 41, 18–20; vgl. 43, 19; 49, 10 f.; 55, 12. f.; 35.

99 Vgl. S. 53 f.

100 *Psalm* 36, 9 f.

101 je'ōr.

102 *Jesaia* 33, 21 f.

103 Schiller, *Das Geheimnis*.

104 *Psalm* 46, 5.

105 Ohne den Gedanken des Schutzes dieselbe Vorstellung *Sacharia* 14, 8.

106 Vgl. S. 54 f.

107 *Hesekiel* 40, 2.

108 *Hesekiel* 47, 1–12.

109 *Offenbarung Johannes* 22, 1 f.

110 Vgl. S. 20.

111 Vgl. E. Sklarek, *Ungarische Volksmärchen*, S. 107, vgl. S. 115.

112 *Slavischer Henoch* 8, 5.

113 Usener, *Rheinisches Museum, Neue Folge* Bd. 57, 1902, S. 180 f.

114 *Joel* 4, 18; vgl. *Amos* 9, 13.

115 Usener, a. a. O., S. 180 ff.

116 *Sibyllinische Orakel* III., 744 ff., V 281 ff.

117 *Jesaia* 7, 22.

118 *V. Mose* 32, 13.

119 *II. Mose* 3, 8. 17; 13, 5; 33, 3; *III.* 20, 24; *IV.* 13, 28 u. a.

120 *I. Mose* 8, 4.

121 *Jesaia* 14, 13.

122 *Jesaia* 14, 13 f.

123 *Jesaia* 14, 13 f.

124 *Psalm* 48, 3.
125 *Micha* 4, 1 f.; der Text ist besser als *Jesaia* 2, 2 f. Dieselbe Vorstellung *Sacharia* 14, 10.
126 *Matthäus* 4, 8.
127 *Sacharia* 6, 1.
128 In der *Geschichte des dritten Kalenders,* bei Weil Bd. I, S. 86 f.
129 *Äthiopischer Henoch* 18, 6.
130 *Äthiopischer Henoch* 17, 2. 7; 22; 24; 26.
131 *Hiob* 38, 6; 22, 25 u. a.
132 *Äthiopischer Henoch* 17–36.
133 V. d. Leyen S. 87.
134 Greßmann, *Gilgamesch-Epos,* S. 154 ff.
135 Vgl. v. d. Leyen S. 84.
136 Vgl. ebenda, S. 49, Wundt, *Völkerpsychologie* Bd. II, 3. Teil, S. 218 ff.
137 Vgl. Greßmann, *Altorientalische Texte und Bilder* Bd. I, S. 34 ff.
138 Vgl. Schraders *Keilinschriftliche Bibliothek* Bd. VI, 1. Teil, S. 100 ff.
139 *II. Könige* 2.
140 Vgl. Greßmann, *Altorientalische Texte und Bilder* Bd. I., S. 65 ff.
141 Erman, *Ägyptische Religion,* 2. Aufl., S. 125 f.
142 Vgl. v. d. Leyen S. 99.
143 *Psalm* 139, 7 f.
144 *Amos* 9, 2 f.
145 Vgl. v. d. Leyen S. 84.
146 Vgl. Zimmern in Schraders *Keilinschriften und das Alte Testament,* 3. Aufl., S. 564.
147 Vgl. S. 53.
148 ebenda.
149 Vgl. *Das Wasser des Lebens,* bei Grimm Nr. 97 und den von Bolte und Polívka, *Anmerkungen zu den Kinder- und Hausmärchen der Brüder Grimm* Bd. II, S. 394 ff. Bd. I, S. 503 ff. mitgeteilten Stoff.
150 Vgl. *Die Geschichte von den zwei neidischen Schwestern* in *Tausend und Eine Nacht,* übersetzt von G. Weil, 2. Abdruck der 3. Aufl. Bd. III, S. 301 ff.
151 *V. Mose* 30, 11–14.
152 Dies Verständnis der Stelle zum ersten Male bei H. Zimmern in Schraders *Keilinschriften und das Alte Testament,* 3. Aufl., S. 565 f.
153 *Psalm* 88, 7.
154 *Psalm* 69, 16.
155 *Psalm* 30, 4.
156 *Psalm* 18, 17.
157 Vgl. meine *Ausgewählten Psalmen,* 4. Aufl., S. 212.
158 *Jona* 2, 3–7.
159 *Hiob* 38, 31.
160 Die Übersetzung ist nicht sicher.

161 Vgl. Nöldeke in Schenkels *Bibellexikon* Bd. IV, S. 370; Budde, *Biblische Urgeschichte*, S. 395.

Märchen von Werkzeugen und sonstigen Gegenständen

1 Uhland, *Schriften zur Geschichte der Dichtung und Sage* Bd. I, S. 289.

2 Aus Uhland, ebenda. Vgl. auch Schremmer, *Labarum und Steinaxt*, S. 20 f.

3 *Herodot* IV, 62.

4 Vgl. Schremmer, ebenda, S. 15 ff., 31.

5 *Habakuk* 1, 19.

6 *Jesaia* 27, 1; 34, 5; *Jeremia* 47, 6; *Hesekiel* 21, 8 ff; vgl. Greßmann, *Ursprung der israelitisch-jüdischen Eschatologie*, S. 79 f. Zu *Jeremia* 47, 6, einer Beschwörung des Schwertes Jahves, vgl. J. G. v. Hahn, *Griechische und albanesische Märchen* Teil I, S. 123: „Mordmesser, warum liegst du so ruhig da? warum stehst du nicht auf und schneidest mir den Hals ab?"

7 *I. Mose* 3, 24.

8 *Jesaia* 10, 15.

9 Dem Stoff nach zu vergleichen ist der Streit der Axt und der Säge um den Vorrang im neugriechischen Märchen, vgl. Kretschmer, *Neugriechische Märchen*, S. 189 f.

10 Ein Grund, die Stelle für unecht zu halten, ist nicht abzusehen; eine „Rede" liegt übrigens in diesem ganzen Abschnitt nicht vor, sondern nur zusammengestellte „Worte".

11 *Jesaia* 29, 16.

12 *Jesaia* 64, 7; *Jeremia* 18.

13 *Jesaia* 45, 9 f.

14 Der Sinn der beiden letzten Zeilen ist nicht recht klar; LXX: „und zur Mutter".

15 *Römerbrief* 9, 19–21.

16 Vgl. S. 40.

17 *Johannes* 6, 35.

18 *Johannes* 6, 51.

19 Vgl. S. 113 f.

20 *I. Könige* 17, 14.

21 *II. Könige* 4, 1–7.

22 *II. Könige* 4, 42–44.

23 *Matthäus* 14, 13 ff. und Parallelen. Nach einem finnischen Märchen vermag ein Mädchen, aus drei Gerstenkörnern Speise für ein ganzes Heer zu bereiten; vgl. E. Schreck, *Finnische Märchen*, S. 85. Varianten bei M. Preindlsberger-Mrazović, *Bosnische Volksmärchen*, S. 89 ff., 101; E. Sklarek, *Ungarische Volksmärchen, Neue Folge*, S. 54, 66. Vgl. auch H. Günter, *Christliche Legende*, Register unter „Vermehrungen".

24 *I. Könige* 19, 6–8.

25 Vgl. S. 20.

26 Vgl. *Elias, Jahve und Baal* S. 12; v. d. Leyen S. 67.

27 *Hesekiel* 1.

28 Vgl. S. 97 f.

29 Zum Text von V. 26 vgl. LXX.

30 Vgl. *II. Mose* 24, 10.

31 *Hesekiel* 1, 1.

32 Vgl. Greßmanns Artikel *Heiligkeit und Herrlichkeit Gottes* 2 in der *Religion in Geschichte und Gegenwart*.

33 Zum Text von V. 13 vgl. LXX.

34 *Hesekiel* 1, 28.

35 Vgl. S. 59.

36 *Hesekiel* 1, 15–20.

37 V. 21 ist wohl nur Variante zu V. 20.

38 Kraetzschmar und Bertholet zur Stelle.

39 Ophannim = Räder vgl. *Äthiopischen Henoch* 61, 10; 71, 7.

40 Zu Vers 7 vgl. den Text bei Kautzsch, 3. Aufl. Hesekiel 3, 13.

42 Vgl. die *Geschichte vom Zauberpferde, Tausend und Eine Nacht,* übersetzt von G. Weil, 2. Abdruck der 3. Aufl. Bd. 1, S. 338 ff.; E. Sklarek, *Ungarische Volksmärchen, Neue Folge,* S. 104 u. a.

43 Andersen, *Märchen, Der fliegende Koffer;* J. G. v. Hahn, *Griechische und albanische Märchen* Teil I, Nr. 46 u. a.

44 Vgl. Thimme S. 78.

45 *II. Könige* 2, 11.

46 *Äthiopischer Henoch* 70, 2.

47 *Oden Salomos* 38, 1.

48 *Ps.* 18, 11.

49 Vgl. S. 67 f. Von der Voraussetzung ausgehend, daß Hesekiels Gesicht im wesentlichen einheitlich sei und daß diese und ähnliche Vorstellungen „*mythologisch*" erklärt werden müßten, habe ich in der Schrift *Zum religionsgeschichtlichen Verständnis des Neuen Testaments,* S. 43 ff. auch die Räder als Erscheinungen des Himmels zu verstehen versucht.

50 In der *Geschichte der zwei neidischen Schwestern, Tausend und Eine Nacht,* übersetzt von G. Weil, 2. Abdruck der 3. Aufl. Bd. III, S. 316 ff. Ebenso zeigt ein rollendes Brot (E. Schreck, *Finnische Märchen,* S. 109) oder ein rollender Apfel (J. G. v. Hahn, *Griechische und albanische Märchen* Teil II, S. 69) im Märchen den Weg.

51 *Jesaia* 54, 11 f.

52 *Tobia* 13, 16 f.

53 *Offenbarung Johannes* 21, 18 f. 21 f.

54 Das oben im Text Ausgelassene nennt die verschiedenen kostbaren Steine: Jaspis, Saphir, Chalcedon usw.

55 *Tausend und Eine Nacht* übersetzt von G. Weil, 2. Abdruck der 3. Aufl. Bd. II, S. 280 ff.

56 J. G. v. Hahn, *Griechische und albanesische Märchen* Teil I, S. 194.
57 E. Sklarek, *Ungarische Volksmärchen, Neue Folge*, S. 120.
58 Ebenda, S. 147.
59 M. Preindlsberger-Mrazović, *Bosnische Volksmärchen*, S. 110.
60 E. Sklarek, *Ungarische Volksmärchen*, S. 107.
61 So schon *Hesekiel* 48, 30 ff.
62 *Offenbarung Johannes* 21. Vgl. *Zum religionsgeschichtlichen Verständnis des Neuen Testaments*, S. 48 ff.; Boll, *Aus der Offenbarung Johannes*, S. 39 f.
63 *Sacharia* 2, 9.
64 *Jesaia* 4, 5 f.
65 *wehaja*.
66 Vgl. S. 87.
67 *IV. Esra* 7, 6–8.
68 Als Gegenstück lese man etwa die Geschichte von der schätzereichen *messingenen Stadt* in *Tausend und Einer Nacht* (vgl. S. 73): Der Weg dahin führt durch wasserlose Wüsten und über hohe Berge und erfordert ein ganzes Jahr; die Stadt hat Tore, die nur von innen geöffnet werden können, usw.
69 E. Sklarek, *Ungarische Volksmärchen*, S. 263.
70 Vgl. oben S. 61.
71 E. Sklarek, *Ungarische Volksmärchen*, S. 168.
72 Fr. Kreutzwald, *Estnische Märchen*, S. 269, vgl. S. 275.
73 E. Sklarek, *Ungarische Volksmärchen*, S. 168.
74 *Jesaia* 43, 2, vgl. *Psalm* 66, 12.

Märchen von Geistern, Dämonen und Gespenstern

1 *I. Moses* 32, 23–32.
2 „Auf die Hüftpfanne Jakobs" ist ein falsch erklärender Zusatz: ursprünglich hat nicht der Gott den Menschen, sondern dieser jenen geschlagen.
3 Vgl. z. B. Bruno Guttmann, *Volksbuch der Wadschagga*, S. 26, 40, 61, 106, 113 usw.
4 *Hosea* 12,5.
5 *Hosea* 13,7.
6 Greßmann, *Zeitschrift für die alttestamentliche Wissenschaft* Jahrgang XXX, 1910, S. 24.
7 Roscher, *Ephialtes (Abhandlungen der philosophisch-historischen Klasse der königlich sächsischen Gesellschaft der Wissenschaften* XX 2). Als Beispiel nehme man die Erzählung M. Preindlsberger-Mrazović, *Bosnische Volskmärchen*, S. 42, wonach ein Mann mit einem Vampyr bei Nacht drei volle Stunden hindurch bis zum Hahnenschrei ringt; da läßt der Dämon ab; beim Morgengrauen kommt der Mann heim und ist schwer krank. Daß der gefangene Dämon sich aufs Bitten verlegt, findet sich z. B. bei

E. Sklarek, *Ungarische Volksmärchen, Neue Folge*, S. 189; er spricht: „laßt mich jetzt frei, wenn ihr Gott fürchtet! Quält mich nicht länger!"

8 *Odyssee* IV, 384 ff.

9 Roschers *Lexikon der griechischen und römischen Mythologie*, Artikel Midas. – Andere Beispiele in meinem *Genesiskommentar*, 3. Aufl., S. 364.

10 Literatur in meinem *Genesiskommentar*, 3. Aufl., S. 211.

11 Vgl. v. d. Leyen S. 40.

12 *I. Mose* 19, 15f.

13 Vgl. S. 90 f.

14 *II. Mose* 12, 29.

15 *II. Könige* 19, 35.

16 *Jesaia* 17, 14.

17 *Psalm* 46, 6.

18 Giesebrecht, *Die alttestamentliche Schätzung des Gottesnamens*, 1911; Heitmüller, *Im Namen Jesu*, 1903.

19 Vgl. v. d. Leyen S. 58 f.

20 *Offenbarung Johannes* 19, 12.

21 *II. Mose* 3, 14.

22 *Psalm* 9, 11.

23 *I. Mose* 17, 5.

24 Literatur in meinem *Genesiskommentar*, 3. Aufl., S. 268.

25 Vgl. Greßmann, *Zeitschrift für die alttestamentliche Wissenschaft* Jahrgang XXX, 1910, S. 19 f.

26 *II. Mose* 4, 24–26. Vgl. besonders Greßmann, *Mose*, S. 56 ff., woselbst auch Literatur.

27 *'išāh*; Text: „ihres Sohnes".

28 *mimmennu*; Text: „von ihr".

29 *'ameru*; Text: „Sie nannte".

30 *lammulim*; Text: „die Beschneidungen".

31 Das Wort „Beine" ist in zurückhaltender Sprache für „Scham" gesetzt.

32 Die Worte sollen bedeuten: du hast schon meine Jungfrauenschaft genossen.

33 Der Bräutigam wird nach Vollzug der Ehe „Blutbräutigam" genannt, weil er die Zeichen der Jungfrauenschaft der Braut (*V. Mose* 22, 15 ff.) an sich trägt.

34 Vgl. *Josua* 5, 2. Die Änderung „ihres Sohnes" für „ihres Mannes" erklärt sich daraus, daß später nur Kinder beschnitten wurden.

35 Thimme, S. 47, 49; Fehrle, *Archiv für Religionswissenschaft* Bd. XIII, S. 156 ff. und Samter, *Geburt, Hochzeit und Tod*, S. 41 ff. Vgl. auch *Hohes Lied* 3, 8. Ein Beispiel eines solchen Märchens vom Raube der Braut durch einen Dämon in der Hochzeitsnacht in *Tausend und Einer Nacht* übersetzt von G. Weil, 2. Abdruck der 3. Aufl. Bd. 1, S. 9,73.

36 *Tobia* 3, 8. Dasselbe in einer indischen Erzählung; vgl. Gildemeister in Benfeys, *Orient und Occident* Bd. I, 1862, S. 745 f.

37 *Tobia* 8, 2 f.
38 *Tobia* 12, 14.
39 *Tobia* 6, 18.
40 *Tobia* 6, 18; 8, 4–8.
41 Vgl. S. 115.
42 Vgl. S. 98 ff.
43 *I. Mose* 38, 11.
44 *I. Mose* 16.
45 *I. Mose* 21, 8 ff.
46 *I. Mose* 16, 13.
47 *I. Mose* 21, 33.
48 *I. Mose* 33, 20.
49 *I. Mose* 35, 7.
50 *I. Mose* 14, 12.
51 *I. Mose* 16, 13.
52 *I. Mose* 21, 18.
53 *Richter* 6, 11 ff.
54 *Richter* 13.
55 Vgl. besonders *Tobia* 12.
56 *Lukas* 24, 13 ff.
57 Das ist zum ersten Male ausgesprochen von Greßmann, *Zeitschrift für die alttestamentliche Wissenschaft*, Jahrgang XXX, 1910, S. 12 ff.
58 Grimm, *Deutsche Sagen*, Nr. 45.
59 Homer, *Odyssee* XVII, 485 ff.
60 Literatur in meinem *Genesiskommentar*, 3. Aufl., S. 193, 214.
61 *I. Mose* 18, 1–10.
62 Vgl. Roschers *Lexikon der griechischen und römischen Mythologie*, Artikel Orion, Bd. III, Abt. 1, Sp. 1030.
63 Vgl. meinen *Genesiskommentar*, 3. Aufl., S. 199 f.
64 *I. Mose* 19.
65 Grimm, *Deutsche Sagen*, Nr. 45.
66 P. Cassel, *Mischle Sindbad*, S. 7, aus *Mémoires sur les Contrées occidentales*, hg. Stanislas Julien, Paris 1858, Bd. II, S. 243 f. Andere Sagen dieser Art bei O. Dähnhardt, *Natursagen* Bd. II, S. 133 ff.
67 Vgl. *Amos* 4, 11; *Jesaia* 13, 19; *Jeremia* 50, 40.
68 Vgl. dazu oben S. 82.
69 Vgl. meinen *Genesiskommentar*, 3. Aufl., S. 206 f.
70 Vgl. ebenda, S. 215 f.
71 *I. Mose* 17, 12–22.
72 Reiche Literatur bei Bolte und Polivka, *Anmerkungen zu den Kinder- und Hausmärchen der Brüder Grimm* Bd. II, S. 212 ff.
73 *II. Könige* 4, 8 ff.
74 Die folgenden Worte sind Einsatz, aus V. 15 fälschlich heraufgekommen.
75 *I. Könige* 3, 4 ff.

76 Aus dem modernen Märchen vgl. etwa J. G. v. Hahn, *Griechische und albanesische Märchen Teil II*, S. 80, wo eine Frau, als sie über Land geht, auf Elfen trifft.

77 *I. Mose*, 32, 2 f.

78 Usener, *Götternamen*, S. 42.

79 Vgl. oben S. 33.

80 *V. Mose* 33, 3. Vgl. Greßmann, *Anfänge Israels*, S. 173 zur Stelle. – Vgl. meinen Artikel *Zebaoth* in der Enzyklopädie *Religion in Geschichte und Gegenwart*.

81 Grimm, *Deutsche Mythologie*, 4. Aufl., S. 768 ff.

82 *II. Könige* 6, 15–17.

83 *II. Könige* 2, 11.

84 Vgl. Greßmann, *Mose*, S.28 f.

85 *IV. Mose* 22, 26 f.

86 V. 22.

87 *Hiob* 1, 13–18; 2, 7.

88 *Sacharia* 3, 1 ff.

89 *Hiob* 2, 3.

90 *Hiob* 2, 4 f.

91 *Sacharia* 5, 5–11.

92 Das Märchenhafte dieser Gestalt hat Marti, *Dodekapropheton*, S. 418 erkannt.

93 Vgl. *Grimms Märchen*, Nr. 99: *Der Geist im Glase*, sowie das von Bolte und Polivka, *Anmerkungen zu den Kinder- und Hausmärchen der Brüder Grimm* Bd. II, S. 414 ff. gesammelte Material; bei Aarne, *Märchentypen*, Nr. 331.

94 *Odyssee X*, 19 ff.

95 *Offenbarung Johannes* 9, 1 ff.

96 Literatur bei Martin Dibelius, *Die Geisterwelt im Glauben des Paulus*, S. 58 A. 3.

97 Vgl. die Übersetzung von G. Weil, 2. Abdruck der 3. Aufl. Bd. I, S. 291, 295; Bd. II, S. 197; Bd. III, S. 28, 103 u. a.

98 *Hesekiel* 8, 2 f.; 11, 24. Vgl. auch die Geschichte vom Drachen zu Babel 36, 39.

99 *Markus* 5, 1 ff.; *Matthäus* 8, 28 ff.; *Lukas* 8, 26 ff.

100 Vgl. J. Weiß-Bousset in den *Schriften des Neuen Testaments*, 3. Aufl., Bd. I, S. 120; Wellhausen, *Das Evangelium Marci*, S. 41 f.

101 Vgl. dazu oben S. 82 f.

102 *Lukas* 8, 31.

103 *Matthäus* 8, 29.

104 *Markus* 5, 10, nicht: „aus *dem Lande*“.

105 *Lukas* 8, 27.

106 *Markus* 5, 5.

107 *Lukas* 8, 29.

108 Vgl. Holtzmann zur Stelle.
109 Wünsche, *Der Sagenkreis vom geprellten Teufel*, 1905.
110 Vgl. S. 43.
111 *Jesaia* 30, 6.
112 *IV. Mose* 21, 6 ff. Vgl. Greßmann, *Mose*, S. 284 ff.
113 *II. Könige* 18, 4.
114 *Jesaia* 6, 2.
115 *I. Mose* 3, 24; *II.* 37, 7 ff.; *I. Könige* 6, 23 ff.
116 *Psalm* 18, 11.
117 Vgl. die Abbildungen in Riehms *Handwörterbuch*, Artikel Sanherib und Sargon, in Guthes *Bibelwörterbuch*, S. 67 und in Greßmanns *Altorientalischen Texten und Bildern* Bd. II, Abb. 91, 92, 270.
118 *I. Samuelis* 4, 4; *II.* 6, 2.
119 *Hesekiel* 1, 4 ff.
120 *I. Mose* 3, 24.
121 *Jesaia* 13, 21; 34, 14.
122 Vgl. den Namen „Drachenquelle" *Nehemia* 2, 13.
123 *Amos* 9, 3.
124 Vgl. das Religionsgeschichtliche Volksbuch *Mythus im Alten Testament*.
125 *Offenbarung Johannes* 12, 3.
126 *Offenbarung Johannes* 9, 3–11.
127 *Offenbarung Johannes* 9, 16–19.
128 Mehrköpfige Ungeheuer findet man z. B. bei J. G. v. Hahn, *Griechische und albanesische Märchen* Teil II, S. 23, 55 f.; E. Sklarek, *Ungarische Volksmärchen, Neue Folge*, S. 195 u. a.
129 Zu den mischgestalteten Wesen vgl. E. Sklarek, *Ungarische Volksmärchen*, S. 42 (halb Schlange, halb Mensch); Fr. Kreutzwald, *Estnische Märchen*, S. 241 (Leib ein Ochs, Beine wie Frosch) usw.
130 *Offenbarung Johannes* 16, 13 f.
131 Vgl. *Die drei Männlein im Walde,* bei Grimm Nr. 13.
132 *Jeremia* 31, 15 f.
133 Vgl. das deutsche Märchen *Aschenputtel*, bei Grimm Nr. 21.
134 Über dieses Zwischenstück vgl. S. 85.
135 *Tobias* 12, 12–14.
136 Zuerst hat Simrock i. J. 1856 Märchen und Sagen dieses Typus zusammengestellt; sodann R. Köhler, *Kleinere Schriften* Bd. I, S. 5 ff., 21 ff., 424 ff., 441 ff; sodann Gordon Hall Gerould, *The grateful Dead*, 1908: über 100 Varianten, und Huet, *Le conte du mort reconnaissant et le livre de Tobie, Revue de l'histoire des religions*, Jahrgang 71, 1915, S. 1 ff.; bei Aarne, *Märchentypen*, Nr. 505–508. Vgl. Thimme S. 42.
137 Gordon Hall Gerould, a.a.O., S. 45 f., 73 f. kennt dafür 24 Varianten.
138 Vgl. M. Plath, *Theologische Studien und Kritiken*, Jahrg. 74, 1901, S. 407 f.

139 Vgl. Gordon Hall Gerould, a.a.O., S. 167.
140 Der Engel findet sich an dieser Stelle auch in modernen Gegenstücken, vgl. Reinhold Köhler, *Kleinere Schriften* Bd. I, S. 424, 442; Gordon Hall Gerold, a.a.O., S. 49 f., 54, 58.
141 Vgl. S. 85.

Riesenmärchen

1 Über Riesensagen im Alten Testament vgl. Greßmann, *Die älteste Geschichtsschreibung und Prophetie*, S. 80 f.
2 *IV. Mose* 13, 33.
3 *I. Samuelis* 17, 4 ff.
4 *Richter* 15, 15.
5 *Richter* 16, 3.
6 *I. Mose* 10, 9.
7 *I. Mose* 6, 1–4.
8 *wattehi massekatham?*
9 *Hesekiel* 32, 27.
10 Thimme S. 110.
11 Thimme S. 111.
12 *I. Samuelis* 17.
13 *I. Samuelis* 21, 16 ff. Beispiele aus griechischer Überlieferung bei Greßmann, *Die älteste Geschichtsschreibung und Prophetie Israels*, S. 81.
14 *V. Mose* 3, 11.
15 *IV. Mose* 13, 33; *V.* 2, 10 ff.
16 *Amos* 2, 9.
17 Der Riese in Sindbads dritter Reise (*Tausend und Eine Nacht*, übersetzt von G. Weil, 2. Abdruck der 3. Aufl. Bd. I, S. 367) ist „groß wie ein Palmbaum". Vgl. auch P. Kretschmer, *Neugriechische Märchen*, S. 244, wo ein Riese „baumhoch" ist.
18 *I. Mose*, 10, 8 ff.
19 *Jesus Sirach* 16, 7.
20 Vgl. auch *III. Makkabäer* 2, 4; *Weisheit Salomonis* 14, 6.
21 *Baruch* 3, 26–28.
22 ἐκεῖ = hebr. *'āz.*
23 Vgl. Thimme S. 112. Zur Riesenüberlieferung in spätjüdischer Zeit vgl. auch *Äthiopischen Henoch* 15.
24 *Amos* 4, 13; *Micha* 1, 3.
25 Greßmann, *Altorientalische Texte und Bilder* Bd. II, Abb. 12, 13.
26 Ed. Meyer, *Reich und Kultur der Chetiter*, S. 49, Abb. 40.
27 *V. Mose* 32, 13; 33, 29; *Jesaia* 58, 14.
28 Vgl. P. Zaunert, *Deutsche Märchen seit Grimm*, S. 131.
29 *Jesaia* 37, 25.

Zaubermärchen

1 *Jesaia* 2, 6.
2 Vgl. *II. Mose* 22, 17; *III.* 20, 27; *V.* 18, 10; *I. Samuelis* 15, 23; *II.* 28, 3; *II. König* 21, 67; *Jesaia* 8, 19 u. a.
3 *IV. Mose* 22 ff.
4 Vgl. B. Duhm, *Israels Propheten*, S. 84.
5 *I. Könige* 17, 21.
6 *II. Könige* 4, 4 f. In Vers 35 b ist „bis zu sieben Male" voranzustellen.
7 Thimme S. 80. Vgl. z. B. die Erzählung von Apollonius von Tyana (IV 45), ein Seitenstück zu der evangelischen Erzählung vom Jüngling zu Nain, *Lukas* 7, 11 ff.
8 *II. Könige* 4, 33 vgl. 4, 3.
9 Vgl. S. Daiches, *Orientalistische Literaturzeitung*, Jahrg. XI, 1908, Sp. 492 f.; A. Jirku, *Materialien zur Volksreligion Israels*, S. 83; Weinreich, *Antike Heilungswunder*, S. 47 A. 3, S. 48, 67 ff.
10 *II. Mose*, 14, 16 ff. 26 ff.
11 *II. Mose* 9, 22.
12 *II. Mose* 10, 12.
13 *II. Könige* 13, 14 ff.
14 Hertz, *Gesammelte Abhandlungen*, S. 191 ff.
15 *Jesaia* 11, 4.
16 Das Motiv ist ins Lustige gewandt in dem Märchen *Knüppel aus dem Sack*, Thimme S. 65.
17 *IV. Esra* 13, 10 f.
18 *II. Könige* 13, 21.
19 Vgl. O. Weinreich, *Antike Heilungswunder*, S. 64.
20 *II. Könige* 2, 8.
21 *I. Könige* 19, 19 ff.
22 Literatur in meinem Religionsgeschichtlichen Volksbuche *Elias, Jahve und Baal* A. 36; v. d. Leyen S. 37; Thimme S. 64.
23 *II. Könige* 2, 13 f.
24 Über den Zauberstab vgl. Wundt, *Völkerpsychologie* Bd. II, 3. Teil, S. 189 f.
25 *II. Mose* 7, 8 ff.
26 *II. Mose* 7, 14 ff.
27 *II. Mose* 7, 26 ff.
28 *II. Mose* 8, 13.
29 *II. Mose* 14, 16.
30 *II. Mose* 17, 5 ff.
31 *II. Mose* 17, 8 ff.
32 Vgl. das Märchen vom *Aschenhocker* bei E. Schreck, *Finnische Märchen*, S. 39, 43.
33 *II. Könige* 4, 31 ff.

34 *IV. Mose* 17, 17 ff.

35 Greßmann, *Mose*, S. 282; bei Anti Aarne, *Märchentypen*, Nr. 756.

36 *II. Könige* 2, 19 ff.

37 *II. Könige* 4, 38 ff.

38 *II. Mose* 15, 25.

39 *II. Mose* 9, 8 ff.

40 Vgl. S. 69 f.

41 Vgl. S. 112.

42 *IV. Mose* 23, 1 ff.

43 *I. Könige* 17, 1.

44 *I. Könige* 17, 14.

45 *II. Könige* 1, 10.

46 *I. Mose* 9, 20 ff.

47 *I. Mose* 27.

48 *Josua* 10, 12 f.

49 *Jesaia* 38, 7 ff.

50 Bekannt aus Goethes *Faust II. Teil, Klassische Walpurgisnacht.*

51 *Ilias* XVIII, 239 f. Andere Parallelen bei Dillmann zu *Josua* 10, 12 f. Vgl. ferner Plautus, *Amphitruo*, 113 f., 271 ff., 546 ff.; Schirren, *Wandersagen der Neuseeländer*, S. 37 ff. und P. Zaunert, *Deutsche Märchen seit Grimm*, S. 143.

52 Literatur in meinem Religionsgeschichtlichen Volksbuch *Elias, Jahve und Baal*, A. 46 und bei H. Günter, *Christliche Legende*, Register unter „Wasserwandeln".

53 *II. Könige* 5.

54 *II. Könige* 6, 1 ff.

55 *Matthäus* 4, 3.

56 *Hosea* 6, 5.

57 *mahasti.*

58 *I. Samuelis* 28.

59 So ist es meistens bei den ägyptischen Plagen.

60 *I. Könige* 17, 21.

61 *I. Könige* 17, 22. Anderes Beispiel *II. Könige* 4, 33 f.

62 *II. Könige* 5, 10 ff. und vgl. dazu die schöne Erklärung Greßmanns in *Älteste Geschichtsschreibung und Prophetie Israels*, S. 297.

63 *II. Mose* 8, 9; *II. Könige* 6, 18. 20.

64 Thimme S. 74; v. d. Leyen S. 48, 87, 107, 114.

65 Vgl. Petrusakten 31 f., bei Hennecke, *Neutestamentliche Apokryphen*, S. 418 f. Vgl. auch die Erzählung von dem Zauberer Elymas, *Apostelgeschichte* 13, 8 ff.

66 *II. Mose* 7, 11. 22; 8, 3.

67 *II. Mose* 8, 14 ff.

68 Vgl. Greßmann, *Altorientalische Texte und Bilder* Bd. I, S. 217 ff.

69 *Richter* 6, 36 ff. Zum Regen, der den Heilgen oder die heilige Stätte nicht

benetzt, vgl. H. Günter, *Christliche Legende*, S. 47, 63, 78 f., 128, 173. Vgl. auch E. Nestle, *Archiv für Religionswissenschaft* Bd. XII, 1909, S. 154 ff.

70 *I. Samuelis* 25, 29, vgl. Greßmann zur Stelle.

71 Vgl. S. 53.

72 *Psalm* 56, 9; 69, 29; *II. Mose* 32, 32 f.; *Daniel* 12, 1; *Offenbarung Johannes* 3, 5; 17, 8; 20, 15; *Philipperbrief* 4, 3.

73 *Offenbarung Johannes* 5.

74 Vgl. *Zum religionsgeschichtlichen Verständnis des Neuen Testaments,* S. 60 ff.

75 V. d. Leyen S. 33; Thimme S. 50.

76 *I. Mose* 3, 21; weitere Beispiele in meinem *Genesiskommentar* zur Stelle.

77 *Lukas* 9, 32; vgl. auch die Geschichte von Gethsemane *Matthäus* 26, 40 ff. und Parallelen. Gerne füge ich hinzu, daß Albert Eichhorn, der geniale Kritiker und Fragesteller, schon vor 25 Jahren auf dies seltsame Schlafen hingewiesen hat; eine Antwort freilich darauf, was es bedeute, hätte ihm damals niemand zu geben vermocht.

78 Vgl. v. d. Leyen S. 44; Fr. Kreutzwald, *Estnische Märchen*, S. 44.

79 *I. Mose* 19, 11.

80 Vgl. auch v. d. Leyen S. 44.

81 *II. Könige* 6, 18 ff.

82 Fr. Kreutzwald, *Estnische Märchen*, S. 351.

83 Vgl. G. Freytag, *Bilder aus der deutschen Vergangenheit* Bd. III, S. 84 f.

84 Bei Grimm, *Kinder- und Hausmärchen*, Nr. 3.

85 Vgl. dazu Thimme S. 50; v. d. Leyen S. 42 f.

86 *Lukas* 1, 20.

87 Literatur in meinem *Genesiskommentar*, 3. Aufl., S. 213.

88 *I. Mose* 19, 26.

89 Literatur in meinem *Genesiskommentar*, 3. Aufl., S. 213. Vgl. ferner Samter, *Geburt, Hochzeit und Tod*, S. 147 ff. und L. Köhler, *Zeitschrift für die alttestamentliche Wissenschaft* Jahrg. XXXIV, 1914, S. 149.

90 *Daniel* 5, 21.

91 *Daniel* 4, 22. 29.

92 *Daniel* 4, 30.

93 Vgl. v. d. Leyen S. 49 ff.; Literatur bei Marti, *Das Buch Daniel*, 1901.

94 Andere Beispiele solcher Märchengedichte, S. 29 ff., 33 ff., 38, 46 f., 51.

95 Eusebius, *Praeparatio evangelica IX* 41, Auszug aus Abydenus' Schrift über die Assyrer.

96 Vgl. Pancritius, *Die magische Flucht, Anthropos* Bd. VIII, 1913, S. 854 ff. 929 ff.; bei Anti Aarne, *Märchentypen*, Nr. 313, 314; L. Frobenius, *Zeitalter des Sonnengottes* Bd. I, S. 408 ff., 420.

97 Vgl. etwa das Märchen bei Wundt, *Völkerpsychologie* Bd. II, 3. Teil, S. 92.

98 E. Sklarek, *Ungarische Volksmärchen*, S. 145, 76.

99 Vgl. etwa P. Zaunert, *Deutsche Märchen seit Grimm*, S. 291.
100 *Ps.* 139, 11 f. Zu den vorhergehenden Versen vgl. S. 60.
101 *Offenbarung Johannes* 12, 14 ff.
102 Br. Guttmann, *Volksbuch der Wadschagga*, S. 91.
103 *II. Mose* 14.
104 Vgl. H. Greßmann, *Mose*, S. 108.
105 Vgl. ebenda, S. 117. Die bisherigen Erklärer haben meistens, dem eigenen rationalisierenden Zuge folgend, den Bericht der Jahvisten vorgezogen.
106 Anders Greßmann.

Märchen mit primitivem Seelenglauben

1 Literatur über diese Märchengattung in meinen *Reden und Aufsätzen*, S. 57 A. 4.
2 *Richter* 16, 4 ff.
3 Vgl. den Artikel Pterelaos in Roschers *Lexikon der griechischen und römischen Mythologie*.
4 Vgl. *Reden und Aufsätze*, S. 54 ff., woselbst weitere Parallelen.
5 Über diesen Glauben vgl. v. d. Leyen S. 55, im Alten Testament *III. Mose* 17, 11. 14; V. 12, 23.
6 Bolte und Polivka, *Anmerkungen zu den Kinder- und Hausmärchen der Brüder Grimm* Bd. I, S. 501; Bd. II, S. 274 A. 3; S. 527 A. 1.
7 *I. Mose* 4, 10.
8 *Hiob* 16, 18; *Hesekiel* 24, 7 f.; *Jesaia* 26, 21.
9 Vgl. v. d. Leyen S. 48.
10 Vgl. S. 70f.
11 *Apostelgeschichte* 12, 15.
12 Der Glaube an einen Schutzengel, im Neuen Testament auch *Matthäus* 18, 10, stammt wohl aus dem Babylonischen (Zimmern, *Keilinschriften und das Alte Testament*, 3. Aufl., S. 454 ff.) und Persischen (Edv. Lehmann bei Chantepie de la Saussaye, *Lehrbuch der Religionsgeschichte*, 2. Aufl. Bd. II, S. 180 f.). Über diesen Glauben im damaligen Hellenismus vgl. M. Dibelius, *Geisterwelt im Glauben des Paulus*, S. 215.
13 Vgl. Tylor, *Anfänge der Cultur* Bd. I, S. 120 ff.
14 Greßmann, *Gilgamesch-Epos*, S. 89 A. 2.
15 *Apostelgeschichte* 10.
16 Vgl. P. Kretschmer, *Neugriechische Märchen*, S. 78, 85; M. Preindlsberger-Mrazović, *Bosnische Volksmärchen*, S. 4.
17 Einige Literatur in meinem *Genesiskommentar*, 3. Aufl., S. 400; vgl. v. d. Leyen S. 68, 86 f. und L. Laistner, *Rätsel der Sphinx* Bd. II, S. 364 ff.
18 *I. Mose* 37, 20.

225

19 *I. Mose* 42, 9. Ein anderes Beispiel des Versuches, dem Orakel zu entgehen, bietet *I. Könige* 22, 30.
20 Literatur in meinem *Genesiskommentar,* 3. Aufl., S. 308. Vgl. ferner Erwin Rohde, *Psyche,* S. 51 und A. 1; Greßmann, *Gilgamesch-Epos,* S. 196; Plato, *Apologie des Sokrates,* p. 39 C: „in dem Zustande, in dem die Menschen am meisten weissagen, wenn sie unmittelbar vor dem Tode stehen"; Cicero, *De divinatione* I 30: „beim Nahen des Todes tritt das Göttliche (Weissagende) in der Seele weit stärker hervor"; Dido in Vergils *Äneis IV,* 612 ff.
21 *I. Mose* 27.
22 *I. Mose* 50, 24 f.
23 *V. Mose* 33.
24 *I. Könige* 14, 4.

Märchen von Kindern

1 Thimme S. 158.
2 M. Preindlsberger-Mrazović, *Bosnische Volksmärchen,* S. 1.
3 *I. Mose* 15, 2.
4 *I. Mose* 25, 21.
5 *I. Mose* 30, 23 f.
6 *Richter* 13.
7 *I. Samuelis* 1.
8 *Lukas* 1, 7 ff.
9 *I. Mose* 16, 18; *Richter* 13; *Lukas* 1.
10 Vgl. v. d. Leyen S. 86 unten.
11 *I. Mose* 25, 22. 24 ff.
12 *I. Mose* 38, 27 ff.
13 *I. Mose* 35, 18; *I. Samuelis* 4, 19 ff.
14 Als Gegenstück vgl. etwa bei Grimm Nr. 47; vgl. Thimme S. 158 f.
15 V. d. Leyen S. 67.
16 Grimm Nr. 15.
17 *Hesekiel* 16, 1–14.
18 Vgl. S. 33 ff., 57, 70 ff.
19 Dreier; im übrigen Gedicht Vierer.
20 *bā'íddim.*
21 *we'ittēch 'eth dōdīm.*
22 *Hesekiel* 16, 15–34.
23 V. 35–44.
24 Vgl. Hans Schmidt, *Die großen Propheten,* S. 417.
25 Vgl. v. d. Leyen S. 51; bei Grimm z. B. Nr. 3, 49; im alten Morgenlande Semiramis vgl. Diodor, *Bibliotheca* 2, 4; bei Anti Aarne, *Märchentypen,* Nr. 705.
26 So urteilt Hans Schmidt, *Die großen Propheten,* S. 417, der auch in der

folgenden Erzählung von den beiden Schwestern einen Märchenstoff sieht.

27 Thimme S. 97 f.
28 Andere Beispiele S. 22, 29 ff., 33 ff., 38 f., 46, 49, 51.
29 *II. Mose* 1, 22 ff.
30 *II. Mose* 2, 4. 7–9.
31 Vgl. Greßmann, *Mose*, S. 1 ff.
32 Literatur ebenda, S. 7 A. 3.
33 Text ebenda, S. 8.
34 Greßmann, *Das Weihnachtsevangelium*, 1914.
35 Usener, *Sintflutsagen*, S. 80 ff.
36 Vgl. S. 124.
37 Vgl. v. d. Leyen S. 86 f. und L. Laistner, *Das Rätsel der Sphinx* Bd. II, S. 364 ff.
38 Vgl. das religionsgeschichtliche Volksbuch *Mythus im Alten Testament.*
39 *Matthäus* 2.
40 *Matthäus* 2, 4–6.
41 Albrecht Dieterich, *Die Weisen aus dem Morgenlande*, 1901, versucht, die Erzählung aus dem Eindruck einer parthischen Gesandtschaft an Nero (66 n. Chr.) abzuleiten; aber jene Gesandtschaft hat trotz der Begrüßung des Kaisers als Gottes doch zu wenig mit der neutestamentlichen Erzählung von der Huldigung des neugeborenen, sonst unbekannten Christuskindleins gemeinsam.
42 Vgl. dazu Thimme S. 153.
43 Vgl. Roschers *Lexikon der griechischen und römischen Mythologie*, Artikel Iphigeneia.
44 Thimme S. 37.
45 *Richter* 11, 30 ff.
46 Vgl. Thimme S. 37, 86; Greßmann, *Anfänge Israels*, S. 234 f.; Baumgartner, *Jephtas Gelübde, Archiv für Religionswissenschaft* Bd. XVIII, 1915, S. 240 ff., woselbst auch die Literatur.
47 Pseudo-Plutarch, *De fluviis IX*.

Märchen von jungen Männern und Frauen

1 Thimme S. 40; Wundt, *Völkerpsychologie* Bd. II, 3. Teil, S. 299 ff.
2 Thimme S. 160.
3 *I. Samuelis* 9 f.
4 *I. Mose* 41, 41 ff., wie Mardochai vgl. *Esther* 10, 3.
5 *I. Samuelis* 3. Vgl. Wundt, ebenda, S. 300 f.
6 *I. Samuelis* 17.
7 Zusätze in *Daniel*.
8 *Lukas* 2, 46 f.
9 *I. Mose* 29, 14 ff.; 30, 25 ff.; 31.

10 *I. Samuelis* 2, 11 ff.; 3.
11 *I. Samuelis* 17, 38 f.
12 *I. Samuelis* 17, 11.
13 Zusätze in *Daniel.*
14 Thimme S. 39; v. d. Leyen S. 69.
15 *II. Korinther* 12, 9.
16 *Richter* 6, 15. Der Text der Erzählung ist bearbeitet: ursprünglich erscheint hier Jahve, nicht sein Engel.
17 *I. Samuelis* 10, 21 f.
18 *I. Samuelis* 16.
19 *I. Samuelis* 17.
20 Vgl. v. d. Leyen S. 69.
21 Thimme S. 51; Bolte-Polivka, *Anmerkungen zu den Kinder- und Hausmärchen der Brüder Grimm* Bd. I, S. 324; Leskien, *Balkanmärchen,* S. 162.
22 Vgl. die Literatur in meinem *Genesiskommentar,* 3. Aufl., S. 400.
23 Vgl. über das „Glücksmärchen" Wundt, *Völkerpsychologie* Bd. II, 3. Teil, S. 89 ff.
24 Thimme S. 32.
25 *I. Mose* 45, 7.
26 *Micha* 5, 2.
27 *Offenbarung Johannes* 12, 17.
28 *I. Mose* 24.
29 *I. Samuelis* 9, 3.
30 *Tobialegende.*
31 Grimm Nr. 6. Vgl. bei Homer die Gestalt des alten Phoinix, den Peleus dem Achilleus beigegeben hat, *Ilias* IX, 437 ff.
32 *I. Mose* 35, 21 f.; 49, 3 f.
33 *Ilias* IX, 447 ff.
34 *I. Mose* 39, 6 ff.
35 Vgl. v. d. Leyen S. 87.
36 So noch Procksch, *Genesis,* S. 225.
37 Literatur in meinem *Genesiskommentar,* 3. Aufl., S. 422.
38 Grimm, *Deutsche Sagen,* Nr. 532, vgl. auch Nr. 437; Hans Schmidt, *Volkserzählungen aus Palästina,* teilt in Nr. 38, S. 120 f. eine verwandte Erzählung aus dem gegenwärtigen Palästina mit.
39 Zusätze zu *Daniel.*
40 Vgl. über das Urteil Daniels S. 122.
41 Vgl. H. Brockhaus, *Gründung der Stadt Paliputra,* 1835, S. 8 ff.
42 *I. Mose* 34.
43 Zu diesen Rezensionen vgl. meinen *Genesiskommentar,* 3. Aufl., S. 370 f., 373 f.
44 Thimme S. 38 f.
45 Ebenda, S. 39.

46 *Richter* 19–21.
47 *Richter* 21, 15 ff. Eine Variante dazu bietet 21, 2 ff.
48 Livius, *Römische Geschichte* I 9.
49 *I. Mose* 16, 2; 30, 3. 9.
50 *I. Mose* 19, 31 ff.
51 Vgl. Roschers *Lexikon der griechischen und römischen Mythologie*, Artikel Smyrna 2.
52 Vgl. v. d. Leyen S. 88.
53 Vgl. Ermann, *Ägyptische Religion*, 2. Aufl., S. 38 ff.
54 *I. Mose* 38.
55 Vgl. S. 111, 115.
56 Vgl. *Reden und Aufsätze*, S. 91 f.
57 *I. Mose* 29, 23 ff.
58 Vgl. Thimme S. 39; Literatur in meinem *Genesiskommentar*, 3. Aufl., S. 328.
59 Thimme S. 159.
60 *I. Samuelis* 25.
61 *II. Mose* 4, 24–26, vgl. S. 84 ff.
62 *II. Könige* 4, 18 ff.
63 P. Zaunert, *Deutsche Märchen seit Grimm*, S. 198. Zur Beurteilung dieser Parallele wäre die Auffindung weiterer Gegenstücke wünschenswert. Die späteren, hebräischen Varianten der Legende bei M. J. bin Gorion, *Born Judas* Bd. I, S. 48 ff.
64 *I. Samuelis* 1.
65 *Lukas* 1, 18.
66 *Lukas* 1, 38.

Allerlei Märchen von Männern

1 Andere Beispiele in meinem *Genesiskommentar*, 3. Aufl., S. 44.
2 *I. Mose* 25, 22. Vgl. O. Dähnhardt, *Natursagen*, S. 11, 78 f.; E. Stucken, *Astralmythen*, S. 198 ff.
3 *I. Samuelis* 19, 19 ff.
4 Grimm, *Deutsche Sagen*, Nr. 431. Dasselbe Motiv, aber anders gewandt *II. Könige* 1, 9 ff.; vgl. auch *II. Könige* 9, 17 ff.; *Lukas* 20, 9 ff.
5 Buddhas Vater schickt Boten nach seinem Sohne, er solle zu ihm kommen. Aber alle hören sie ihm zu, werden Rahats und bleiben bei ihm. So geht es zweimal, bis schließlich Buddha freiwillig kommt. Vgl. R. Spence Hardy, *Manual of Buddhism*, 1860, S. 198 f.
6 H. Stumme, *Märchen und Gedichte aus Tripolis in Nordafrika*, 1898, S. 79 ff.
7 Grimm, *Kinder- und Hausmärchen*, Nr. 6, vgl. die Parallelen bei Bolte und Polivka Bd I, S. 42 ff.
8 *Amos* 5, 18–20; vgl. *Israelitische Literatur (Kultur der Gegenwart Teil I,*

Abt. 7) S. 73; Greßmann, *Älteste Geschichtsschreibung und Prophetie Israels*, S. 347.

9 Vgl. E. Schreck, *Finnische Märchen*, S. 183: Ein Mann hatte eine Falle gegen den Marder gelegt. „Aber als er nach einigen Tagen hinging, seine Falle zu besehen, da – geriet er selbst in das Eisen, fiel zwischen die Bretter und war tot!"

10 *Psalm* 7, 16.

11 *II. Samuelis* 11, 14 ff.

12 Homer, *Ilias VI*, 167 ff.

13 *Hamlet* V 2.

14 Vgl. z. B. P. Kretschmer, *Neugriechische Märchen*, S. 205; J. G. v. Hahn, *Griechische und albanesische Märchen*, S. 162; v. d. Leyen, *Märchen in den Göttersagen der Edda*, S. 19; E. Sklarek, *Ungarische Märchen*, S. 26; Grimm, *Kinder- und Hausmärchen*, Nr. 29 und Bolte und Polivka dazu Bd. I, S. 286 ff., woselbst reiche Literatur; J. Schick, *Das Glückskind und der Todesbrief*, 1912; J. Schick, *Hamlet in China, Jahrbuch der deutschen Shakespeare-Gesellschaft* Jahrgang L, 1914, S. 31 ff.

15 Grimms *Kinder- und Hausmärchen*, Nr. 89.

16 *II. Samuelis* 12, 5. 7. Vergleichbar ist *Herodot* III, 32.

17 Thimme S. 93; weitere Literatur bei L. Frobenius, *Im Zeitalter des Sonnengottes* Bd. I., S. 54 ff.; Hans Schmidt, *Jona*, 1907; Bolte und Polivka, *Anmerkungen zu den Kinder- und Hausmärchen der Brüder Grimm* Bd. I, S. 40.

18 W. Wundt, *Völkerpsychologie* Bd. II, Teil 3, S. 230 ff.

19 Hans Schmidt, *Jona*, S. 96 ff.

20 Vgl. Marti, *Dodekapropheton*, S. 246; Hans Schmidt, *Jona*, S. 137 ff.

21 *II. Könige* 14, 25.

22 Vgl. den Artikel *Jonabuch* in der *Religion in Geschichte und Gegenwart*.

23 *II. Samuelis* 2, 14 ff.

24 Livius I, 24 ff.

25 Anspielung an den Namen Edom.

26 *II. Könige* 3, 22 ff.

27 Grimm, *Deutsche Sagen*, Nr. 395.

28 Grimm, *Kinder- und Hausmärchen*, Nr. 119.

29 Ebenda, Nr. 61.

30 *Richter* 7, 16 ff. Der Text ist durch die Einarbeitung eines zweiten Berichtes, wonach die Israeliten Posaunen blasen, in Verwirrung geraten.

31 Vgl. J. G. v. Hahn, *Griechische und albanesische Märchen*, Teil I, S. 227; vgl. auch Thimme S. 36.

32 Livius XXII, 16 f.

33 Vgl. Thimme S. 48, 62 f.

34 Vgl. meinen *Genesiskommentar*, 3. Aufl., S. 296.

35 Vgl. ebenda, S. 61.

36 *I. Mose* 12.

37 *I. Mose* 22.

38 Vgl. S. 94.

39 Das Hiobmotiv von der in den schwersten Leiden bewährten Geduld findet sich wieder in der christlichen Placidaslegende, vgl. Bousset, *Nachrichten von der K. Gesellschaft der Wissenschaften zu Göttingen*, Phil.-histor. Klasse 1916, S. 469 ff., 492 und in *Tausend und Einer Nacht*, übersetzt von G. Weil, 2. Abdruck der 3. Aufl. Bd. II, S. 243 ff. in der *Geschichte des Gutsbesitzers Abu Saber;* über ein indisches Gegenstück vgl. Schlottmann, *Buch Hiob*, S. 17 ff.

40 Vgl. S. 115.

41 Wie Simon Magus zum Himmel emporfliegen will, Petrusakten 32, bei Hennecke, *Neutestamentliche Apokryphen*, S. 418 f.

42 Vgl. S. 59.

Standesmärchen

1 Vgl. Thimme S. 67 f., 78 f.

2 *I. Mose* 25, 29–34.

3 *I. Mose* 27.

4 Aus meinem *Genesiskommentar*, 3. Aufl., S. 297.

5 Vgl. S. 114.

6 Vgl. etwa Hans Schmidt, *Volkserzählungen aus Palästina*, Nr. 53, S. 218 f., wo sich ein Prinz einen Schafmagen über seinen Kopf zieht und sich so als Kahlkopf verstellt.

7 Thimme S. 56.

8 *Herodot* II, 121.

9 Vgl. das Religionsgeschichtliche Volksbuch *Sage im Alten Testament*.

10 Vgl. S. 123 f.

11 Daß diese Begnadigung ein Zusatz zur ursprünglichen Überlieferung ist, erkennt man daran, daß sie nach dem Vorhergehenden ganz unerwartet kommt.

12 *I. Mose* 3, 17 ff.

13 *I. Mose* 9, 20.

14 *I. Mose* 10, 8.

15 *I. Mose* 4, 20–22.

16 Grimm, *Kinder- und Hausmärchen*, Nr. 36.

17 Nach Eduard Meyer, *Die Israeliten und ihre Nachbarstämme*, S. 218.

18 Über Könige im Märchen vgl. auch S. 31, 32, 92, 106, 123, 131f., 132f., 134, 139, 140, 149, 151.

19 Vgl. Thimme S. 67.

20 *I. Mose* 27, 3.

21 *I. Mose* 32, 11.

22 Vgl. S. 113 f.

23 Vgl. S. 113.

24 *Esther* 4, 2.

25 *I. Samuelis* 28, 8.

26 *I. Könige* 14, 2.

27 Grimm, *Kinder- und Hausmärchen*, Nr. 53; vgl. zum Motiv der Verkleidung das von Böklen, *Sneewittchenstudien*, S. 98 ff. gesammelte Material.

28 *I. Könige* 22, 30; es ist nach LXX *begadaj*, „meine Kleider" zu lesen; im übrigen vgl. Kautzsch[3] und Kittel.

29 Vgl. z. B. P. Kretschmer, *Neugriechische Märchen*, S. 277.

30 Dasselbe Motiv in der Sage vom hlg. Benedictus, der den Totila auch in der Verkleidung erkennt, vgl. Grimm, *Deutsche Sagen*, Nr. 385.

31 Ein Gegenstück mit anderem Ausgang ist die preußische Sage vom Stallmeister Froben.

32 *I. Könige* 18, 10. Gegenstücke zu solchem Eide bei Greßmann, *Älteste Geschichtsschreibung und Prophetie Israels*, S. 264.

33 *Esther* 5, 3. 6; 7, 2; *Markus* 6, 23; Schiller, *Turandot II*, 232; E. Sklarek, *Ungarische Volksmärchen*, S. 211, *Neue Folge*, S. 35.

34 *Esther* 1, 5 ff.

35 *Esther* 1, 4.

36 *Daniel* 2, 4.

37 *Daniel* 5, 5.

38 P. Zaunert, *Deutsche Märchen seit Grimm*, S. 387.

39 An israelitische Könige ergangene Gottesorakel werden geschildert oder vorausgesetzt *II. Samuelis* 23, 1 ff., *I. Könige* 3, 4 ff., *Ps.* 2, 7–9.

40 Weinreich, *Antike Heilungswunder*, S. 75.

41 Über den Glauben an die Heilkraft der Könige vgl. Frazer, *The Golden Bough*, 3. Aufl, I 1, S. 368 ff.; Behm, *Handauflegung im Urchristentum*, S. 109, 114.

42 *II. Könige* 5, 6 ff.

43 *I. Könige* 22, 38. Die Behauptung, daß diese Bemerkung ein Zusatz sei, ist schwerlich zu beweisen.

44 Daß Königsblut schön mache, ist nach Klostermann, *Die Bücher Samuelis und der Könige*, S. 391 ein „alter Aberglaube". Königsblut heilt Hundswut, vgl. Wellhausen, *Reste arabischen Heidentums*, S. 142. Über Blut als Heil- und Schönheitsmittel vgl. Strack, *Blutaberglaube*, 4. Aufl., S. 14 ff., 44 ff.; L. Köhler, *Zeitschrift für die alttestamentliche Wissenschaft* Jahrg. XXXIV, 1914, S. 147; Lane, *Manners and customs of the modern Egyptians* Bd. I, S. 333.

45 *I. Samuelis* 9, 2; 10, 23.

46 *Esther* 2.

47 Grimm, *Kinder- und Hausmärchen*, Nr. 21. Andere Beispiele in meinem Religionsgeschichtlichen Volksbuche *Esther* S. 9.

48 *Herodot* I, 8–13.

49 *Esther* 1.

50 Vgl. S. 92.
51 *I. Könige* 10, 1 ff.
52 Vgl. Greßmann, *Älteste Geschichtsschreibung und Prophetie Israels*, S. 203, woselbst weiterer Stoff.
53 *I. Könige* 3, 16–28; Text stark glossiert, vgl. Greßmann, ebenda, S. 199 f.
54 Vers 23 ist ausfüllende Glosse, vgl. Greßmann.
55 Vgl. v. d. Leyen S. 122.
56 Gegen Garbe, *Indien und das Christentum*, S. 25 ff., woselbst Literatur.
57 Vgl. S. 100 f.
58 Vgl. Greßmann, *Deutsche Rundschau* Bd. CXXX, 1907, S. 212 ff.; *Älteste Geschichtsschreibung und Prophetie Israels*, S. 200; Hertel, *Geist des Ostens* Jahrgang I, 1914, S. 192.
59 Vgl. S. 130 ff.
60 Als Beispiele vergleiche man etwa P. Zaunert, *Deutsche Märchen seit Grimm*, S. 180. 338 ff.; P. Kretschmer, *Neugriechische Märchen*, S. 42, 137, 244 f., 248 ff.
61 *I. Samuelis* 17; 18, 17 ff.
62 Vgl. z. B. E. Sklarek, *Ungarische Volksmärchen, Neue Folge*, S. 121.
63 *I. Samuelis* 19, 12 ff.
64 P. Kretschmer, *Neugriechische Märchen*, S. 121.
65 Vgl. J. G. v. Hahn, *Griechische und albanesische Märchen Teil I*, S. 231.
66 *I. Samuelis* 10, 18 ff.
67 *Matthäus* 3, 17.
68 So scheint es *Markus* 1, 11; *Lukas* 3, 22, wo sich die Stimme an Jesus wendet: „*Du bist* mein lieber Sohn".
69 *Lukas* 3, 21.
70 *Matthäus* 3, 16; *Markus* 1, 11.
71 *Evangelium Johannes* 1, 32.
72 So noch zuletzt Joh. Weiß in den *Schriften des Neuen Testaments*, 3. Aufl., Bd. I, S. 75; vgl. aber auch W. Bousset, *Kyrios Christos*, S. 57.
73 Herr Dr. Israel Rabin aus Odessa, gegenwärtig in Gießen, hatte die Güte, die sämtlichen, in Betracht kommenden Stellen (vgl. besonders A. Wünsche, *Neue Beiträge zur Erklärung der Evangelien*, S. 21 f., 308, 385 f., 501) mit mir durchzunehmen. Die wichtigsten davon sind folgende: Die Rabbinen *vergleichen* den über den Wassern des Uranfangs schwebenden Geist mit einer Taube oder einem Adler, die über ihren Jungen schweben, ohne sie zu berühren (Talmud Babli, *Chagiga* 15 a, ähnlich Tosephta, *Chagiga* Kap. 2, und Jeruschalmi, *Chagiga* Kap. 2), oder überhaupt mit einem Vogel, der mit seinen Flügeln schwebt und dessen Flügel berühren und nicht berühren (Midrasch Rabba zu *Gen.* 1, 2 Kap. 2): der Vergleichungspunkt zwischen Hlg. Geist und Taube ist hier also nichts anderes als die Art des Schwebens. Raschi zu *Gen.* 1, 2 gebraucht das Bild von der über ihrem Nest schwebenden Taube für den Thron der Herrlichkeit in der Luft. – Zugleich wird von der rabbinischen Erklärung der

„Messias" nicht selten in Bibelstellen eingetragen. So in der angeführten Stelle des Midrasch Rabba, wo der Geist über den Wassern dem „Geiste des Königs Messias" gleichgesetzt wird. Ferner wird die im *Hohen Liede* 2, 12 erwähnte Stimme der Wildtaube im Frühlinge als die des Messias oder des Hlg. Geistes oder des Mose gedeutet, welche die Erlösung verkündigen (Canticum Rabba zu 2, 12: Targum zu Canticum 2, 12; vgl. Raschi). In allen diesen Aussprüchen ist die Taube kein *„Symbol"* des Hlg. Geistes, sondern wird ihm nur *verglichen* oder in der *Allegorie* gleichgesetzt. Noch weniger beweisen die vielen, von H. Holtzmann, *Handcommentar zum Neuen Testament* Bd. I, 2. Aufl., S. 63 f. gesammelten übrigen Stellen; so sind z. B. das sechste und siebente der Sibylinischen Bücher, aus denen Holtzmann zitiert (6, 6; 7, 82), christlicher Herkunft. – Bedeutsam ist dagegen eine Stelle des aus dem 13ten Jahrhundert n. Chr. stammenden Sohar (Bammidbar S. 68, 3–4 / 271), wonach die von Noah ausgesandte und schließlich nicht wieder zurückgekehrte Taube (*I. Mose* 8, 12) in der mittleren Türe eines schwebenden Turmes ihre Zuflucht gefunden hat, woselbst auch eine kostbare goldene Krone aufbewahrt wird. Einst wird, so heißt es weiter, diese Taube wieder hervortreten, die Krone in ihren Schnabel nehmen und auf das Haupt des Königs Messias setzen. Diese phantastische Erzählung könnte sehr wohl eine jüdische Weiterführung des Märchenmotivs sein, wonach die Taube den zukünftigen König bezeichnet, vgl. S. 166 f.

74 *Zum religionsgeschichtlichen Verständnis des Neuen Testaments*, S. 70.

75 Die himmlische Stimme heißt bei den Rabbinen „bath-qol".

76 Vgl. P. Kretschmer, *Neugriechische Märchen*, S. 1.

77 *Matthäus* 3, 17; *Markus* 1, 11; *Lukas* 3, 27.

78 *Johannes* 1, 34.

79 *Johannes* 1, 33.

80 *Johannes* 1, 32.

81 *Johannes* 1, 33. 34.

82 *Matthäus* 3, 17.

83 Vgl. S. 134 f.

84 Anti Aarne, *Märchentypen*, Nr. 567. Literatur bei Bolte und Polivka, *Anmerkungen zu den Kinder- und Hausmärchen der Brüder Grimm* Bd. I, S. 325; vgl. ferner P. Kretschmer, *Neugriechische Märchen*, S. 27; eine erweiterte Zusammenstellung, besonders auch über die Taube in diesem Zusammenhange, bei Bousset-Lüdtke in dem demnächst erscheinenden Artikel der *Göttinger Gelehrten Nachrichten* 1917, Heft 4.

85 Thimme S. 163.

86 *I. Könige* 21, 4 ff.

87 *I. Könige* 18, 5 f.

88 *I. Mose* 41, 6.

89 *I. Samuelis* 24, 4.

90 *Richter* 3.

91 Vgl. z. B. M. Preindlsberger-Mrazović, *Bosnische Volksmärchen*, S. 60;
   E. Sklarek, *Ungarische Volksmärchen*, S. 54; *Neue Folge*, S. 18, 25, 233; J.
   G. v. Hahn, *Griechische und albanesische Märchen Teil I*, S. 167, 168, 268.
   Teil II, S. 150; P. Kretschmer, *Neugriechische Märchen*, S. 15, 88, 134, 144
   u. a.
92 *I. Mose* 26, 8.
93 *Esther* 1, 22; man lese *kilošono 'immo*, „nach seiner Zunge bei sich".
94 *Jona* 3, 7–9.

Märchenhafte Züge in der Urgeschichte

1 S. 53 ff., 57.
2 S. 43.
3 S. 49 f.
4 Thimme S. 91; vgl. oben S. 50 f.; und Literatur in meinem *Genesiskommentar*, 3. Aufl., S. 30.
5 Literatur ebenda, S. 37.
6 Literatur und Gegenstücke ebenda.
7 Vgl. v. d. Leyen S. 43.
8 Bei Grimm, *Kinder- und Hausmärchen*, Nr. 3.
9 Vgl. Richard M. Meyer, *Altgermanische Religionsgeschichte*, S. 18.
10 Vgl. Roschers *Lexikon der griechischen und römischen Mythologie*, Artikel Pandora.
11 Vgl. S. 97.
12 Vgl. Roschers *Lexikon der griechischen und römischen Mythologie*, Artikel Hesperiden.
13 Vgl. meinen *Genesiskommentar*, 3. Aufl., S. 25.
14 *I. Mose* 13, 10; *Jesaia* 51, 2; *Hesekiel* 28, 13; 31, 9.
15 Jacob, *Hohes Lied* S. 6 ff., besonders S. 6 A. 1.
16 *I. Mose* 2, 5. 7. 18–24.
17 Literatur in meinem *Genesiskommentar*, 3. Aufl., S. 6.
18 Vers 2, 4 b scheint nicht zu dieser Erzählung, sondern zur Einführung der Paradiesesgeschichte zu gehören.
19 *I. Mose* 11, 1–9.
20 *I. Mose* 3, 22.
21 *I. Mose* 6, 3.
22 Vgl. S. 89 ff.
23 So nach Buddes geistreicher Wiederherstellung, vgl. meinen *Genesiskommentar*, 3. Aufl., S. 61.
24 Ein Schiff auf trockenem Lande als Märchenmotiv vgl. z. B. M. Preindlsberger-Mrazović, *Bosnische Märchen*, S. 121.
25 *I. Mose* 7, 16.

Übersicht über das Ganze nach Form und Inhalt

1 S. 33ff.
2 S. 30
3 S. 39f.
4 S. 161
5 S. 77ff.
6 S. 84ff.
7 S. 151
8 S. 60
9 S. 164
10 S. 103f., 164
11 S. 114
12 S. 113
13 S. 111
14 S. 43
15 S. 152
16 S. 158
17 *I. Mose* 41, 51.
18 *I. Mose* 42, 28.
19 S. 157ff.
20 S. 129ff.
21 Vgl. S. 19f.
22 S. 82
23 S. 54, 172f.
24 S. 95
25 S. 74, 95
26 S. 53f.
27 S. 71f.
28 S. 69
29 S. 151
30 S. 29
31 S. 29
32 S. 43
33 S. 43
34 S. 71
35 S. 67
36 S. 84ff.
37 S. 88ff.
38 S. 124f.
39 S. 124f.
40 S. 123
41 S. 111ff., 119f.
42 S. 157ff.

43 S. 160ff.
44 S. 130ff.
45 S. 134f.
46 S. 144
47 S. 171f.
48 S. 49f.
49 S. 159
50 S. 173f.
51 *I. Mose* 2, 4 b.
52 Gegen Winckler und seine Schule vgl. S. 24
53 S. 20
54 S. 162
55 S. 91f.
56 *I. Mose* 12, 15.
57 *I. Mose* 41, 1.
58 S. 142
59 *I. Mose* 40.
60 *I. Könige* 13.
61 Vgl. Grimm, *Kinder- und Hausmärchen*, Nr. 110. *Der Jude im Dorn.*
62 Vgl. P. Kretschmer, *Neugriechische Märchen*, S. VIII f.
63 Greßmann, *Zeitschrift für die alttestamentliche Wissenschaft* Jahrg.
   XXX, 1910, S. 9 ff. Dasselbe hat für Herakles vermutet P. Kretschmer,
   Glotta Jahrg. VIII, 1916, S. 121 ff.
64 In der auf einen Märchenstoff zurückgehenden Parabel Jesu vom reichen
   Mann und armen Lazarus trägt jener gar keinen Namen, wohl aber
   dieser.
65 S. 88f.
66 S. 79
67 S. 92f.
68 S. 88ff.
69 S. 21
70 S. 99f.
71 S. 135
72 S. 142f.
73 S. 162ff.
74 S. 151
75 S. 89, 143, 149, 151, 163
76 S. 163f.
77 Vgl. über diese Sage Ed. Meyer, *Papyrusfund von Elephantine*, S. 102 ff.,
   woselbst weitere Literatur.
78 Vgl. S. 19, 22
79 *II. Mose* 12, 26 f.; 13, 14 f.; *Josua* 4, 6.
80 Vgl. S. 129ff., 135
81 Vgl. auch meinen *Genesiskommentar*, 3. Aufl. S. XXXI.

82 S. 141f. Vgl. Thimme S. 32.
83 I. *Könige* 13.
84 Vgl. Thimme S. 68 ff.
85 Vgl. J. G. v. Hahn, *Griechische und albanesische Märchen Teil I*, S. 41.
86 Über Märchengedichte vgl. S. 30, 33, 38, 46, 51, 117f.
87 Vgl. O. Weber, *Literatur der Babylonier und Assyrer*, S. 38 ff.
88 Beispiel S. 33
89 Beispiel S. 130ff.
90 S. 30f., 36, 38, 47
91 S. 36, 38, 47
92 S. 29. Vgl. zu dieser ganzen Entwicklung, in der das Märchen von den Königen und Predigern bis schließlich zu den Kindern niedersteigt, Thimme S. 152 f.
93 S. 84f.
94 S. 145
95 S. 157f.
96 S. 79
97 S. 124
98 S. 88f.
99 S. 88ff.
100 S. 144
101 S. 130ff.
102 S. 135
103 S. 134
104 S. 51f.
105 S. 30ff.
106 S. 46f.
107 S. 172ff.
108 S. 136ff.
109 S. 151
110 S. 149ff.
111 S. 134, 135, 145
112 Über die Kunst der Erzählung wird in dem Volksbuch *Sage und Legende im Alten Testament* ausführlich gehandelt.
113 S. 23
114 S. 29, 30ff.
115 S. 38f., 46f.
116 S. 33ff., 130ff.
117 S. 70ff., 94f.
118 S. 74ff.
119 S. 59f.
120 S. 51f.
121 Vgl. z. B. S. 53, 57, 60, 72ff.
122 S. 69

123 S. 60, 117f.
124 S. 62f.
125 S. 110
126 S. 53
127 S. 59, 69, 88, 96f., 116, 117, 124, 129, 133f., 134, 145, 153, 165. Vgl. auch Joh. Weiß-Bousset, *Die drei älteren Evangelien* in den *Schriften des Neuen Testaments*, 3. Aufl. S. 118, 124 u. a. Ganz märchenhaft ist auch, daß Petrus im *ersten* Fisch, den er angelt, nach Jesu Voraussage ein Geldstück finden muß, *Matthäus* 17, 27.
128 S. 162ff.
129 S. 86f.
130 S. 84ff.
131 S. 81
132 S. 100f.
133 S. 97
134 S. 91f.
135 S. 92f.
136 S. 73f.
137 S. 71
138 S. 37ff.
139 S. 33ff.
140 S. 131
141 Auch in Jesu Parabeln klingen Märchenstoffe nach. So weist Bousset, *Nachrichten von der K. Gesellschaft der Wissenschaften zu Göttingen* 1916 Phil.-hist. Klasse, S. 483 f. darauf hin, daß ein in *Tausend und Einer Nacht* (übersetzt von G. Weil, 2. Abdruck der 3. Aufl., Bd. IV S. 79 f.) erhaltenes Märchen jüdischer Herkunft, das von einem reichen, aus aller seiner Herrlichkeit plötzlich vom Todesengel abberufenen Könige handelt, auffallende Berührung mit der Parabel vom reichen Manne, der sich Schätze sammelt (*Lukas* 12, 16–21), aufweist. Gemeinsam ist beiden Stücken besonders, daß auch der König zu seiner Seele spricht: „Du hast dir alle Annehmlichkeiten der Welt verschafft, jetzt genieße sie auch und freue dich des Lebens und des Glücks", und daß gerade an diesem Tage der Todesengel vor ihn tritt und seine Seele von ihm nimmt. – Auch die Parabel vom reichen Mann und armen Lazarus (*Lukas* 16, 19–31) hat nach Greßmann, *Protestantenblatt*, 1916, Sp. 249 ff. jüdische und auch ein ägyptisches Gegenstück (vgl. Erman, *Ägyptische Religion* 2. Aufl., S. 250 ff.): hier ist das Gleiche, daß den Reichen im Jenseits ein trauriges, den Armen ein seliges Geschick erwartet. – Zu der Parabel von den anvertrauten Pfunden (*Matthäus* 25, 14–30; *Lukas* 19, 12–27) gibt es eine indische Parallele vgl. Hertel, *Geist des Ostens* Jahrg. I, 1914, S. 247 f. – Bei weiterem Nachsuchen wird sich in dieser Hinsicht gewiß noch ein reicher Stoff finden lassen. Vgl. einstweilen Windisch, *Theologische Rundschau* Jahrg. XX, 1917, S. 33.

142 S. 86
143 *I. Mose* 6, 1–4.
144 S. 115

Verzeichnis der besprochenen Bibelstellen

23 S. 161; 12, 1–4 S. 46; 15, 23 S. 111; 16 S. 136; 17 S. 106, 135, 140, 164; 17, 4 ff. S. 105; 17, 11, 38 f. S. 136; 18, 17 ff. S. 164; 19, 12 ff. S. 165; 19, 19 ff. S. 149; 21, 16 ff. S. 106; 24, 4 S. 167; 25 S. 145; 25, 29 S. 117; 28 S. 115; 28, 8 S. 160.

II. Samuelis 2, 14ff.; S. 152; 6, 2 S. 97; 11, 14 ff. S. 151; 12, 1–15 S. 46; 12, 5–7 S. 151; 14 S. 46; 23, 1 ff. S. 161; 28, 3 S. 111.

I. Könige 3, 4 ff. S. 92, 161; 3, 16–28 S. 162; 3, 23 S. 162; 6, 23 ff. S. 97; 10, 1 ff. S. 162; 13 S. 181, 183; 13, 11 ff. S. 45; 14, 2 S. 160; 14, 4 S. 129; 17, 1 S. 114; 17, 14 S. 69, 114; 17, 21 S. 111, 115; 17, 22 S. 115; 18, 5 f. S. 167; 18, 10 S. 160; 19, 6–8 S. 70; 19, 19 ff. S. 113; 21, 4 ff. S. 167; 22, 30 S. 160; 22, 38 S. 161.

II. Könige 1, 9 ff. S. 149; 1, 10 S. 114; 2 S. 60; 2, 8 S. 113; 2, 11 S. 74, 93; 2, 13 f. S. 113; 2, 19 ff. S. 114; 3, 22 ff. S. 152; 4, 1–7 S. 69; 4, 3 S. 111; 4, 8 ff., 15 S. 91; 4, 18 ff. S. 145; 4, 31 ff. S. 114; 4, 33 S. 111; 4, 33 f. S. 115; 4, 34 f. S. 111; 4, 38 ff. S. 114; 4, 42–44 S. 69; 5 S. 114; 5, 6 ff. S. 161; 5, 10 ff. S. 115; 6, 1 ff. S. 114; 6, 15–17 S. 92; 6, 18 ff. S. 115, 117; 9, 17 ff. S. 149; 13, 14 ff. S. 112; 13, 21 S. 113; 14, 9 S. 29; 14, 25 S. 152; 18, 4 S. 97; 19, 35 S. 82; 21, 6 S. 111.

Jesaia 2, 2 f. S. 60; 2, 6 S. 111; 4, 5 f. S. 74; 5, 1 ff. S. 37, 46; 5, 14 S. 33; 6, 2 S. 97; 7, 22 S. 58; 8, 19 S. 111; 10, 15 S. 67; 11, 4 S. 112; 11, 6–9 S. 52; 13, 19 S. 89; 13, 21 S. 98; 14, 8 S. 32; 14, 13 f. S. 59; 17, 14 S. 82; 26, 21 S. 124; 27, 1 S. 67; 29, 16 S. 68; 30, 6 S. 97; 33, 21 f. S. 56; 34, 4 S. 33; 34, 5 S. 67; 34, 14 S. 98; 35 S. 56; 37, 25 S. 111; 38, 7 ff. S. 114; 38, 10 S. 33; 40, 26 S. 33; 41, 18–20 S. 56; 43, 2 S. 79; 43, 19 S. 56; 45, 9 f. S. 68; 45, 12 S. 33; 46, 5 S. 57; 49, 10 f. S. 56; 51, 3 S. 173; 54, 11 f. S. 74; 55, 12 f. S. 32, 56; 58, 14 S. 111; 64, 7 S. 68.

Jeremia 5, 22 S. 39; 18 S. 68; 31, 15 f. S. 99; 33, 22 S. 33; 47, 6 S. 67; 50, 40 S. 89.

Hesekiel 1 S. 70; 1, 1 S. 70; 1, 4 ff. S. 97; 1, 7 S. 71; 1, 13, 15–20, 21, 28 S. 70; 3, 13 S. 71; 8, 2 f. S. 95; 11, 24 S. 95; 14, 22 f. S. 34; 16, 1–14 S. 130; 16, 15–34 S. 131; 16, 35–44 S. 131; 16, 54 S. 34; 21, 8 ff. S. 67; 24, 7 f. S. 124; 28, 13 S. 172; 28, 13 f. S. 55; 30, 8 S. 34; 31 S. 33; 31, 9 S. 173; 32, 27 S. 106; 32, 31 S. 34; 40, 2 S. 57; 47, 1–12 S. 57; 48, 30 ff. S. 74.

Hosea 6, 5 S. 115; 12, 5 S. 81; 13, 7 S. 82.

Joel 4, 16 S. 32; 4, 18 S. 58.

Amos 2, 9 S. 106; 4, 11 S. 89; 4, 13 S. 111; 5, 18–20 S. 150; 9, 2 f. S. 60; 9, 3 S. 98; 9, 13 S. 58.

Jona 2, 1 S. 45; 2, 7 S. 33; 2, 11 S. 45; 3, 7 S. 46; 3, 7–9 S. 167; 4, 6–11 S. 52; 4, 11 S. 45.

Micha 1, 3 S. 111; 4, 1 f. S. 60; 5, 2 S. 141.

Habakuk 1, 19 S. 67.

Sacharia 1, 7 ff. S. 33; 2, 9 S. 74; 3, 11 ff. S. 93; 4 S. 52; 4, 12 S. 52; 5, 5–11 S. 93; 6, 1 ff. S. 33, 60; 11, 2 S. 32.

Psalmen 2, 7–9 S. 161; 7, 16 S. 151; 9, 11 S. 83; 18, 11 S. 74, 97; 18, 17 S. 62; 19, 5 f S. 33; 24, 7 ff. S. 32; 30, 4 S. 62; 33, 6 S. 33; 36, 9 f. S. 53, 56; 46, 6

I. Petrusbrief 1, 3 f. S. 55.

Offenbarung Johannes 2, 7 S. 55; 3, 5 S. 117; 5 S. 117; 6, 13 S. 33; 7, 17 S. 53;
8, 13 S. 45; 9, 1 ff. S. 95; 9, 3–11 S. 97; 9, 16–19 S. 97; 12, 8 S. 97; 12, 14 ff.
S. 118; 12, 17 S. 141; 16, 13 ff. S. 97; 17, 8 S. 117; 19, 12 S. 83; 20, 15 S. 117;
21, 6 S. 53; 21, 18 f. S. 75; 21, 21 f. S. 75; 22 S. 55; 22, 1 f. S. 53, 57; 22, 14,
17, 19 S. 53; 24 f. S. 55

Oden Salomos 38, 1 S. 74

Sachverzeichnis

Literatur zum Märchen im Alten Testament

W. Baumgartner, *Art. Märchen II. In der Bibel*, in: *RGG IV*³ (1960), S. 584–587

F. Dumermuth, *Folkloristisches in der Erzählung von den ägyptischen Plagen*, in *ZAW 76* (1964), S. 323–325

O. Eißfeldt, *Die Bedeutung der Märchenforschung für die Religionswissenschaft, bes. für die Wissenschaft vom Alten Testament* (1918). *Kleine Schriften I* (1962), S. 23–32 (Rez. von Gunkel 1917)

J.G. Frazer, *Folk-Lore in the Old Testament I-III* (1919)

E. Haller, *Märchen und Zeugnis. Auslegung der Erzählung 2 Kön 4, 1–7*, in: *Probleme bibl. Theologie, G. von Rad z. 70. Geb.* (1971), S. 108–115

B. Heller, *Die Susanna-Erzählung: ein Märchen*, in: *ZAW 54* (1936), S. 281–287

H.-J. Hermisson, *Art. Altes Testament*, in: *Enzyklopädie des Märchens I* (1975), S. 416–441

ders., *Altes Testament und Märchen*, in: *EvTheol 45* (1985), S. 299–322

S. Liljeblad, *Die Tobias-Geschichte und andere Märchen mit toten Helfern* (1927)

E. Mudrak, *Märchen und Sage im Alten Testament*, in: *Alt-Katholisches Jahrbuch* (1953), S. 45–64

H.-P. Müller, *Märchen, Legende und Enderwartung. Zum Verständnis des Buches Daniel*, in: *VT 26* (1976), S. 338–350

J.J. Scullion, *Märchen, Sage, Legende. Towards a Clarification of Some Literary Terms Used by Old Testament Scholars*, in: *VT 34* (1984), S. 321–336

W. Stählin, *Auch darin hat die Bibel recht. Sage, Legende, Märchen und Mythos in der Bibel und überhaupt*(1966³)

C. Westermann, *Art. Märchen*, in: *EKL II* (1962²), S. 1238–1241

Zum „Märchen" in der Umwelt des Alten Testaments vgl.

E. Brunner-Traut, *Altägyptische Märchen*, 1965²

dies., *Art. Ägypten 1*, in: *Enzyklopädie des Märchens I* (1975), S. 175–214

W. Röllig, *Volksliteratur in mesopotamischer Überlieferung*, in: *Keilschriftliche Literaturen. Ausgewählte Vorträge der XXXII. Rencontre Assyriologique Internationale*, hg. K. Hecker und W. Sommerfeld (1986), S. 81–87